新经济蓝皮书

NEW ECONOMY BLUE BOOK

中国经济增长动能转换新活力

中国（上海）知识产权产业化综合改革试验区战略研究

裴长洪　吴滌心　张士忠　主编

董伟燕　滕培顺　副主编

中国社会科学出版社

图书在版编目(CIP)数据

中国经济增长动能转换新活力:中国(上海)知识产权产业化综合改革试验区战略研究/裴长洪,吴涤心,张士忠主编.—北京:中国社会科学出版社,2017.9
ISBN 978-7-5203-0914-1

Ⅰ.①中… Ⅱ.①裴…②吴…③张… Ⅲ.①知识产权保护—研究—中国 Ⅳ.①D923.404

中国版本图书馆 CIP 数据核字(2017)第 217318 号

出 版 人	赵剑英
责任编辑	王 衡
责任校对	崔芝妹
责任印制	王 超

出　　版	中国社会科学出版社
社　　址	北京鼓楼西大街甲 158 号
邮　　编	100720
网　　址	http://www.csspw.cn
发 行 部	010-84083685
门 市 部	010-84029450
经　　销	新华书店及其他书店
印　　刷	北京君升印刷有限公司
装　　订	廊坊市广阳区广增装订厂
版　　次	2017 年 9 月第 1 版
印　　次	2017 年 9 月第 1 次印刷
开　　本	710×1000 1/16
印　　张	24.5
字　　数	286 千字
定　　价	98.00 元

凡购买中国社会科学出版社图书,如有质量问题请与本社营销中心联系调换
电话:010-84083683
版权所有　侵权必究

编委会成员名单

主　编： 裴长洪　吴滁心　张士忠
副主编： 董伟燕　滕培顺
编　委（以姓氏笔画排序）：

王一民　王敏洁　付明卫　刘洪愧　张　东
张　叶　陈　兵　陈彦霖　赵海峰　宫和平
陶卫东　韩易虎　鲁　静　谢　谦　薛燕君

目 录

第一章　知识产权制度及其对经济发展的意义 ………… (1)
　第一节　知识产权相关概念简介 ………………………… (1)
　　一　知识产权的定义 ………………………………… (1)
　　二　知识产权的双重属性 …………………………… (4)
　　三　知识产权的主体和客体 ………………………… (6)
　　四　知识产权的特征 ………………………………… (10)
　第二节　知识产权制度及其发展过程 …………………… (11)
　　一　知识产权制度简介 ……………………………… (11)
　　二　近代英国是知识产权制度的最早制定者 ……… (13)
　　三　现代美国是知识产权制度的有效运行者 ……… (14)
　　四　当代韩国是知识产权战略的强力推行者 ……… (16)
　　五　中国知识产权制度发展历程 …………………… (20)
　第三节　知识产权理论的基本描述 ……………………… (22)
　　一　知识产权本体论 ………………………………… (22)
　　二　知识产权价值论 ………………………………… (23)
　　三　知识产权制度论 ………………………………… (23)
　　四　知识产权的其他理论 …………………………… (24)

第四节　新知识、新技术对经济发展影响的历史与
　　　　现实 ………………………………………………… (25)
　　一　新知识、新技术对经济发展影响的理论总结 ……… (25)
　　二　新知识、新技术对经济发展影响的历史回顾 ……… (29)
　　三　新知识、新技术对经济发展的现实影响 …………… (32)

第二章　主要发达国家知识产权的保护与运营制度 ……… (50)

第一节　知识产权制度的基本构架 …………………………… (50)
　　一　知识产权制度基本构架概况 ………………………… (50)
　　二　美国知识产权制度基本构架 ………………………… (51)
　　三　德国知识产权制度基本构架 ………………………… (55)
　　四　日本知识产权制度基本构架 ………………………… (57)
第二节　知识产权的激励与保护制度 ………………………… (63)
　　一　美国知识产权的激励与保护制度 …………………… (63)
　　二　德国知识产权的激励和保护制度 …………………… (79)
第三节　知识产权运营体系的产生与运行特征 ……………… (89)
　　一　知识产权运营概述 …………………………………… (89)
　　二　发达国家知识产权运营模式 ………………………… (97)
　　三　NPE 模式：美国高智公司运营模式 ……………… (103)
　　四　OTL 模式：斯坦福大学技术转移模式 …………… (108)

第三章　当前中国知识产权管理现状与面临的
　　　　主要矛盾 ………………………………………… (114)

第一节　改革开放以来中国的知识产权制度建设 ………… (114)
　　一　中国知识产权制度建设的国际背景 ………………… (114)

二　中国知识产权制度的建设历程 …………………（117）
　　三　中国知识产权制度的基本内容 …………………（120）
第二节　改革开放以来中国的知识产权创造和运用 ……（123）
　　一　中国专利的创造和运用 …………………………（123）
　　二　中国商标的创造和运用 …………………………（142）
　　三　中国著作权、植物新品种的创造和运用 ………（147）
第三节　知识产权对中国经济增长的作用评估 …………（149）
　　一　变量定义和数据来源 ……………………………（150）
　　二　回归结果 …………………………………………（151）
第四节　知识产权与中国经济转型升级面临的挑战 ……（153）
　　一　中国经济转型升级的必要性和紧迫性 …………（153）
　　二　知识产权与中国经济转型升级 …………………（160）
第五节　中国知识产权创造、运用、保护和管理中
　　　　存在的主要问题 ……………………………………（161）
　　一　中国知识产权创造中存在的主要问题 …………（161）
　　二　中国知识产权运用中存在的主要问题 …………（164）
　　三　中国知识产权保护中存在的主要问题 …………（164）
　　四　中国知识产权管理中存在的主要问题 …………（169）

第四章　中国知识产权综合改革管理试点的思路与
　　　　运行模式 ……………………………………………（177）
第一节　中国知识产权综合管理改革试点推出的
　　　　背景 …………………………………………………（177）
　　一　中国创新势在必行 ………………………………（177）

二　创新驱动是十八大确立的"五大战略"
　　　　任务之一 ……………………………………（179）
　　三　中国具备启动创新驱动的基础和能力 ………（180）
　　四　中国已是第一大专利申请来源国 ……………（181）
　　五　《国家创新驱动发展战略纲要》推出 …………（183）
第二节　中国实施知识产权综合管理改革的意义 ………（184）
　　一　实施知识产权综合管理改革是实施创新发展
　　　　战略的迫切需求 …………………………………（184）
　　二　实施知识产权综合管理改革是知识产权强国
　　　　的必然要求 ………………………………………（185）
　　三　实施知识产权综合管理改革是依法厘清政府
　　　　和市场关系的需要 ………………………………（186）
　　四　实施知识产权综合改革是对接国际规则、提升
　　　　开放水平的需要 …………………………………（187）
第三节　中国实施知识产权综合管理改革的思路 ………（188）
　　一　秉承建设知识产权强国和创新发展的战略
　　　　思想 ………………………………………………（188）
　　二　贯彻市场化、法制化的改革方向 ………………（189）
　　三　坚持问题导向深化管理体制机制改革 …………（190）
　　四　积极构建市场化运营体系，对接国际规则和
　　　　国际市场 …………………………………………（191）
　　五　坚持符合条件区域先行试点推进、总结可复制
　　　　推广经验 …………………………………………（192）
第四节　中国知识产权综合管理改革试点的运营
　　　　模式 …………………………………………………（193）

一　构建综合一体化的行政管理模式 …………………（193）

　　二　构建政府引导、激励创新、市场化主体型的
　　　　发展模式 ……………………………………………（197）

　　三　构建和完善双轨制法制化治理模式 ……………（201）

　　四　构建全产业链产业化的运行模式 ………………（205）

　　五　构建开放包容、合作共赢的国际化模式 …………（210）

第五章　上海知识产权产业化综合改革试验区建设
　　　　　思路 ……………………………………………（214）

第一节　知识产权产业化的内涵及范围 ………………（214）

　　一　知识产权产业化的内涵 ……………………………（214）

　　二　知识产权产业化的范围 ……………………………（216）

　　三　知识产权产业化与科技成果转化的区别 …………（217）

　　四　政府引导及知识产权产业化实施主体 ……………（218）

第二节　设立上海知识产权产业化综合改革试验区
　　　　的必要性 ……………………………………………（220）

第三节　设立上海知识产权产业化综合改革试验区
　　　　的可能性 ……………………………………………（226）

　　一　上海知识产权产业化综合改革试验区建设
　　　　的政策基础 …………………………………………（226）

　　二　设立上海知识产权产业化综合改革试验区
　　　　的实践依据 …………………………………………（229）

　　三　设立上海知识产权产业化综合改革试验区
　　　　的组织保障 …………………………………………（232）

四　设立上海知识产权产业化综合改革试验区的
　　　　　建设规划 …………………………………………（239）
　第四节　上海知识产权产业化综合改革试验区建设
　　　　　思路及运行模式 ………………………………（245）
　　　一　综合改革试验区建设的总体思路 ……………（245）
　　　二　创新管理体制机制、建综合行政管理体系模式 …（245）
　　　三　创新产业化运营机制，建政府引导、市场主导
　　　　　的运营模式 ……………………………………（247）
　　　四　创新组织体系，构建集成化组织系统模式 ………（250）
　　　五　创新执法体系，优化产业化环境模式 …………（253）
　　　六　创新政策体系，优化创新创业环境模式 ………（254）

第六章　上海知识产权产业化综合改革试验区建设
　　　　路径与主要内容 …………………………………（258）
　第一节　综合执法：知识产权行政管理整合 …………（258）
　　　一　知识产权行政管理模式及中国的现状 ………（259）
　　　二　中国现行的知识产权管理模式存在的问题 …（260）
　　　三　中国相关地区知识产权行政管理模式探索 …（263）
　　　四　中国知识产权行政管理体制完善 ……………（265）
　　　五　综合改革试验区知识产权行政管理设想 ……（266）
　第二节　知识产权技术评估体系建设思路 ……………（267）
　　　一　知识产权评估的目的 …………………………（268）
　　　二　知识产权的评估方法及评价指标 ……………（270）
　　　三　当前中国知识产权评估存在的问题 …………（272）
　　　四　知识产权评估指标体系建设 …………………（275）

五　完善综合改革试验区知识产权评估体系建设
　　　　的对策 ……………………………………………（277）

第三节　知识产权有形市场建设构想 ………………………（279）
　　一　建立综合化的知识产权交易市场的必要性
　　　　分析 ………………………………………………（280）
　　二　国际知识产权交易市场的现状及发展趋势 ………（281）
　　三　综合化知识产权交易市场平台的建立可以
　　　　解决的问题 ………………………………………（284）
　　四　综合化知识产权交易市场平台需求分析 …………（285）
　　五　中国现有的知识产权交易平台分析 ………………（286）
　　六　综合改革试验区知识产权交易平台的基本
　　　　构想 ………………………………………………（289）

第四节　知识产权产业化的金融服务支持 …………………（290）
　　一　知识产权融资概况 …………………………………（291）
　　二　知识产权质押融资模式及特点 ……………………（294）
　　三　知识产权融资平台的种类及特点 …………………（296）
　　四　知识产权金融服务面临的困难 ……………………（296）
　　五　综合改革试验区要打造基于互联网知识产权
　　　　金融服务平台 ……………………………………（297）

第五节　知识产权国际交易合作的制度建设 ………………（301）
　　一　知识产权国际贸易的基本情况 ……………………（301）
　　二　国际知识产权贸易的主要形式 ……………………（301）
　　三　综合改革试验区知识产权国际交易合作机制
　　　　的建立 ……………………………………………（302）

第六节　知识产权司法保护与知识产权法院 ………………（304）

一　中国知识产权司法保护的进展历程 …………… (305)

　　二　知识产权司法保护的经验总结 ………………… (309)

　　三　知识产权法院的设置及进展情况 ……………… (310)

　　四　综合改革试验区知识产权法院的改革与完善 …… (311)

第七节　中国知识产权产业化综合改革试验区的

　　　　愿景 ………………………………………………… (313)

　　一　中国知识产权产业化综合改革试验区发展

　　　　愿景 ………………………………………………… (314)

　　二　中国知识产权产业化综合改革试验区的主要

　　　　举措 ………………………………………………… (315)

第七章　上海知识产权产业化综合改革试验区功能集聚

　　　　规划思路 …………………………………………… (319)

第一节　知识产权产业化综合改革试验区功能体系 …… (319)

　　一　三大基础系统 …………………………………… (319)

　　二　综合改革试验区集聚功能 ……………………… (320)

第二节　知识产权产业化综合改革试验区管理功能

　　　　集聚构想 …………………………………………… (325)

　　一　管理功能集聚区 ………………………………… (325)

　　二　行政管理机构 …………………………………… (325)

第三节　知识产权产业化综合改革试验区研发功能

　　　　集聚方案 …………………………………………… (329)

　　一　研发功能集聚区 ………………………………… (330)

　　二　研发机构 ………………………………………… (331)

第四节 知识产权产业化综合改革试验区第三方中介
　　　　功能集聚方案 ……………………………………… (334)
　一　第三方中介功能集聚区 ……………………………… (334)
　二　第三方中介机构 ……………………………………… (335)
第五节 知识产权产业化综合改革试验区运营功能
　　　　集聚方案 ………………………………………… (344)
　一　运营功能集聚区 ……………………………………… (344)
　二　运营机构 ……………………………………………… (345)
第六节 知识产权产业化综合改革试验区配套功能
　　　　集聚方案 ………………………………………… (348)
　一　知识产权教育培训 …………………………………… (349)
　二　专家公寓 ……………………………………………… (351)
　三　人才服务 ……………………………………………… (352)

第八章　上海知识产权产业化综合改革试验的长远
　　　　意义与示范效应 ………………………………… (354)
第一节 上海知识产权改革发展到了产业化推进阶段 …… (354)
　一　上海知识产权管理体系建立阶段 …………………… (354)
　二　上海知识产权管理体系快速完善阶段 ……………… (355)
　三　上海知识产权管理体系探索职能创新阶段 ………… (357)
　四　上海步入知识产权产业化推进形成阶段 …………… (362)
第二节 上海知识产权产业化综合改革试验的长远
　　　　意义 ……………………………………………… (363)
　一　有利于深入落实《知识产权综合管理改革试点
　　　总体方案》，打造创新示范基地 …………………… (363)

二　有利于加快"亚太知识产权中心"建设,打造
　　　　国际合作交流高地 ……………………………………（365）
　　三　有利于提炼可复制、可推广经验,提振知识产权
　　　　管理改革信心 ……………………………………（369）
　　四　有利于提升上海知识产权聚集能力,助推经济
　　　　转型升级 …………………………………………（370）
第三节　上海知识产权产业化综合改革试验的引领及
　　　　示范效应 …………………………………………（372）
　　一　上海知识产权产业化综合改革试验区落实综合
　　　　管理改革示范效应 …………………………………（372）
　　二　上海知识产权产业化综合改革试验区促进行政
　　　　管理改革的示范效应 ………………………………（373）
　　三　上海知识产权产业化综合改革试验区促进经济
　　　　转型升级的示范效应 ………………………………（374）
　　四　上海知识产权产业化综合改革试验区激励创新
　　　　创业的示范效应 ……………………………………（375）
　　五　上海知识产权产业化综合改革试验区推进动能
　　　　转换的示范效应 ……………………………………（377）

参考文献 ……………………………………………………（379）

第一章 知识产权制度及其对经济发展的意义

第一节 知识产权相关概念简介

一 知识产权的定义

早在 17 世纪中期,法国学者卡普佐夫就在著作中将一切来自知识活动领域的权利概括为"知识产权"。后来,这一概念被比利时著名法学家皮卡第发展和宣扬。从本质上说,知识产权是一种权利,而且是一种比较新型的民事权利,它与传统的财产所有权有明显的区别。这个明显的区别表现为知识产权作为知识类财产的权利没有固定的物质形态,这与传统的以有形动产和不动产为代表的财产所有权有本质的不同。皮卡第认为,知识产权是一种独特的权利范畴,它不同于对物的所有权:"所有权原则上是没有期限限定的,它随着物的产生而产生,随其毁灭而终止;但知识产权却有一定的时间限制。某个特定对象的产权在其存在的时间内只归属于某个(或一定范围内的人),而使用知识产品的这种特殊权利则没有人数的限制,因为它可以无限地再生。"自此,知识产权学说得到广泛的传播。1967 年,各签约国签订《建立世界知识产权组织公约》之后，知识产权这一概念得到世界上大多数国家和众多国际组织的承认。1986年《中华人民共和国民法通则》颁布后，中国开始正式采用"知识产权"的称谓。

知识产权的定义有多种方法，国际上比较流行的是"列举主义"与"概括主义"两种方法。"列举主义"法通过系统地列举所保护的权项，即划定权利体系范围来明确知识产权的概念。"概括主义"法则是通过对保护对象的概括抽象的描述，即简要说明这一权利的"属加种差"来给出知识产权的定义。

从世界主要国家的法学论著、法律法规和知识产权国际公约来看，"列举主义"法更为普及。19世纪英国剑桥大学著名知识产权法领域的William Robert Cornish教授著有Intellectual Property一书，该书并没有明确地对知识产权进行定义，而是通过列举"保护技术发明和设计的专利权""保护文学艺术创造的著作权""保护经营标记的商标权"来阐释何为知识产权。美国学者米勒与戴维斯的经典著作Intellectual Property: Patents, Trademarks and Copyrights中虽然基于抽象财产概念的考虑，但仍然以"列举主义"法给出了专利、商标和版权三个法律领域的知识产权的定义。绝大多数知识产权国际条约使用的也是"列举主义"法。《建立世界知识产权组织公约》对知识产权定义同样采用了"列举主义"法，下列权利构成知识产权：著作权与邻接权、专利权或（和）发明权、发现权、外观设计权、商标权及其他标记权、反不正当竞争权以及其他由于智力活动产生的权利。《与贸易有关的知识产权协定》规定，本协定所保护的知识产权是指该协定第二部分第1节至第7节中所列举的著作权与邻接权、商标权、地理标志权、外观设计权、专利权、集成电路布图设计权、商业秘密权。"列举主义"法能够清楚、明确地表述所界定的范畴，但由于知识产权是个开放动态的法律制度体系，"列举主义"法难免有失严谨。

中国法学界则主要采用"概括主义"法来说明知识产权的概念。20世纪90年代中期以前，中国学者基于知识产权保护对象即为智力创造成果的抽象认识，多将知识产权定义为人们对其创造性的智力成果所依法享有的专有权利。90年代中期之后，有些学者认为，以知识产权名义统领的各项权利，并不都是基于智力创造成果产生的。而且在1992年，国际保护工业产权协定（AIPPI）东京大会将知识产权划分为"创造性成果权利"与"识别性标记权利"。由此可见，知识产权并非都是智力创造成果类别的权利。有鉴于此，中国学者对知识产权的"概况主义"做了新的定义，代表性的观点主要有三种：第一，知识产权是基于创造性智力成果和工商业标记依法产生的权利的统称。第二，知识产权是人们对于自己的智力活动创造的成果和经营管理活动中的标记、信誉依法享有的权利。第三，知识产权是民事主体依据法律的规定，支配其与智力活动有关的信息，享受其利益并排斥他人干涉的权利。上述定义方法对知识产权的属性及对象进行了抽象与概括，虽然有所差异，但都反映了知识产权的概念特征：第一，知识产权是区别于传统所有权的另类权利，是产生于精神领域的非物质化的财产利，即基于智力成果，经营性标记或知识信息所产生的权利。第二，知识产权不等于智力创造性成果权，以知识产权名义所统领的各项权利并非都来自知识领域，也不都是基于智力成果而产生。从权力来源来看，主要发生于智力创造活动与工商经营活动；从权力对象来看，则有创造性成果、经营性标记、信誉以及其他知识信息等。第三，知识产权是法定权利，其产生须由法律所认可，换言之，并非所有的知识产品都可以成为知识产权的保护对象。在不同历史时期的不同国家，受经济、科技、文化等因素的影响，知识产权的范围也有差异。总的来看，"概括主义"法高度抽象，表述简单扼要，但不足之处在于其是否准确、恰当、严谨，具有最大包容性。目前来看，学术界对于知识产权的"概括主义"法尚未达成统一的看法。

二 知识产权的双重属性

知识产权具有财产权与人身权的双重属性，根据《知识产权协定》的阐述，知识产权具有财产权属性；《世界人权宣言》则可以阐述知识产权的人身权属性。

（一）知识产权的财产权本质

《知识产权协定》在其序言中明确宣示"知识产权为私权"，以私权名义强调了知识财产私有的法律性质。私权指的是私人（包括自然人、法人和其他组织）享有的各种民事权利，是与公权利相对应的一个概念。私权是私人的权利，这里的"私人"特指民事法律关系的主体，即处于平等地位的人；是私有的权利，"私有"指民事权利为特定民事主体所享有；是私益的权利，"私益"是与公益相对应的个人利益。知识产权之所以归类于私权，是因为它具有私权的一般界定标准。

"知识产权为私权"是近代社会法律革命与制度变迁的结果，在制度层面上为私人提供了获取财产的新方式。知识产权是独立于传统意义上的物的另类客体，以知识产品作为保护对象的知识产权是与有体财产所有权相区别的崭新财产法律制度。需要指出的是,《知识产权协定》宣称知识产权为私权,强化了发达国家对知识财产进行私权保护的主张,同时又兼顾了发展中国家提出的知识产权的公共政策目标。承认知识产权为私权,意味着知识产权与其他有体财产权处于同等的私权地位,从而在理念和制度上为知识产权提供了可靠的法律保障。提高知识产权保护的标准和水平,是知识经济条件下促进技术创新和文化创新的必然需要和结果。

(二) 知识产权的人身权属性

《世界人权宣言》以及其他主要国际人权公约都赋予了知识产权及相关权利以人权意义。这包括两个方面的内容:一是创造者对自己的智力创造成果享有权利;二是社会公众具有分享智力创造活动所带来利益的权利。这两项权利紧密联系在一起,都是国际社会承认的基本人权。历史上天赋人权的理论对于诠释知识产权人身权的基本属性有重要意义。知识产权的人身权属性,不仅在于强调知识产权的私人权利保护,更强调了知识产权合理的社会公众分享权力。这是因为,精神生产是以前人积累的知识为劳动资料,以抽象的知识产品为劳动对象的生产活动,劳动者的知识拥有量与创造性思维在劳动过程中紧密结合。因此,知识产权既是创造者的个人财富,同时也是社会财富的一部分。也就是说,知识财产只在一定条件下、一定范围内才能作为独占权利为个人所享有,受到法律限制的利益则是整个社会的共同财富。

三　知识产权的主体和客体

(一) 知识产权的主体

从权利的角度看，知识产权的主体指的是权利所有人，包括著作权人、专利权人、商标权人等；从法律关系的角度看，知识产权的主体为权利人及权利人以外的义务人。广义地理解知识产权的主体，则包括自然人、法人以及国家。

拥有什么资格才可以称为知识产权主体，该主体享有何种权利，这些都是由法律直接规定的。确认民事主体资格的基本原则是主体人格独立和法律地位平等。知识产权制度的地位平等主要体现在两个方面：第一，这是一种主体从事创造性活动的自由选择，是一种取得创造者权益的机会均等。知识产权的原始取得主要来源于主体的创造性活动，主体只要以自己的创造性行为完成知识产品，就可以创造者的身份依法取得权力。第二，知识产权制度中的平等，是一种当事人权利义务关系的协调，是对社会精神财富的合理享有。自身权制度的历史发展，经历了从单一权利主体扩充为多元权力主体的过程。例如，在著作权领域，在保护作者权利的基础上，需要权衡公益性与私权利的关系，在促进科学文化传播的目标下协调各方主体的关系是著作权立法的出发点。著作权制度设定了创作者、传播者、使用者等多重主体，并规定了他们对作品权益的分享，以至于美国学者将一部现代著作权法描述为协调各方主体权利关系的平衡法。再比如，在专利权领域，由于专有使用、法定许可使用、强制许可使用或自由使用等制度的存在，出现了两个或两个以上的主体对同一发明创造分别使用而享有利益的情况。第三，知识产品的社会性和非物质特性，使得多数主体利用这种智力性成果成为可能。为了促进社会分配的正义，知识产权保障制度把这种多重主体制度上升为法律上的权利义务关系，从而对知识产权进行权威性的公正分配。

知识产权主体分为原始主体、继受主体和外国人主体。第一，原始主体，即是知识产权的原始取得者。知识产权的原始取得需要具备两个法律事实：创造者的创造性行为以及国家机关的授权性行为。其中创造性活动是权利产生的源泉，而国家法律机关授权是权力产生的依据。第二，继受主体，即继受取得的原所有人的权利主体，通过权利的转移发生的。对知识产权来讲，继受取得有着比原始取得更为重要的意义。在商品经济日益发达与财产权逐渐社会化的今天，所有权的行使和实现往往要通过非所有权途径而进行。社会经济生活的财产关系已经由静态的所有权中心转化为动态的债权中心，所有权发生各种权力转移而丧失了其原有的地位。知识产权更是如此，其权利价值的实现并非创造者对知识产品的直接支配，而表现为一个创造、传播、使用的过程。第三，外国人主体。知识产权制度关于外国人的主体资格有不同的规定。著作权法的通行规定是：外国人创造的作品，在一国境内首先发表的，应当享受与该国国民作品同等的保护；不在该国境内首先发表的，则根据相关国家之间的双边条约或共同参加的国际公约或在互惠基础上给予保护。工业产权法的通行规定是：在本国境内有经常居所或营业场所的外国人享有与本国人同等的待遇；在境外的外国人，依照其所属国与本国缔结的双边条约或共同参加的国际公约或按照互惠原则给予办理。这些规定说明，知识产权制度主要采取有条件的国民待遇原则，只要符合上述规定的情形之一，外国人就可以与本国人享有同等的权利，而在权利的范围和内容上不加限制。

(二) 知识产权的客体

国内外学者们对知识产权的客体进行了不同的概括,比较有代表性的说法有"知识产品""智力成果""知识信息""知识财产""无体财产"等。知识产品是指人们在科学、技术、文化等精神领域所创造的产品,具有发明创造、文学艺术创作等各种表现形式,是与物质产品相区别而存在的客体范畴。知识产权概念的倡导者比利时法学家皮卡第曾将知识产权称为"使用知识产品的权利"。知识产品概念较之于物和智力成果概念来说,更能概括知识产权客体的本质特征。物的概念突出的是人身体以外的物质对象,可能是未经加工的自然物,也可能是人类物质劳动的创造物,明显表现出客体的物质性。而知识产品概括了知识形态产品的本质含义,强调这类客体产生于科学技术、文化等精神领域,是人类知识的创造物,明显地表现出客体的非物质性。同时,知识产品的内涵突出了其在商品生产条件下的商品属性和财产属性,反映了著作权、商标权、专利权中的财产权利内容。而智力成果作为权利对象的含义则难以明确指向知识产权中包含的知识所有权的原意,无法揭示非物质财富具有财富价值和使用价值。

知识产权的客体可以分为三类:一是创造性成果,包括作品及其传播媒介、工业技术;二是经营性标记;三是经营性资信。其中第一类发生于科学技术与文化领域,第二、第三类产生于工商经营领域。

工业技术一般指在工业、农业、商业等产业领域中能够物化在物质载体中的知识和技能。它是根据科学原理和生产实践经验而发展形成的工艺操作方法与技能,以及与这些方法和技能相适应的生产工具和其他物资设施。工业技术与科学成果不同,科学成果是对人类实践经验和认识的概括与总结,是关于自然社会和思维的各种理论知识和研究成果。科学和技术都表现为知识形态,属于社会的精神财富。在法律上,工业技术可以表现为取得工业产权的各类专利技术,也可以表现为取得其他知识产权的技术秘密,以及受到新型知识产权即工业版权保护的工业产品。

知识产权客体具有以下几个特征:第一,创造性。知识产品与物资产品不同,它不可能是现有产品的简单重复,而必须有所创新、有所突破。创造性是知识产品取得法律保护的条件,一般财产法并不这样要求。也就是说,创造性是知识产品构成知识产权客体的条件,而物质产品构成有形财产所有权客体时并没有创造性这一要求。其中发明专利所要求的创造性最高,它必须是该项技术领域中先进的科学技术成果,所体现的技术思想、技术方案必须使得某一领域的技术发生质的飞跃。著作权作品所要求的创造性次之,它要求作品必须是作者创造性劳动的成果,但任何作品只要是独立构思和创作的,都可以取得独立的著作权。商标所要求的创造性仅需达到容易区别的程度即可。可见,受保护的对象不同,其要求的创造性也有所不同。按照西方学者的说法,专利权要求发明具有技术先进性,著作权要求作品具有独创性,而商标权只要求商标具有可识别性。第二,非物质性。知识产品与物资产品不同,它是知识形态的精神产品,其具有内在的价值和使用价值,但没有外在的形体。非物质性甚至是产品区别于有形财产所有权客体的主要特征。非物质性也可以使得知识客体同时被许多主体使用。第三,公开性。知识产品与物质产品不同,它必须向社会公示、公布，使得公众知悉。公开性是知识产品所有人取得知识产权的前提，各项知识产权客体都表现出公开性特征。"知识是公开的，但权力是垄断的"，这是对知识产品公开性与知识产权独占性的形象描述。必须指出的是，属于知识形态产品的技术秘密，并不具有公开性，它是依靠保密来维持专有权利的。在西方民法理论中，专利技术是一种法定专有权，在保护期内一直发生效力；而技术秘密是一种自然专有权，视权利人保密时间长短来决定其权利效力。

四 知识产权的特征

第一，知识产权的客体是不具有物质形态的智力成果和商业标记。这是知识产权区别于物权的原因所在。具体而言，著作权的客体是作品，专利权的客体是发明创造，而商标权的客体则是商标。

第二，专有性，又称为垄断性，即同一智力成果或者商业标记上只能有一个知识产权。例如两个以上的人做出同一种发明只能授予一个人以专利权；两个人就同一类产品就相同或相类似的标志申请注册商标的，商标局只能为其中一个人注册而不能为两个人均进行注册。

第三，地域性。地域性的含义有二：其一，知识产权只在产生的特定国家或地区的地域范围内有效，这种地域性随着知识产权的国际保护而逐渐消失；其二，知识产权的授权和转让是与地域相联系的，即知识产权的授权和转让必须明确地域范围，仅授权某些地域范围内行使知识产权，那么被授权人超出此地域范围行使该项知识产权即为侵权行为。

第四，时间性。所有的知识产权都有一定的时间限制，过了这一时间该知识产权保护的智力成果就进入公共领域由全人类共享，任何人都可以无偿地加以使用。不过商标权的时间性纯粹是基于管理上的需要而设，商标所有人可以不断地续展。

第二节 知识产权制度及其发展过程

一 知识产权制度简介

知识产权制度是智力成果所有人在一定的期限内依法对其智力成果享有独占权，并受到保护的法律制度。知识产权制度通过合理确定知识产权主体对于知识产品的权利，调整人们在创造、传播、运用知识产品过程中产生的权利和责任关系，激励创新，推动经济发展和社会进步。狭义的知识产权制度一般指传统意义上的知识产权法，包括著作权法（含邻接权法）、专利权法、商标权法等组成部分。广义的知识产权制度既包括知识产权法及相关法律法规，也包括相关的执法体系、中介服务体系、知识产权运营管理体系、研发体系、人才培养体系、宣传教育体系等。知识产权制度可以维护知识权利的正义秩序、实现知识进步的效率目标，是政府公共政策的重要组成部分。知识产权是否应该保护、哪些知识应该赋予特定权利、如何保护等已经成为一个国家根据当前发展状况和未来发展预期所做出的制度选择和安排。这种选择和安排主要从决策主体、目标取向和调整功能等方面进行考量。

（一）知识产权制度的决策主体

知识产权制度的制定和实施，是由政府以国家的名义进行的，政府对于知识创造的激励、知识权利的归属、知识的利用限制和保护等进行制度设定和政策指导。具体而言，又可以分为法律法规的制定、行政管理的安排和政策指导三个方面。第一，通过法律法规的形式对知识产权的归属进行界定。在设计知识产权制度时，立法者不仅需要考虑本国的经济发展阶段，科技、教育和文化的发展水平，而且需要考虑知识产权国际化一体化趋势的影响。第二，通过行政管理体系的设计对知识产权提供利用限制的保护措施，由于知识产权具有不同于有形物产的无形特点，政府需要更多的介入进行干预和保护权利人的权力。第三，需要配套政策的安排，对知识产权的创造进行事前激励和事后的充分保护。

（二）知识产权制度的调整功能

知识产权作为一种私权利，一旦授予某些人拥有该权利，必然会产生对另一些人的权利的限制，从利益的角度来看，必然会导致利益的重新分配和再分配。利益相关者包括知识产品的创造者、传播者、利用者，必须正确处理他们之间的权利和义务关系，也要考虑创造者专有权利与社会公共利益之间的平衡。从功能调整的角度出发，知识产权制度需要形成"私权神圣"和"利益平衡"两大基本法律观。其中利益平衡在知识产权制度中有着特别的意义，它指的是当事人之间、权利主体与义务主体之间、个人与社会之间的利益应当符合公平的价值观念，旨在保护创造者利益的同时，保证社会公众对知识产权的合理利用。

（三）知识产权制度的目标取向

就知识产权制度而言，正义和效率应当是其追求的价值目标。知识产权是基于创造者的智力活动而顺延产生的，所以正义是知识产权制度维护的首要目标。如果无视知识创造者权利的存在，他们的智力投入就无法得到补偿，知识产品的生产就将陷入无序状态。知识产权制度在实现正义的同时还应顾及智力资源高效配置、促进社会非物质财富最大化的使命，这即是知识产权制度的效率目标。这需要通过知识、技术、信息的广泛传播，并通过智力成果的独占使用、授权使用、法定许可使用、合理使用等各项制度而得以实现。总之，知识产权制度在于维护权利的正义秩序和实现知识传播的效率目标。

在近代社会，知识产权制度是欧美国家促进经济发展、推动科技进步、繁荣文化和教育的政策工具；在当代社会，知识产权制度则成为创新型国家维持技术领先、保护贸易优势、提升国际地位的国家战略要素。

二 近代英国是知识产权制度的最早制定者

近代英国是传统知识产权制度（如专利权法和著作权法）的发源地。英国知识产权制度的形成经历了一个由封建特许权向资本主义财产权嬗变的历史过程。《垄断法规》（1623年）宣布废除封建特许权制度，同时对新技术、新领域的发明与引进做出了类似专利制度的新规定。《安娜法令》（1709年）是一部"旨在授予作者、出版商专有复制权利，以鼓励创作的法规"，其目的在于保护和激励人们对创造作品和兴办出版业进行投资。在17世纪和18世纪的英国，重商主义政策为知识产权立法提供了重要的思想基础。《垄断法规》为鼓励新技术的发明和应用，其专利权的目的不是形成贸易垄断，而是通过暂时的垄断权实现技术进步和产业发展。《安娜法令》将印刷专有权改造成了资本主义的产权，奉行版权单一财产性的理念，同时包含版权期限、版权效力的控制条款，极大方便了商业贸易。

近代英国知识产权法作为一种产业、商业政策和科技、文化政策的有机组成部分，为18世纪70年代开始的工业革命奠定了重要的制度基础。诺贝尔经济学奖得主诺斯对14世纪的中国以及17世纪和18世纪的英国进行比较分析后认为，知识产权制度保护发明创造者的利益，刺激了发明创造者的热情，使得发明得到大量涌现并带来浪潮般的技术革命，从而启动了英国的工业革命，创造了现代经济增长的奇迹。近代英国发展的史实告诉我们，知识创新是近代社会经济繁荣发展的动力和源泉，知识产权的制度创新则为这个"发展之力"和"繁荣之源"注入了"利益之油"和"生命之水"。知识产权是制度创新促进知识创新的法律典范，是国家发展战略的制度文明。

三 现代美国是知识产权制度的有效运行者

虽然美国建国历史相比知识产权同样发达的欧洲国家不算长，但却是世界上最早建立和完善知识产权制度的国家。美国建国之初，在1787年《宪法》中即规定了版权和专利权条款："国家有权制定法律，对作者或发明人就其作品或发明的专有权利赋予一定期限的保护，以促进科学和艺术的发展。"根据美国《宪法》规定，美国政府于1790年颁布了《专利权法》和《版权法》。美国早期的知识产权政策深刻地贯彻了实用主义的商业激励机制：对内保护私人知识财产，以暂时的垄断授权换取科技与文化的发展；对外以知识产权为政策工具维护国家利益，采取了显著的本国保护主义的举措。第二次世界大战后，美国世界强国地位快速形成，美国逐渐完成了从低水平保护向高水平保护的迅速转变，并力图将知识产权保护的美国标准传播为世界各国通行的国际标准。尤其是20世纪80年代以后，美国对其知识产权政策做出大幅度的修改和完善：在美国国内建立了促进知识经济发展、科学技术创新的政策体系，注重政策体系中知识产权的规制与导向作用。例如，多次修订完善《专利权法》，加强对技术产权的保护；为激励技术创新颁布了《发明人保护法》和《技术创新法》；为鼓励成果应用则制定了《政府资助研发成果商品化法》和《技术转让商品化法》等，由此构成了一个涵盖知识产权创造、应用和保护的完整的知识产权法律制度。同时，美国强调知识产权制度与产业政策、科技政策、文化政策的有机融合。例如，通过政策联动推动产业结构调整和传统产业改造，扶持"半导体芯片、计算机、通信、生物制药"等朝阳产业，发展"软件、唱片、电影"等影视文化产业。正是政府政策的有效制定和强力实施，使得美国形成专利大国、版权大国与品牌大国的知识产权优势，这进一步巩固了美国作为世界强国的领先地位。更为重要的是，美国在国际上实施知识产权保护与国际贸易直接挂钩的政策限制。出于在全球贸易中维护本国利益的需要，美国积极将自己的智力优势转化为知识产权优势、将知识产权优势转化为国际贸易的竞争优势，其使用的政策手段就是将知识产权保护与国际贸易体制紧密结合起来。例如1994年《知识产权协定》生效以后，美国依赖缔约方的国家强制力和世界贸易组织的国际强制力，将缔约方所承诺的高水平知识产权国际保护与享有无差别的最惠国待遇紧密联系起来。美国推动许多国家以版权形式保护计算机软件，要求发展中国家对药品发明授予专利，并在国际上倡导半导体芯片的专门保护，美国的这些主张后来都反映在国际贸易体制的规则之中。美国还先后与欧盟、日本、澳大利亚等国家和组织进行谈判，以双边自由贸易的形式寻求比《知识产权协定》更高水平的保护。2004年美国政府报告阐述了其明确的政策立场：从美国立国基础来看，保护知识产权始终是一项创新的支柱；一个健康正确的强制性的国内和国际知识产权结构必须被维持。总的来看，在知识产权保护领域，美国坚定奉行其国内政策，并不断将其推广为国际规则，美国是对现代知识产权保护制度影响最大的国家。

四 当代韩国是知识产权战略的强力推行者

韩国作为"东亚经济奇迹的领航者"，1970—1995年的人均GDP从5000美元上升至2万美元，但20世纪90年代末的亚洲金融危机使这一经济奇迹戛然而止。为了摆脱困境，韩国于1997年提出"创意韩国"的发展理念，1998年制定"文化韩国"的发展战略，将知识产权作为一种政策工具，成功地从一个工业化国家转变为创新型国家。进入21世纪以来，韩国政府更加重视知识产权工作，寻求创新发展的新途径，2009年出台的《知识产权强国实现战略》，其战略核心是将知识产权制度发展成为对新技术的创造、产业化、商业化具有促进功能的系统化社会基础，强化韩国的知识创造力和知识产权竞争力。当代韩国的转型发展表明了知识产权的制度功能，它不仅是一种私权法律制度，更是一种国家发展战略，其制度目标在于提升知识创新力，形成经济社会发展力。

韩国知识产权发展战略的核心是将知识产权制度发展成为对新技术的创造、产权化、商业化具有促进功能的系统化社会基础结构，强化韩国的知识创造力和知识产权竞争力；同时为全面应对经济全球化和高技术的快速发展带来的知识产权新问题，积极参与全球新型知识产权制度的建立，为韩国企业参与国际知识产权竞争与合作创造良好的制度环境。为此，近年来韩国采取了一系列积极措施，以实施全面的知识产权发展战略。

第一，修改知识产权法律制度。为适应以 WTO 的《知识产权协议》为主导的国际知识产权保护标准，强化知识产权制度对技术创新和知识创造的激励作用，提高知识产权制度的行政效率，2001 年韩国修改了 7 部知识产权法律及其相关制度。在商标和外观设计制度改进方面，对《商标法》做出了如下修改：一是为加入《商标法条约》，简化了对各种商标申请文件的要求，并按《商标法条约》的产品分类制度对商品类别进行重新分类。二是为加入《商标国际注册马德里协定》，增加了与国际申请有关的申请和审查程序，设定相关条款，提高知识产权局的国际申请和审查能力。在复审制度方面，修改了复审审查员手册和复审行政工作指南以增强复审工作的公平性、专业化和连贯性。复审检索系统升级，以便进行全面检索，在对无效请求的复审中，允许订正说明书和附图，取代订正复审以加快无效复审过程。取消复审请求理由公开制度和申诉请求程序以简化复审程序，并使专利、实用新型的复审程序和复议程序相互协调。

第二，强化知识产权保护和执法水平。为防止不公平竞争，促进正常贸易秩序，韩国加强了对知识产权的实际保护。一是修改有关知识产权保护的法律。由于知识产权保护有利于国家的经济发展和国际贸易往来，因此韩国不断努力按国际保护标准及 TRIPS 要求修改相关法律以强化知识产权的法律保护。2001 年韩国在修改后的《知识产权法》中加强了知识产权保护：（1）修改后的法律将罚款最高额从5000万韩元增加到1亿韩元，最长刑期从5年增加到7年；（2）修改后的法律规定，在侵权赔偿的损失额计算中，权利人的损失额为侵权人的销售额乘以权利人的原价所得的应得利益总额，这样就使计算损失额时可以比较容易掌握证据。二是加强对假冒产品的打击：（1）反假冒行动。韩国知识产权局、地方政府、检察院和警方合作，定期召开有关知识产权侵权的联席会议，合作进行全国范围的打击假冒品活动，知识产权局成立了假冒品举报中心，取得了显著效果。（2）公众教育计划。随着假冒品生产和流通逐渐转入地下，相关打击工作越来越困难，这就要求更多的有经验的执法人员。为此，韩国政府对警察、海关、地方政府、知识产权局等方面的执法人员不断加强培训；同时通过出版和广泛散发各种形式的相关资料，提供知识产权法律和反假冒实际技能教育，不断加强反假冒工作的专业化。

  第三，发展一流的知识产权行政管理。1999年，韩国实施了知识产权行政管理全面创新计划，确定了行政管理改革的12项措施、66个重点课题、460个具体实施课题。经过近几年的努力，韩国知识产权局已具备世界一流的信息技术系统和审查工作效率。一是全面实现知识产权行政管理的自动化、网络化。2002年，韩国知识产权局已完成知识产权服务网络的全面改进，拥有世界最先进的自动化知识产权系统。申请人可以通过因特网填写申请，全部审查程序在线进行，知识产权公告内容可以通过因特网进行免费查询和检索。二是虚拟知识产权局的发展。韩国知识产权局可以为顾客提供虚拟系统服务，借助虚拟系统实现审查程序流水线服务。三是扩大知识产权信息化的国际使用水平。一方面将知识产权网建设的经验介绍给东南亚和南美发展中国家、举办 IT 专家论坛；另一方面加强国际社会的信息合作，积极开展有关电子申请程序和信息化发展的专家和信息双边合作，建立电子文件交换机制。四是提高知识产权行政管理的质量效率，保持国际水平的审查和复审期，提高审查和复审质量。

第四，促进专利的应用和商业化。一是制定《促进技术转让法》。2001 年，韩国制定了《促进技术转让法》，以法律的形式保障了韩国技术交易所的设立与运营，为鼓励和实施技术转让提供了有力的法律保障。二是建立知识产权市场和网上专利技术市场。韩国知识产权局的互联网知识产权市场促进了专利技术的商业化和销售，有效防止了先进专利技术的闲置。三是对优秀技术和专利产品的扶持。2002 年韩国知识产权局为专利技术商业化实施了 100 亿韩元的投资和 100 亿韩元的财政资助。与此同时，韩国产业资源部在 2003 年投入 1471 亿韩元，加强专利技术的开发、转让、产业化扶持，促进专利新技术的产业化。

第五，扩大创造知识产权的社会基础。一是培养学生及全社会的发明意识，二是知识产权领域的人力资源开发。韩国在 1987 年成立国际知识产权学院，旨在韩国政府和企业以及亚太地区发展中国家培养知识产权专家、促进国际合作。2003 年，韩国在国际知识产权学院创立国家发明教育中心，为今后大规模培养发明人才做准备。

第六，加强国际合作。韩国企业在国际市场竞争和国际知识产权开发方面已取得巨大成功，因而越来越关注国际知识产权制度规则的制定和国际知识产权合作，在国际知识产权合作组织中发挥重要作用。韩国已成为《专利合作条约》（PCT）第 8 位申请国和第 6 位信息检索成员单位。同时，韩国在 PCT 制度改革和技术合作中发挥重要作用；韩国知识产权局积极为 PCT 新成员（如菲律宾）提供教育培训。2003 年 4 月，韩国成为《商标国际注册马德里协定》成员国，还积极参与国际知识产权保护的合作和国际条约的制定与修改。韩国在现有知识产权制度国际化基础上，进一步加强对专利审查结果的合作开发、对公有技术联合检索等领域的国际合作，积极参加中日韩三方知识产权峰会，以及与美国、澳大利亚和发展中国家的双边合作。

五 中国知识产权制度发展历程

知识产权制度是近代商品经济和科学技术发展的产物，西方发达国家早在 17、18 世纪就开始了本国的知识产权立法进程，比中国早两三百年，即使印度、巴西这样的发展中国家，它们建立知识产权制度也比中国早很多，中国知识产权制度的历史，是一个从被逼所用到为我所用的制度变迁史，也是一个从被动移植到主动安排的政策发展史。总的来看，改革开放以来，中国知识产权制度经历了以下阶段。

第一，认识阶段。这一阶段主要表现为选择性地接受一些比较成熟的制度为我所用。改革开放以后，从 20 世纪 70 年代末至 90 年代初，中国逐步加强知识产权立法工作，先后制定了《商标法》（1982 年）、《专利法》（1984 年）和《著作权法》（1990 年），初步建立了知识产权法律制度体系。这一时期的知识产权立法是一种有选择性的制度安排，之所以选择性地进行立法，主要是因为立法工作难度大、时间长，受限于专业人才不足和时间仓促的限制，不能大面积的铺开工作，另外，改革开放之初，中国融入国际化的程度较低,《著作权法》才刚刚实施,因此并没有采取国际标准对中国著作权施加保护。

第二,萌芽阶段。这一阶段一方面对前期的立法进行修订,另一方面全方位地对知识产权法律体系进行完善,大体上包括20世纪90年代初至21世纪初期。《中美政府关于保护知识产权的谅解备忘录》(1992年)、《中美关于保护知识产权的协议》(1995年)客观加快了中国知识产权制度国际化的进程,特别是1994年的世界贸易组织《知识产权协定》对中国知识产权立法产生了直接的影响。中国自2001年成功加入世界贸易组织后,开始着手全面修订《著作权法》(2001年)、《专利权法》(1992年、2000年)、《商标法》(1993年、2001年),新颁布了《植物新品种保护条例》(1997年)、《集成电路布图设计保护条例》(2001年),使知识产权保护标准和水平达到了《知识产权协定》的要求。这一阶段中国用了较少的时间实现了从低水平保护到高水平保护的转变,快速完成了本土化到国际化的过程。

第三,快速发展阶段。这一阶段的表现是国家层面出台较多的知识产权激励政策,法律制度更为完善。为了进一步加大知识产权的保护力度,推动知识产权制度建设,中国于2004年和2005年分别成立了"国家保护知识产权工作组"和"国家知识产权战略制定工作领导小组",中国的知识产权制度建设迈入了战略主动的新阶段。2006年5月,胡锦涛总书记在中央政治局集体学习时强调,加强知识产权制度建设,提高知识产权创造、运用、保护与管理能力,是增强自主创新能力、建设新型国家的迫切需要。十二五期间中国鼓励创新创造政策的出台更为频繁,政策力度空前。显然,建设创新型国家仍是中国未来的重要任务。

第三节　知识产权理论的基本描述

知识产权理论体系是与"知识产权"有关的各种学说、思想、观念、经验所构成的有机整体，它不能是"个别的、单独的、碎片化"的理论，而应是一个具有"宏观大模样"的全面性、成型化的整体。在过去的几十年间，中国学者提出并阐述了知识产权"激励自主创新理论""国家战略理论""利益平衡理论""保护体制理论""文化传承理论"等，形成了一大批重要理论成果。知识产权理论体系研究主要包括以下内容。

一　知识产权本体论

本体论是探究世界的本原或基质的社会学理论，由17世纪的德国经院学者郭克兰纽首先使用的。知识产权本体论就是从知识产权的本原是什么的角度进行研究的。对知识产权的本原进行充分的研究对于科学地、准确适宜地制定知识产权法律有不言而喻的重要性。该理论以权利为核心要素，研究知识产权的概念、性质、特征、主客体、利用、限制保护、体系等。不管是西方国家几百年来的探寻还是中国20世纪以来的研究，本体论从未离开国内外学者的研究视线，正因如此，知识产权的概念、性质、特征、主客体以及体系等有诸多角度和不同的版本及学说。其中对于知识产权本质的认知，对其作用的解析不同角度有不同称谓，民法上的知识财产、管理学中的无形资产、经济学中的信息产权等，都是从不同学科层面对知识产权的本原进行的剖析。

二 知识产权价值论

知识产权价值论，是围绕法律的价值展开研究的。知识产权制度如何选择目标，如何进行价值取向，这些问题可以归属于价值论的研究范畴。对知识产权价值的研究从两方面着手：一方面对知识产权制度价值实现途径的表象进行归纳梳理分析，即"法律价值化"；另一方面研究评价主体的问题即"价值法律化"。知识产权价值论的理论和实践都很重要，不可偏废。在此，首先需要明确一个观念，即西方发达资本主义国家知识产权价值论的思想基础是自由主义、个人主义等，而他们的考察要素首先是效率、正义和秩序等，可以理解为实用主义者理论。这使得我们在制度建设时需要以中国的思想基础为底蕴搭建体系。

三 知识产权制度论

知识产权制度论以法律的规范为研究对象，从知识产权立法、知识产权行政执法以及知识产权的司法等方面阐述。知识产权法是国际上通行的确认、保护、利用和限制工业产权、著作权等的专门法律制度。知识产权具有归属于民法领域的类别规定性，更有区别于财产所有权的本质差异性。知识产权制度论的研究，在方法论上不宜简单地搬用传统财产权的理论和规则。就研究内容而言，主要涉及以下几个方面：一是历史沿革，研究"精神所有权"—知识产权—"无形财产权"的制度创新过程；二是知识产权的体系，研究知识产权各部门法内部问题和外部关系，知识产权法与民法、反不正当竞争法、反垄断法之间的关系，现代知识产权法与传统资源保护制度之间的关系；三是法律的实施，研究知识产权保护体系中行政保护与司法保护之间的关系、知识产权保护环境中执法与守法之间的关系。

四 知识产权的其他理论

（一）知识产权政策论

知识产权政策论，顾名思义，是从政策科学范畴进行研究，知识产权对社会发展的作用是如何通过选择目标达成，在政策选取中的主体、构成、效率方面是如何衡量的，这些问题就是知识产权政策论所要进行回答的。

（二）知识产权运行论

知识产权运行论是理论中的理论，之所以这样说，是因为运行论是在本体论、制度论和政策论的基础上展开研究的，回答了知识产权作为一类事业的运行情况，以及与社会经济发展状况的关联程度。知识产权运行模式的构建与各个环节之间的协调，反映着国家知识产权体系的健全程度和标准化程度，从而影响着社会知识产权产业发展目标的实现效果。

（三）知识产权文化论

知识产权文化论以"观念的文化"为对象。知识产权文化论的主要内容，一是研究知识产权文化的基本要素；二是研究知识产权文化的基本功能；三是研究知识产权文化发展的基本路径。知识产权文化论的研究方法应注重两个方面，一方面在于继承，另一方面立足创新。

第四节 新知识、新技术对经济发展影响的历史与现实

一 新知识、新技术对经济发展影响的理论总结

不论是纵观近代历史的发展,还是身临其境地体验当今社会的发展势态,科学技术对经济发展和人们生活水平提高的促进作用都是巨大的。从经济学理论的角度看,新知识、新技术对经济发展影响的理论可以追溯到20世纪初,美国哈佛大学美籍奥地利经济学家熊彼特经典著作《经济发展理论》中首次提出经济发展的创新理论(或创造性毁灭理论)。熊彼特认为:"创新是创造,又是毁灭——对旧方法和产品的毁灭迎来对新的方法和产品的创造。"宏观社会的发展正是由微观经济企业的反复创新—毁灭—创新的螺旋式循环推动的。第二次世界大战之后,科学技术在战争以及经济发展中的作用得到政府官员、企业家和学者的普遍重视。20世纪50年代,经济学者们在熊彼特创新理论的基础上提出技术创新理论,这种理论更加肯定创新对经济发展的推动和主导作用,认为科学技术对经济发展的作用主要是通过技术创新来实现的。技术创新有助于新兴产业的发展,从而使得经济社会出现跨越式发展。

(一)在经济增长的新古典学派模型里,技术进步便被认为是解释经济增长的重要因素

以索洛(R. Solow)等人为代表,经济增长的新古典学派运用新古典生产函数原理,表明经济增长率取决于资本和劳动的增长率、资本和劳动的产出弹性以及随时间变化的技术创新。索洛

区分出经济增长的两种不同来源：一是由要素数量增加而产生的"增长效应"，二是因要素技术水平提高而产生的"水平效应"的经济增长。1957 年，索洛在其发表的《技术进步与总生产函数》一文中，推算出 1909—1949 年美国制造业总产出中约有 88% 应归功于技术进步，索洛残差便是技术进步的结果。在继续深入研究技术进步对经济增长作用的同时，新古典学派还开展了技术创新中政府干预作用的研究，提出当市场对技术创新的供给、需求等方面出现失效时，或技术创新资源不能满足经济社会发展要求时，政府应当采取金融、税收、法律以及政府采购等间接调控手段，对技术创新活动进行干预，以提高技术进步在经济发展中的促进和带动作用。

（二）经济增长的内生经济增长理论进一步拓展了新古典增长理论，指出了知识生产的作用

1986 年罗默（Paul Romer）在《收益增长和长期增长》中，提出了一个与收益递减的传统模型不同的收益递增的增长模型。他把技术进步视为经济的内生变量和知识积累的结果，认为知识积累才是经济增长的原动力。在罗默的模型里，知识被分解为一般知识和专业知识。一般知识产生经济外部性，使所有企业都能获得规模收益；专业知识则产生经济内部效应，给个别企业带来垄断利润，从而为这些企业提供了研究与开发的基金和内在的动力。因此，知识作为一种内生的独立因素不仅可以使知识本身产生递增收益，而且使资本、劳动等其他投入要素的收益递增。这就为经济的长期增长提供了条件。技术与众不同的一个特点在于它是公共品，产出这种技术发明的费用昂贵，但复制它很廉价。

(三) 技术创新的新熊彼特学派

新熊彼特学派的代表人物有爱德温·曼斯菲尔德、莫尔顿·卡曼、南希·施瓦茨等,他们秉承经济分析的熊彼特传统,强调技术创新和技术进步在经济增长中的核心作用,主要是将技术创新视为一个相互作用的复杂过程,重视对"黑箱"内部运作机制的揭示,并在分析这样一个过程的基础上先后提出了许多著名的技术创新模型。他们研究的主要问题有新技术推广、技术创新与市场结构的关系、企业规模与技术创新的关系等。曼斯菲尔德对新技术的推广问题进行了深入的研究,分析了新技术在同一部门内推广的速度和影响其推广的各种经济因素的作用,并建立了新技术推广模式。熊彼特把技术创新作为一个整体要素来研究其对经济发展的贡献,没有对技术创新与市场结构的关系等具体问题作进一步的分析与阐述。新熊彼特学派对技术创新理论进行了系统的研究,对熊彼特的创新理论从不同角度进行了研究和发展。新熊彼特主义者的着眼点在于创新的机制,包括创新的起源、创新过程、创新的方式等内容。新熊彼特学派通过系统的、科学的研究和探索已经初步搭起了技术创新的理论框架。

(四) 技术创新依赖于完善的知识产权保护制度,这正是制度创新理论一直以来所倡导和坚持的

完善的知识产权保护制度有利于促进技术创新和知识产品的生产,后者将催生新知识、新技术的出现,并对经济发展产生积极影响,历史事实证明了这一点。在此基础上,制度创新理论认为,技术性因素和制度性因素构成了经济增长的两大要素,而有利于创新的制度是激励技术创新活动、推动经济增长的关键。从根本上说,在创新体系中,制度创新居于基础和保障地位。技术

创新的制度创新学派以美国经济学家兰斯·戴维斯和道格拉斯·诺斯等人为代表，戴维斯和诺斯在1971年出版的《制度变革与美国经济增长》一书中提出了制度创新理论。他们认为，"制度创新"是指经济的组织形式或经营管理方式的革新。该学派利用新古典经济学理论中的一般静态均衡和比较静态均衡方法，在对技术创新环境进行制度分析后，认为经济增长的关键是设定一种能对个人提供有效刺激的制度，该制度确立一种所有权，即确立支配一定资源的机制，从而使每一活动的社会收益率和私人收益率近乎相等；产权的界定和变化是制度变化的诱因和动力，新技术的发展必须建立一个系统的产权制度，以便提高创新的私人收益率，使之接近于社会收益水平；一个社会的所有权体系若能明确规定和有效保护每个人的专有权，并通过减少革新的不确定性，促使发明者的活动得到最大的个人收益，则会促进经济增长等。戴维斯和诺斯把制度创新的全过程分为五个阶段：形成推动制度变迁的第一行动集团，即对制度变迁起主要作用的集团；提出有关制度变迁的主要方案；根据制度变迁的原则对方案进行评估和选择；形成推动制度变迁的第二行动集团，即起次要作用的集团；两个集团共同努力去实现制度变迁。

（五）国家在技术创新中具有非常重要的作用，称为技术创新的国家学派

技术创新的国家学派以英国学者克里斯托夫·弗里曼、美国学者理查德·纳尔逊等人为代表，该学派认为技术创新不仅是企业家的功劳，也不是企业的孤立行为，而是由国家创新系统推动的。国家创新系统是参与和影响创新资源的配置及其利用效率的行为主体、关系网络和运行机制的综合体系，在这个系统中，企业和其他

组织等创新主体通过国家制度的安排及其相互作用，推动知识的创新、引进、扩散和应用，使整个国家的技术创新取得更好的绩效。例如，20世纪80年代弗里曼在考察日本企业时发现，日本的创新活动无处不在，创新者包括工人、管理者、政府等。日本在技术落后的情况下，以技术创新为主导，辅以组织创新和制度创新，只用了几十年的时间，就使国家的经济出现了强劲的发展势头，成为工业化大国。这个过程充分体现了国家在推动技术创新中的重要作用，也说明一个国家要实现经济的追赶和跨越，必须将技术创新与政府职能结合起来，形成国家创新系统。纳尔逊以美国为例，分析国家支持技术进步的一般制度结构。他在1993年出版的《国家创新系统》一书中指出，现代国家的创新系统在制度上相当复杂，既包括各种制度因素和技术行为因素，也包括致力于公共技术知识研究的大学和科研机构，以及政府部门中负责投资和规划等的机构。纳尔逊强调技术变革的必要性和制度结构的适应性，认为科学和技术的发展过程充满不确定性，因此国家创新系统中的制度安排应当具有弹性，发展战略应该具有适应性和灵活性。弗里曼和纳尔逊的研究为国家创新系统理论建立奠定了坚实的基础，使人们认识到国家创新体系在优化创新资源配置上的重要作用，尤其可以更好地指导政府如何通过制订计划和颁布政策，来引导和激励企业、科研机构、大学和中介机构相互作用、相互影响，从而加快科技知识的生产、传播、扩散和应用。

二 新知识、新技术对经济发展影响的历史回顾

纵观影响人类社会发展的历史进程，新知识、新技术在这个过程中起到了不可替代的作用。特别地，极大促进人类社会生产

力的三次技术革命也无一不是以新知识的使用、新技术的发明为诱因的。三次技术革命的典型标志是某个生产领域或某几个生产领域的技术创新引起了其他各个生产领域的技术创新，从而大大提高了整个社会的生产力，促进了经济增长，造成了社会财富的大幅度增加。下文以三次技术革命为例，概述新知识、新技术对经济发展的影响。

(一) 第一次工业技术及对经济发展的影响

第一次技术革命发生于18世纪六七十年代到19世纪中期，以蒸汽机的出现和使用为标志，使生产的技术方式开始机械化，促使社会生产由家庭自给自足或者手工业生产阶段进入资本主义社会化大生产阶段，生产率得到了极大提高。纺织机、轮船、火车等机械被广泛应用，机械的使用引起了手工业工场向大规模生产工厂制的转变，形成了机器制造业、煤炭工业、冶金工业、交通运输业等新兴工业部门。到19世纪三四十年代，英国首先完成了产业革命，并因为生产力的进步而一跃成为世界霸主。正如马克思和恩格斯在1848年的《共产党宣言》中所写到的："资产阶级在它的不到一百年的阶级统治中所创造的生产力，比过去一切世代所创造的全部生产力还要多、还要大。"值得指出的是，在第一次技术革命中，除了蒸汽机的发明外，作为能工巧匠实践经验结晶的技术在其中发挥了主要的作用。

(二) 第二次技术革命及对经济发展的影响

第二次技术革命发生于19世纪70年代至20世纪初的一段时间，以电力技术的使用、内燃机的应用为标志，使生产的技术方式在机械化的基础上电气化，社会生产发展进入资本密集型生产阶段，机械的使用更加频繁。19世纪70年代以后，电力工业和电器设备工业迅速发展,使得钢铁、煤炭、机械加工等传统行业生产效率进一步提高,并促使工业部门兴起了汽车、化工、新型冶炼、航空工业、现代通信等一批新型工业部门,从而使整个工业部门的面貌焕然一新。19世纪最后30年,世界工业总产值增长了2倍多,钢产量增长了55倍。与第一次技术革命不同,在第二次技术革命当中,几乎所有的工业部门都受到科学发明的影响。可以说,如果没有物理学、电磁学、生物学、热学、化学等方面基础科学理论的发现,也就没有第二次技术革命。第二次技术革命的伟大成就是科学与技术、工业生产紧密结合的产物。科学理论的发展推动了技术的发展,技术的发展又推动了生产的发展,如此形成一个正反馈循环。在第二次技术革命中,各国对科学理论研究的重视程度也大大提升。以美国为例,从19世纪六七十年代起,先后建立了农业局、科学院等研究机构,1872年爱迪生建立了第一个工业试验室。到1913年,美国著名的工业试验室已经发展到65个,并且还从大学吸收近万名科学家和工程师专门从事科研工作。

(三) 第三次技术革命及对经济发展的影响

第三次技术革命发生于20世纪四五十年代,以原子能、电子计算机、空间技术及生物工程的发明和应用为主要标志,是涉及信息技术、新能源技术、新材料技术、生物技术、空间技术、航天技术和海洋技术等诸多领域的一场信息控制技术革命。第三次技术革命有以下发展特征:一是科学技术在推动生产力的发展方面起着越来越重要的作用;二是科学和技术密切结合,相互促进;三是科学技术各个领域之间相互渗透。第三次技术革命中微电子技术的使用使人类的劳动生产方式提高到了自动化、信息化的水平，极大地提高劳动生产率，并对经济、社会生活的各个方面产生深刻的影响。自动化、信息化技术还逐步被推广到了政府、机关、办公室等管理部门，也普及了学校、商店和家庭，实现了办公室自动化和住宅自动化。由于较高的劳动生产率，我们也把这些知识和技术密集度高、发展速度快的行业称为高新技术行业，这些行业中每个工人创造的产值要比传统制造业产值高出一倍以上，这些行业在经济中的比重也越来越大，对经济发展的作用越来越显著。

三　新知识、新技术对经济发展的现实影响

经济发展的影响因素很多，随着知识经济时代的到来，知识资本尤其是核心关键技术及其知识产权将成为经济发展的决定因素。而作为激励创新，优化知识资源配置的知识产权制度将成为促进科技进步、影响经济发展的重要工具。美、欧、日等各主要发达国家和地区通过合理运用知识产权制度激励科技创新，促进经济增长，在科技与经济方面始终走在世界前列。如美国通过实施全球化外向型知识产权战略，成为全球头号科技强国与经济大国。以美、日、德为首的世界前10位发达国家，通过科学运用知识产权制度，占据了全球84%的研发资源、94%的专利与91%的专利许可费用，经济总量占全球的一半以上。此外，目前世界上公认的创新型国家，包括美国、芬兰、日本、韩国等，它们的共同特征便是创新综合指数明显高于其他国家，技术进步对经济发展的贡献率在70%以上，研发投入占国内生产总值的比例一般在2%以上，对外技术依存度一般在30%以下。有研究报告显示，2011年美国知识产权密集型产业对国内生产总值（GDP）贡献率

为37%，2008—2010年欧盟知识产权密集型产业对GDP的贡献率已经达到39%，知识产权对经济发展的驱动作用日益突出，已经成为国家强盛和发展的重要战略性资源。而根据OECD报告，20世纪90年代，经合组织成员国知识产业和信息产业已经占国内生产总值的50%以上，初步实现了向知识经济的转变。可以说，知识产权是当今世界最领先、最具发展前景、最能体现未来经济价值的产业。

2013年，美国甚至宣布调整其国内生产总值的统计方式，将知识产权产品作为资产加以管理，并纳入经济核算体系。按照新的GDP统计口径计算，美国GDP新增3%，这一调整进一步凸显了知识产权的价值，对包括中国在内的创新型、新兴经济体国家产生了重要影响。事实上，中国也正在推动国民经济核算体系改革，由93标准向08标准转变，转变之一就是用知识产权代替无形资产列入固定资产里。2016年7月，中国国家统计局宣布，国民经济统计将实施研发支出核算方法改革，并据此修订了1952年以来的GDP数据。改革后，2015年GDP总量增加8798亿元，增加幅度为1.30%；GDP实际增速则提高0.04个百分点。其实早在2009年，联合国、OECD、世界银行等五大国际组织就联合颁布了新的国民经济核算国际标准——《国民账户体系2008》。其中，研发支出资本化是新国际标准的重要修订内容之一。新的核算方法将能够为所有者带来经济利益的研发支出由原来作为中间消耗，修订作为固定资本形成，体现了研发成果所具有的固定资产的本质属性，即在未来一段时间的生产活动中不断得到使用，持续发挥作用。新的核算方法也可以更好地反映创新对经济增长的贡献，从而激励研发投入，推动创新发展。

总之，知识创新经济已成为大势所趋，越来越多的国家将知识产权从边缘位置移向中心位置，知识产权产业化对经济的驱动作用日益突出。

（一）新知识、新技术对经济发展的现实影响——美国

知识产权产业的形成和发展壮大，逐渐成为世界各国的经济新增长点。为了突出知识产权，特别是新知识、新技术对经济增长的价值，2012年4月和2016年10月，美国政府先后发布了两份《知识产权与美国经济》综合报告，量化评估了知识产权密集型产业对美国GDP、就业和出口的贡献，指出知识产权密集型产业对美国经济有着直接和重大的影响。2012年报告认为人均知识产权拥有量高于所有产业平均水平的产业是知识产权密集型产业，2016年报告仍沿用2012年的定义。

美国政府2012年3月发布的《知识产权与美国经济：产业聚焦》报告指出，知识产权密集型产业2010年为美国经济贡献超过5万亿美元，约占GDP的34.8%，直接和间接提供了接近4000万个工作职位，约占工作职位总数的27.7%。知识产权密集型产业对美国的经济和就业岗位的增长有直接和重大的影响。

2016年9月，美国商务部经济和统计管理局（ESA）、美国专利商标局（USPTO）联合发布了《知识产权与美国经济：2016更新版》研究报告，就知识产权密集型产业对美国经济的影响进行了更新更全面的研究。报告指出，2014年美国共有81个知识产权密集型产业，创造产值6.6万亿美元，对国内生产总值（GDP）的贡献率增加到38.2%。知识产权密集型行业直接提供的就业岗位2790万个，占全部就业岗位的18.2%。

美国智库DNP Analytics于2015年3月发布的《知识产权密

集型制造产业：促进美国经济增长》报告则指出：2000—2012年，美国知识产权密集型制造产业平均每人每年研发投入为30375美元，是非知识产权密集型制造产业的12.2倍，知识产权密集型制造产业员工平均每人每年创造价值增加值为248254美元，是非知识产权密集型制造产业的2倍，知识产权密集型制造产业人均出口额是非知识产权密集型制造产业的3.5倍。此外，知识产权密集型制造产业员工平均每人每年工资为58832美元，比非知识产权密集型制造产业高出20%。

以下具体阐述每个报告对知识产权密集型产业在美国经济中重要性。

1. 2012年的《知识产权与美国经济：产业聚焦》报告

（1）知识产权密集型产业对美国经济的重要性

该报告认为整个美国经济都依赖于某种形式的知识产权，因为知识产权已渗透于几乎每一个产业之中。2010年，知识产权密集型产业为美国GDP贡献了5.06万亿美元，占当年美国GDP总额的34.8%。2010年，知识产权密集型产业的出口总额达7750亿美元，占美国当年商品出口总额的60.7%。报告以2007年数据为例，发现知识产权密集型产业的配套服务产业的出口额约占当年美国私营服务出口额的19%。

（2）知识产权密集型产业对美国就业率的重要贡献

2010年，知识产权密集型产业以发放工资或以雇佣合同的形式直接提供就业职位2710万个，间接提供就业职位1290万个，提供就业职位总数达4000万个，占当年美国总就业数的27.7%。其中，雇佣人员最多的知识产权密集型产业是60个商标密集型产业，提供就业职位2260万个；26个专利密集型产业提供就业职位390

万个，13个版权密集型产业提供就业职位510万个。提供就业人数最多的知识产权密集型产业主要集中在美国的三个地区，即西海岸地区、东海岸地区，以及中西部地区的中北部。另一项结论是，2011年的知识产权密集型产业的就业人数比1990年仅提升2.3%，而同时期非知识产权密集型产业的就业人数则提升了21.7%；造成这种差异的原因是专利密集型产业都集中于制造业，该产业特别是近10年较之其他产业的就业情况恶化很多。同时期商标密集型产业就业人数微跌2.3%，版权密集型产业的就业则形势喜人，就业人数提升了46.3%。2010—2011年，经济复苏带动了知识产权密集型产业直接就业人数的提升，增幅为1.6%，而非知识产权密集型产业直接就业人数的增幅仅为1%。

2. 2016年的《知识产权与美国经济：2016更新版》报告

2016年报告指出，在知识经济和全球化时代，知识产权在现代经济中发挥着重要的作用。知识产权密集型产业已成为美国经济主要的、不可或缺并持续壮大的一部分。未来美国经济社会的发展，在很大程度上必须依赖知识产权密集型产业。2016年报告运用美国专利商标局和国家统计局的官方数据，确定了美国知识产权密集型产业，并分析了上述产业对美国经济的影响。

（1）知识产权密集型产业对GDP贡献

2010年，知识产权密集型产业产值5.06万亿美元，2014年上升为6.6万亿美元，增幅高达29.4%。从细分领域来看，2010年，商标密集型产业产值4.5万亿美元，2014年上升为6.1万亿美元，增幅达35.56%；2010年，专利密集型产业产值7630亿美元，2014年则上升到8810亿美元，增幅15.47%（见表1—1）。

表1—1　　　　知识产权密集型产业占美国GDP的比重　　　　　（%）

知识产权密集型产业	2010年	2014年
专利密集型	5.40	5.10
商标密集型	30.80	34.90
版权密集型	4.40	5.50
知识产权密集型	34.80	38.20
非知识产权密集型	65.20	61.80

资料来源：http：//www.sipo.gov.cn/zlssbgs/zlyj/201704/t20170405_1309242.html。

（2）知识产权密集型产业对出口的贡献

知识产权密集型产业在美国的进出口贸易中占据重要的份额。知识产权密集型产业总的商品出口额从2010年的7750亿万美元上升到2014年的8420亿美元。但是，非知识产权密集型产业的出口额保持快速增长趋势，这导致知识产权密集型产业货物出口额占总出口额的比重从2010年的60%下降到2014年的52%。2014年，知识产权密集型产业商品进口额为13910亿美元，与2010年相比没有变化，但知识产权密集型产业商品进口额占总进口额的比重，从2010年的69.9%下降到2014年的59.3%。

（3）知识产权密集型产业对美国就业的贡献

2014年，知识产权密集型产业创造就业机会共4550万个，占美国就业总量的30%，其中，创造直接就业机会2790万个、间接就业机会1760万个。具体来看，专利密集型产业2010年就业机会380万个，2014年上升到390万个，增加了10万个就业机会；商标密集型产业则从2010年的2260万个增加到2014年的2370万个，增加了110万个；版权密集型2014年增加就业机会560万个，比2010年增加50万个（见表1—2）。

表1—2　　　　　知识产权密集型产业就业情况　　　　　（万人）

知识产权密集型产业	2010年	2014年
专利密集型	380	390
商标密集型	2260	2370
版权密集型	510	560
知识产权密集型	2710	2790

资料来源：http://www.sipo.gov.cn/zlssbgs/zlyj/201704/t20170405_1309242.html。

在知识产权密集型产业中，自主创业2014年实现就业240万，占到就业总量的8.5%。与之相反，在非知识产权密集型产业中，自主创业占就业总量的比例从2010年的8.8%下降到2014年的7.2%（见表1—3）。

表1—3　自主创业占知识产权密集型产业总就业人口的比重　　（%）

知识产权密集型产业	2010年	2014年
专利密集型	2.20	2.00
商标密集型	7.30	7.60
版权密集型	16.50	15.40
知识产权密集型	8.90	8.50
非知识产权密集型	8.80	7.20

资料来源：http://www.sipo.gov.cn/zlssbgs/zlyj/201704/t20170405_1309242.html。

进一步，图1—1反映了过去25年，知识产权密集型产业就业的增长情况。1990年知识产权密集型产业就业人数与2010年人数相差不大，20世纪90年代就业率出现大幅度增长，但在21世纪前10年，就业率大幅度降低。从2010年开始，知识产权密集型产业的就业有所回升。2010—2014年，知识产权密集型产业的就业率增长了6%，这很大程度上归功于商标密集型产业和版权密集型产业就业。金融危机后，专利密集型产业就业有小规模的提升，这也反映出专利密集型产业大多为制造业。2010—2014年，在知识产权密集型产业创造的就业机会增长的同时，非知识产权密集型产业提供的就业机会增长的速度略快，高出知识产权密集型产业2%。这使得知识产权密集型产业提供的就业机会在社会总就业中的比率从1990年的21%下降到2000年的20.6%、2010年的18.8%，直至下降到2014年的18.2%。

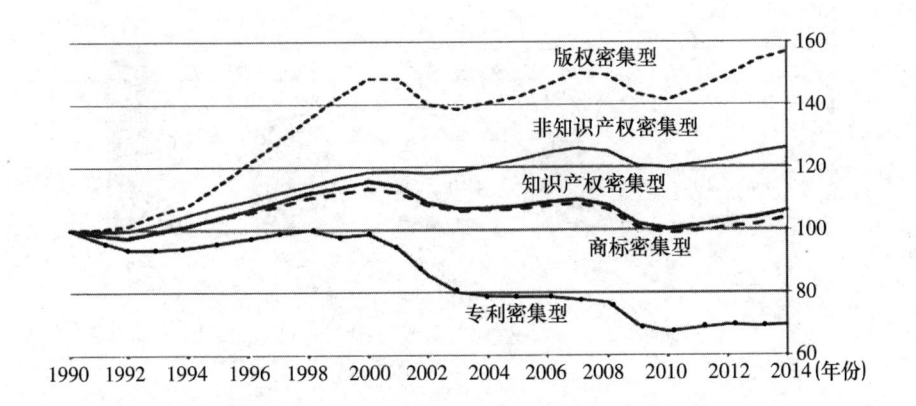

图1—1 知识产权密集型产业就业指数

资料来源：http://www.sipo.gov.cn/zlssbgs/zlyj/201704/t20170405_1309242.html。
注：1990年的指数值为100。

（4）与2012年报告的比较

比较发现，2014年知识产权密集型产业创造的产值以及占GDP的比重比2010年均有大幅提升。2014年，知识产权密集型产业创造产值为6.6万亿美元，比2010年增长了1.5万亿美元，增幅为29.4%。知识产权密集型产业占GDP的比重从2010年的34.8%上升到2014年的38.2%。其中，商标密集型产业创造产值从2010年的4.5万亿美元增长到6.1万亿美元，占GDP比重从2010年的30.8%上升为34.9%；专利密集型产业创造产值从2010年的7630亿美元增长到8810亿美元，但占GDP比重从2010年的5.4%下降为5.1%；版权密集型产业创造产值从2010年的6217亿美元增长到9501亿美元，占GDP比重从2010年的4.4%上升到5.5%（见图1—2）。

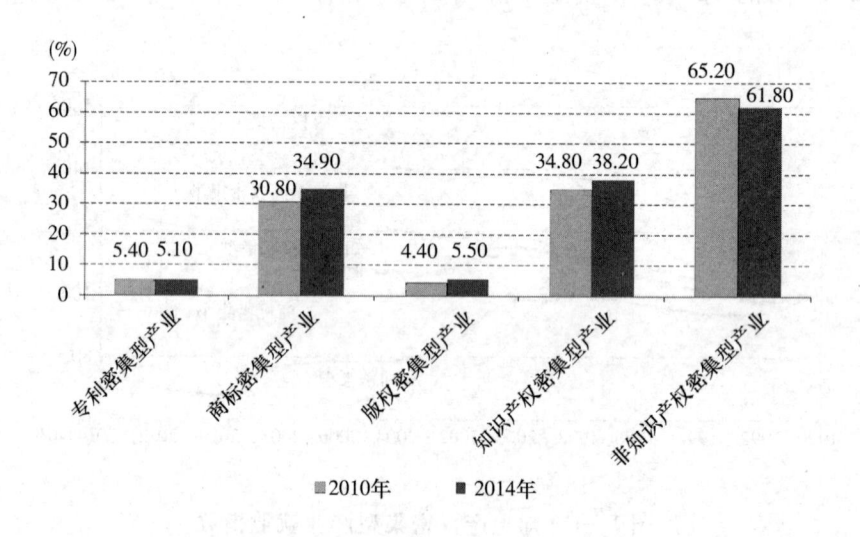

图1—2 2010年和2014年美国知识产权密集型产业对GDP的贡献

资料来源：http://www.sipo.gov.cn/zlssbgs/zlyj/201704/t20170405_1309242.html。

（二）新知识、新技术对经济发展的现实影响——欧盟

受美国影响，欧洲专利局（EPO）和欧盟知识产权局（EUIPO）也就知识产权密集型产业对欧盟经济的贡献进行了研究，以反映欧盟成员国知识产权密集型产业发展的特点，分析知识产权密集

型产业对促进欧盟经济繁荣、提高欧盟竞争力的影响，并为成员国的政策制定者提供决策依据。2013年9月，EPO和EUIPO联合发布了第一份《知识产权密集型产业对欧盟经济及就业的贡献》报告，该报告对2008—2010年知识产权密集型产业对欧盟经济的总体影响进行了量化和评估。2016年10月25日，EPO和EUIPO发布第二份《知识产权密集型产业及其在欧盟的经济表现》，对第一份研究报告的数据进行了更新。两份报告的结果都表明，知识产权密集型产业对国内生产总值（GDP）、就业和贸易的贡献非常大。

1. 2013年9月的《知识产权密集型产业对欧盟经济及就业的贡献》报告

该报告涉及的时间跨度为2008—2010年，包含的知识产权有专利、商标、外观设计、版权和地理标志，聚焦于整个欧盟，识别出了321个知识产权密集型产业，约占615个欧盟产业的一半。该报告将"知识产权密集型产业"界定为"人均就业员工知识产权运用量高于平均水平的产业"。报告强调，事实上，所有产业都在一定程度上运用知识产权，本项研究只关注知识产权密集型产业，可能低估了知识产权对欧洲经济的真正贡献。总的来看，该报告权威且量化地说明了知识产权对欧盟经济发展的巨大作用。

（1）知识产权密集型产业对欧盟GDP的贡献

根据欧盟经济数据中心数据[①]，2012年年底，欧盟经济总量13.42万亿欧元，据相关统计（见图1—3），欧盟每年由知识产权密集型产业创造的产值约4.7万亿欧元，占欧盟GDP的比重为35.02%。其中，商标密集型产业占欧盟GDP的比重约为34%，

---

① 参见http://www.edatasea.com/Content/eu/ID/12。

设计密集型产业占欧盟 GDP 的比重约为 13%，专利密集型产业占欧盟 GDP 的比重约为 14%。

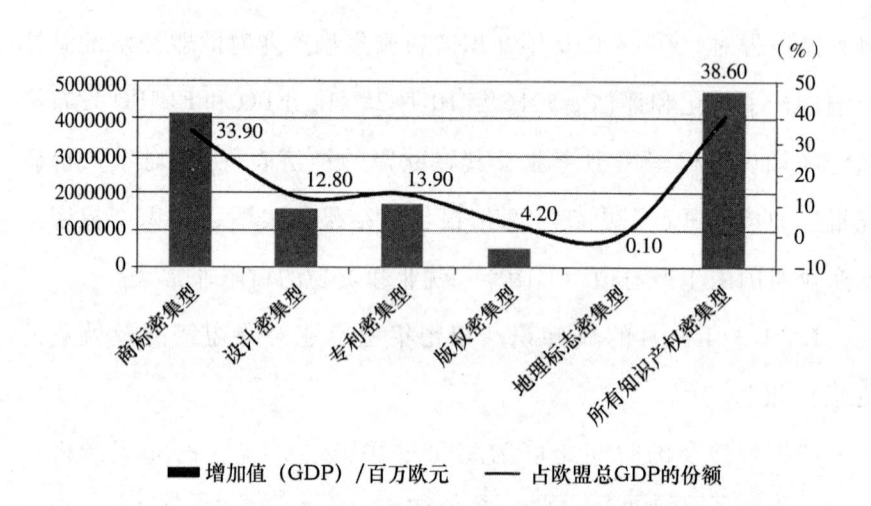

图 1—3　欧盟知识产权密集型产业对 GDP 的贡献

资料来源：笔者根据《知识产权密集型产业对欧盟经济及就业的贡献》整理绘制。

（2）知识产权密集型产业对欧盟就业的贡献

知识产权密集型产业每年提供大约 7700 万个就业岗位，而欧盟总就业岗位 21840 万个，该比例高达 35.1%。知识产权密集型行业直接提供的就业岗位约 5650 万个，占全部就业岗位的 26%，其中 21% 来自商标密集型产业、12% 来自设计密集型产业、10% 来自专利密集型产业（见图 1—4）。需要说明的是，知识产权密集型产业的总体贡献小于各子产业的加总，是因为知识产权细分领域的产业同时存在一定的交叉。

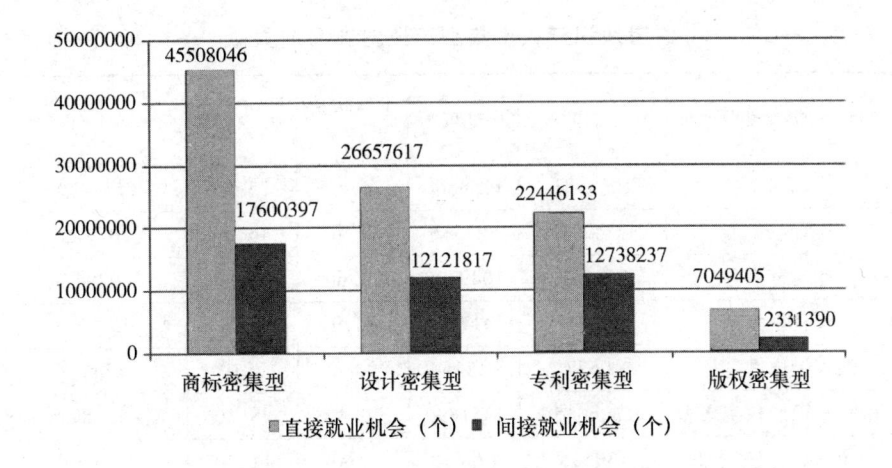

第一章　知识产权制度及其对经济发展的意义

```
50000000 ┤
         │ 45508046
45000000 ┤ ■
40000000 ┤ ■
35000000 ┤ ■
30000000 ┤ ■      26657617
25000000 ┤ ■      ■       22446133
20000000 ┤ ■ 17600397 ■   ■
15000000 ┤ ■ ■    ■ 12121817 ■ 12738237
10000000 ┤ ■ ■    ■ ■     ■ ■    7049405
 5000000 ┤ ■ ■    ■ ■     ■ ■    ■ 2331390
       0 ┼─────────────────────────────────
         商标密集型  设计密集型  专利密集型  版权密集型
           ■直接就业机会（个）　■间接就业机会（个）
```

图 1—4　欧盟知识产权密集型产业对 GDP 的贡献

资料来源：笔者根据《知识产权密集型产业对欧盟经济及就业的贡献》整理绘制。

（3）知识产权密集型产业对欧盟贸易的贡献

该报告对知识产权密集型产业在欧盟对外贸易中的角色也进行了研究。知识产权密集型产业对欧盟的贸易做出了巨大贡献。2010 年，知识产权密集型产业贡献了欧盟进口贸易的 88.3% 和出口贸易的 90.4%。考虑到欧盟整体上贸易逆差约为 1740 亿欧元，占 GDP 的 1.4%，但是，知识产权密集型产业占欧盟出口份额高于占欧盟进口份额，进一步说明了该类产业对欧盟的贸易地位做出了巨大贡献。欧盟商标密集型和专利密集型产业的贸易逆差，在一定程度上被版权密集型和设计密集型产业的贸易顺差所抵消了（见表 1—4）。

表1—4　　欧盟知识产权密集型产业对贸易的贡献　　（百万欧元）

知识产权密集型产业	出口	进口	出口份额(%)	进口份额(%)	净出口
商标密集型	1023981	1158860	75.50	75.70	-134879
设计密集型	724292	703586	53.40	46.00	20707
专利密集型	957748	1049795	70.60	68.60	-92047
版权密集型	57051	41727	4.20	2.70	15325
地理标志密集型	10577	1836	0.80	0.10	8741
所有知识产权密集型	1226015	1351890	90.40	88.30	-125875
非知识产权密集型	130585	178640	9.60	11.70	-48055
欧盟贸易总额	1356600	1530530	100.00	100.00	-173930

资料来源：《知识产权密集型产业对欧盟经济及就业的贡献》。

2. 2016年10月的《知识产权密集型产业及其在欧盟的经济表现》报告

2016年的报告覆盖了欧盟28个国家，以2011—2013年三个不同的知识产权局［EUIPO、EPO和欧盟植物品种局（CPVO）］的数据为基础，重点分析了知识产权密集型产业对欧盟国家GDP、就业和贸易的贡献。

（1）知识产权密集型产业对欧盟GDP的贡献

2011—2013年，欧盟总GDP约为13.4万亿欧元，其中42%以上产生于知识产权密集型产业（见表1—5）。商标密集型产业贡献了近36%的GDP，外观设计密集型和专利密集型产业则分别贡献了13%和15%，其他知识产权密集型产业对欧盟GDP的贡献较小。值得注意的是，知识产权密集型产业在GDP中的份额明显高于就业份额，这表明其附加值更高，这种差异在商标密集型产业尤其明显，其占就业的21%，但占国内生产总值则高达36%。

表1—5 2011—2013年知识产权密集型产业对GDP的贡献（百万欧元）

知识产权密集型产业	增加值（GDP）	占欧盟总GDP的份额（%）
商标密集型	4812310	35.90
设计密集型	1788811	13.40
专利密集型	2035478	15.20
版权密集型	914612	6.80
地理标志密集型	18109	0.10
植物品种权密集型产业	51710	0.40
所有知识产权密集型	5664168	42.30
欧盟GDP总量	13387988	100.00

资料来源：《知识产权密集型产业及其在欧盟的经济表现》。

注：由于知识权利的重叠使用，单个产业的数字总和超过了知识产权密集型产业的总数。

（2）知识产权密集型产业对欧盟就业的贡献

该报告表明，共有约2.16亿人在欧盟内工作，而知识产权密集型产业的直接就业人数就高达6000多万，占总就业人数的28%。这些就业机会中有21%在商标密集型产业、12%在外观设计密集型产业、10%在专利密集型产业、5%在版权密集型产业，植物品种权和地理标志密集型产业的就业人数较少。除此之外，知识产权密集型产业还创造了2200万个间接就业岗位，即欧盟所有就业机会的38%以上由知识产权密集型产业直接或间接贡献（见表1—6）。

表 1—6　　　　2011—2013 年知识产权密集型产业对
直接和间接就业的贡献

知识产权密集型产业	直接就业人数	直接就业占总就业人数的比例(%)	间接就业人数	直接+间接就业人数之和	直接+间接就业占总就业人数比例(%)
商标密集型	45789224	21.20	19697110	65486334	30.30
设计密集型	25662683	11.90	13010825	38673508	17.90
专利密集型	2268215	10.30	13752939	36021154	16.70
版权密集型	11630753	5.40	3609756	15240509	7.10
地理标志密集型				399815	0.20
植物品种权密集型产业	1018754	0.50	201656	1220410	0.60
所有知识产权密集型	60032200	27.80	22182725	82214925	38.10
欧盟总就业人数	215808033				100.00

资料来源：《知识产权密集型产业及其在欧盟的经济表现》。

注：由于知识权利的重叠使用，单个产业的数字总和超过了知识产权密集型产业的总数。

（3）知识产权密集型产业对欧盟贸易的贡献

该报告根据 2013 年的数据总结了知识产权密集型产业对外贸易的平均水平。如图 1—5 所示，2013 年欧盟知识产权密集型产业产品的出口额为 1605516 百万欧元，占出口总额的 93%；进口额为 1509099 百万欧元，占进口总额的 86%。虽然欧盟整体贸易赤字高达 420 亿欧元，占 GDP 的 0.3%，但是相比之下，欧盟的知识产权密集型行业的贸易顺差为 960 亿欧元，这与 2013 年研究报告情况相比还有了显著改善。

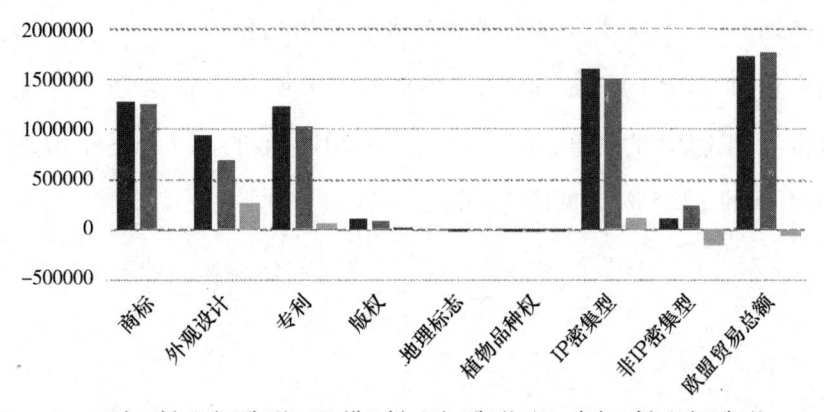

图1—5　2013年欧盟知识产权密集型产业对外贸易情况

资料来源：笔者根据《知识产权密集型产业及其在欧盟的经济表现》整理绘制。

（三）新知识、新技术对经济发展影响的现实——中国

继美国和欧盟发布知识产权密集型产业对经济的贡献相关报告之后，2016年10月，中国国家知识产权局首次发布了《专利密集型产业目录（2016）（试行）》，同时发布了《中国专利密集型产业主要统计数据报告（2015）》。根据国家产知识产权局的研究，中国各国民经济产业中，知识产权产业的密集趋势尚不明显。中国所认定的专利密集型产业应满足以下标准：产业发明专利密集度和发明专利授权规模均达到全国平均水平以上，并且产业成长性好，这与创新发展的政策导向高度契合。从《中国专利密集型产业主要统计数据报告（2015）》中，我们发现以下几点。

（1）中国专利密集型产业对GDP的贡献

虽然中国专利密集型产业对GDP的贡献不高，但是呈现逐年提高的趋势。2010—2014年中国专利密集型产业增加值合计为26.7万亿元，占GDP的比重为11.0%，年均实际增长16.6%，

是同期 GDP 年均实际增长速度（8%）的两倍以上。从专利密集型产业对 GDP 的贡献来看，2010—2014 年专利密集型产业增加值占当期 GDP 的比重为 11.0%，由 2010 年的 9.2% 逐年增加至 2014 年的 12.5%（见图 1—6）。

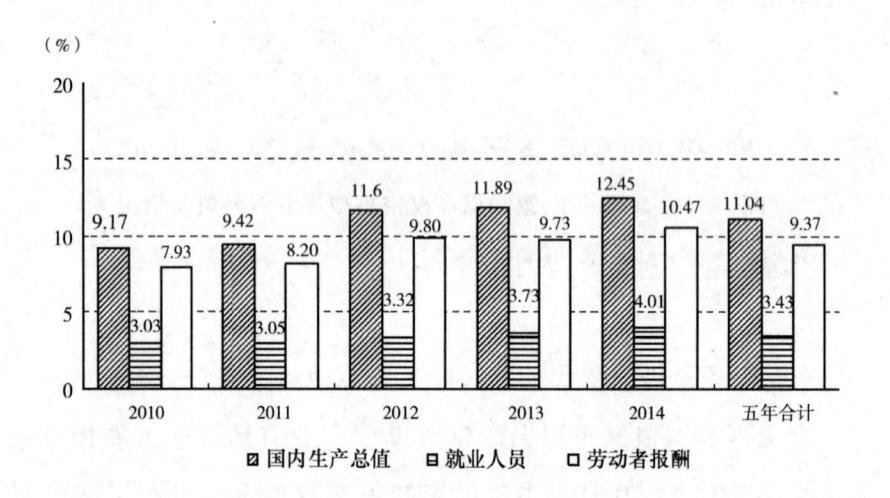

图 1—6　2010—2014 年中国专利密集型产业重要指标比重

资料来源：《中国专利密集型产业主要统计数据报告（2015）》。

（2）中国专利密集型产业对就业的贡献

2010—2014 年，中国专利密集型产业平均每年可提供 2631 万个就业机会，占全社会平均就业人员的比重为 3.4%。此外，中国专利密集型产业劳动者报酬占全社会劳动者报酬的比重呈上升态势，从 2010 年的 7.93% 提升到 2014 年的 10.47%（见图1—6）。

（3）中国专利密集型产业对贸易的贡献

中国专利密集型产业具有突出的出口优势，2010—2014 年，专利密集型产业出口交货值占总出口交货值的 45.3%。而且，从历年出口交货值占销售产值比重看，专利密集型产业均高于非专利密集型产业，前者约为后者的2.2倍（见图1—7）。这表明与非专利密集型产业相比，专利密集型产业的产品具有更强的国际竞争力。

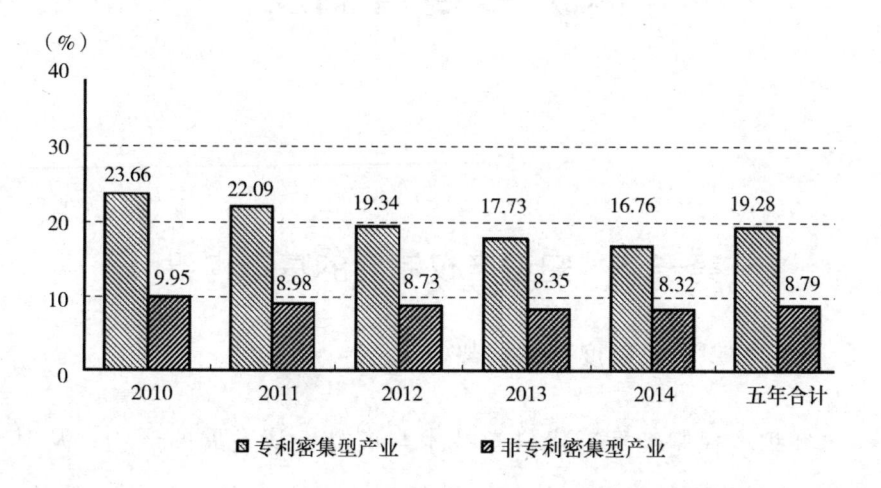

图1—7　2010—2014年中国出口交货值占销售产值比重指标动态

资料来源：《中国专利密集型产业主要统计数据报告（2015）》。

此外，根据2012年中国新闻出版研究院出版的《中国版权产业的经济贡献》，以及2013年国家版权局发布的《中国版权相关产业的经济贡献（2010年）》，中国版权产业的行业增加值及其占当年GDP的比重持续增长。特别是中国版权密集型产业（核心版权产业）的行业增加值及其占当年GDP的比重增长较快，明显高于其他产业组，特别是对于软件和数据库产业、数字出版产业、广告服务业。

第二章 主要发达国家知识产权的保护与运营制度

第一节 知识产权制度的基本构架

一 知识产权制度基本构架概况

知识产权制度是近代科学技术与商品经济发展的产物,从其产生、发展到变革已经有四百多年历史。由于各国历史、政治、经济、法律、文化等方面的差异,每个国家的知识产权制度存在或多或少的差异,但是基本上包括以下几个要素:知识产权法律体系、知识产权司法制度、知识产权行政执法制度、知识产权市场运行的规则制度,等等。第一,知识产权法律体系。这涉及知识产权法律的立法主体以及相应的法律体系。根据每个国家政治体制的不同,其中立法主体一般指国会、议会或者其他类型的立法机构。传统上,知识产权法律体系包括著作权法(含邻接权法)、专利权法、商标权法等主要组成部分。随着知识经济的快速发展,知识产权领域的新问题不断涌现,知识产权法律体系也在不断完善和发展,新的法律法规不断涌现。第二,知识产权司法制度。其中知识产权司法制度的主体包括最高法院和各级地方法院，主要负责审理涉及著作权、注册商标权、专利权、植物品种权、集成电路布图设计权等知识产权侵权案件。第三，知识产权行政执法制度。知识产权行政执法的主体在各国主要包括知识产权局、商标局、专利局等，当然，每个国家的称谓有可能不同。知识产权行政执法主体主要负责知识产权的申请、登记、确认、撤销、管理、保护等具体的事务性工作。

二 美国知识产权制度基本构架

美国的知识产权制度建立较早，经历多年的发展，目前已经比较完善。其中，美国国会负责知识产权相关法律的制定；美国最高法院、联邦上诉巡回法院、联邦地区法院负责知识产权案件的司法审判；美国国家图书馆、美国专利商标局、美国国际贸易委员会等政府机构负责行政确权和行政执法（见图 2—1）。

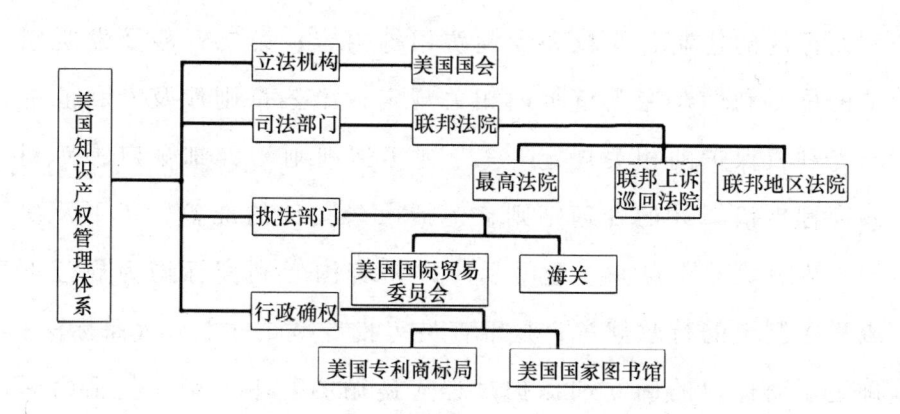

图 2—1 美国知识产权制度架构

当然，其他一些非政府的知识产权组织，包括各类知识产权协会、律师团体等也是美国知识产权制度框架的重要组成部分。美国的知识产权制度经历了一个不断完善的过程，美国政府在制度建设中起到了非常重要的作用。

(一) 美国知识产权法律体系

美国基本上已经建立起一套完整的知识产权法律制度，相关法律法规主要涉及《专利法》《商标法》《版权法》和《统一商业秘密法》等（见表2—1），一般由国会负责制定。通过这些法律，美国对专利（包括发明专利、外观专利及植物专利等）、版权、商标、商业秘密等进行保护；但是，各项法律的具体实施细则和审查指南则由相应的行政主管部门负责制定，例如《专利法》实施细则和审查指南由专利商标局制定。相对于《专利法》比较宽泛的规定，具体内容（包括专利保护的范围）往往在细则中予以规定。

具体来看，《专利法》共分为三章，第一章规定了美国专利商标局的建制、职权和专利费用等内容；第二章涉及发明创造的可专利性及专利审批的相关规定；第三章则涉及专利证书与专利权保护的相关规定。《专利实施细则》详细规定了专利及商标申请案件的处理细则，包括申请文件的准备、费用及期限等内容。《专利审查程序手册》是美国专利商标局为规范审查程序制定的行政规章，是审查员审批专利的依据。《商标法》确定了商标权的确立和保护过程应遵循的基本准则，包括商标的注册流程、所需文件及保护期限等相关规定。《版权法》则对所能保护的客体、权利保护期限及版权所有人具有的权利等进行了规定。

表 2—1　　　　　　　美国知识产权相关法律法规

序号	法律	实施细则和法规	主要内容
1	《专利法》	《专利实施细则》	《美国联邦法规》第 37 篇中涉及《专利法》实施细则的相关内容，详细规定专利及商标申请案件的处理细则，包括申请文件的准备、费用及期限、签署文件的准备、其他人或律师的代理行为、宣誓书等内容
		《专利审查程序手册》（MPEP）	该手册可在美国专利商标局网站上下载，是美国专利商标局为规范审查程序制定的行政规章，是审查员审批专利的依据
		《外观设计申请指南》	
		《计算机相关发明的审查指南》	
2	《关税法》（1930）		根据第 337 条，美国国际贸易委员会有权调查有关专利和注册商标侵权的申述
3	《商标法》	《商标审查程序手册》	《商标法》确定商标权的确立和保护过程中应予遵循的基本准则，包括商标的注册流程、所需文件及保护期限等相关规定
4	《版权法》		对所能保护的客体、权利保护期限及版权所有人具有哪些权利等内容进行了相关规定
5	商业秘密法		在美国对于商业秘密的保护属于州法律的范畴，不存在联邦法意义上的商业秘密法。各州的商业秘密法是由《侵权法重述》（1939 年）和《统一商业秘密法》（1979 年）作为法律基础
6	反垄断法		美国的反垄断法包括三部法律，其中最为著名的是被公认为世界反垄断法里程碑的《谢尔曼反托拉斯法》，另外两部是《联邦贸易委员会法》和《克莱顿法》。根据美国反垄断法，一旦企业被裁定有垄断嫌疑，将可能面临罚款、监禁、赔偿、民事制裁、强制解散、拆分等多种惩罚

数据来源：笔者整理。

（二）美国知识产权制度的司法体系

在美国知识产权司法制度中，主要由各联邦地区法院负责初次审理涉及版权、注册商标、专利、植物品种、集成电路布图设计等知识产权的侵权案件，对于联邦地区法院案件判决的上诉则专属于联邦巡回上诉法院管辖。如果当事人对联邦巡回上诉法院的判决仍不服，其可以向美国最高法院再次申请上诉。美国对知识产权的保护力度比较大，侵权现象比较少见。除了正规的司法程序之外，知识产权权利人还可选择其他方式，如行政程序或其他替代争议解决方式等。

（三）美国知识产权制度的行政管理体系

如图2—1所示，在知识产权行政管理体系中，美国专利商标局主要负责专利、商标的登记、审查、授权、公开等事务性工作。美国图书馆下设的版权局主要负责美国的版权登记和管理，与中国一样，美国版权也是自动生成制度，但版权必须进行登记，这是获得法律保护的必要手段，美国商务部则负责国有专利的推广。其他的政府机构也拥有各自的专利管理部门，有权以本机构的名义从事专利权利的申请、维护以及许可转让等事务。此外，美国国家技术转让中心作为美国政府所支持的规模最大的知识产权管理服务机构，负责协调知识产权的相关资讯并促进技术转让事务。美国国际贸易委员会能够根据《关税法》（1930年）第337条对包括侵犯知识产权的进口贸易等案件拥有管辖权，发起调查并采取制裁措施。

三 德国知识产权制度基本构架

(一) 德国知识产权法律体系

德国是传统大陆法系的代表性国家,由于德国统一的时间较晚,所以其法律制度发展历史不过一百年,但德国以其民法典为基础,建立了庞大而完善的法律体系。德国法典式的法律体系深深影响了欧洲其他国家,以及亚洲的日本、韩国和中国的立法历史。以民法典为核心,德国现行的知识产权法律主要包括《专利法》《实用新型法》《外观设计法》等(见表2—2)。

表2—2　　　　　　　　德国知识产权相关法律法规

序号	法律	相应的实施细则、法规
1	《专利法》	专利审查指南
		专利条约
		德国专利商标局关于专利事务的实施细则
2	《实用新型法》	实用新型法实施细则
3	《外观设计法》	工业品外观设计保护法实施细则
4	《微电子半导体产品保护法》	
5	《商标和其他标记保护法》	关于执行商标法的实施细则
6	《著作权法》	
7	《反不正当竞争法》	

数据来源:笔者整理。

(二) 德国知识产权制度的司法体系

德国的法院系统分为普通法院、劳动法院、行政法院、社会法院和税务法院五个系统。其中,普通法院系统负责民事诉讼和刑事案件。普通法院系统分为初级法院、地方法院、州法院、联邦法院四个级别。普通法院系统的诉讼制度采取三审终结制。地区法院既可以作为一审法院,也可以作为二审法院。

专利诉讼属于民事案件,因此其适用于普通法院系统。专利案件依其性质划分为无效、异议案件和侵权案件。对于不同性质的专利案件,应向不同的法院提起诉讼。

(三) 德国知识产权制度的行政管理体系

在德国,涉及知识产权行政管理的相关部门有联邦司法部、联邦经济和劳动部、德国专利和商标局、纽伦堡高级财政管理委员会、检察机关和法院等(见图2—2)。联邦司法部牵头负责政府层面的知识产权保护的法律、欧盟的相关立法和《TRIPS协议》等事宜。联邦经济和劳动部负责在国际贸易政策中涉及知识产权的具体事项。德国专利和商标局及其在各地的分支机构主要负责在工商业产权保护方面的日常管理和服务。

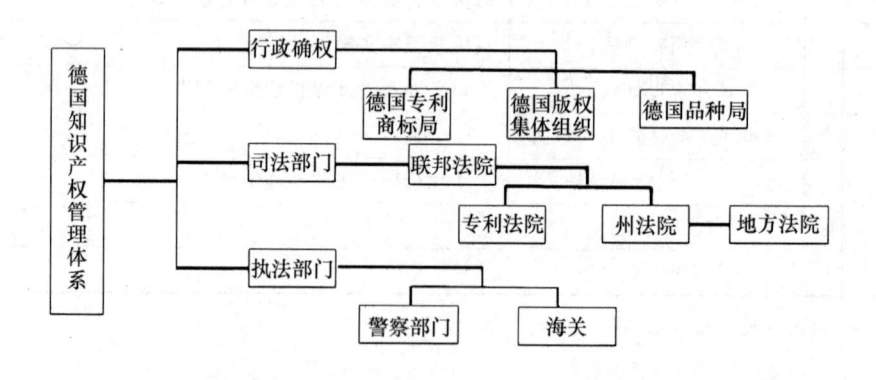

图2—2 德国知识产权制度架构

在德国,对侵犯知识产权的追诉原则上要由权利所有人自己来操作。权利人对侵权人所提出的赔偿要求可以通过地方法院的判决而生效。只要有侵权行为存在，检察院就可开展刑事追诉，但最终还是要由法庭裁决。此外，海关在出入境等环节还可对侵权商品和有侵权嫌疑的商品采取"查扣"和"没收"等行政手段。总之，德国知识产权保护体制的特点是司法审判为主、行政执法为辅。

四 日本知识产权制度基本构架

日本是亚洲国家中最早向西方学习近现代法律制度的国家之一，其知识产权制度始于明治维新时期，此后陆续完善知识产权制度。日本的知识产权制度随着国际知识产权制度和日本现代法律体系的建立逐步完善。日本先后加入了《专利合作条约》以及《世界版权公约》等，在此基础上不断制定和修改了知识产权制度。目前，《知识产权基本法》是日本知识产权方面最根本的法律，统领知识产权其他法律法规，指导知识产权司法和行政执法工作。就知识产权司法及行政执法保护而言，日本知识产权司法制度是建立专门的知识产权法院，而行政执法制度则采取专利授权与商标登记管理的"二合一"模式。

（一）日本知识产权法律体系

日本很早就重视知识产权立法，从1885年首次颁布《专卖专利条例》到2003年正式实施《知识产权基本法》，日本已经建立起比较全面的知识产权法律体系。目前，日本也已经加入《与贸易有关的知识产权协议》以及《保护工业产权巴黎公约》等国际性知识产权条约和协定，逐步形成了与国际标准相协调、相对完善的知识产权法律体系。

日本先后颁布实施了《专利法》《商标法》《版权法》《意匠法》等法律；在这些基本法的基础上，还陆续制定了有关细则，除综合性的知识产权保护法规外，日本还先后制定了一些专项法规，如颁布了保护集成电路的法律、制定了保护植物新品种的法规（见表2—3）。

表2—3　　　　　　日本知识产权相关法律法规

序号	法律	相应的实施细则、法规
1	《知识产权基本法》（2002年12月4日第122号法，最新由2003年7月16日第119号法修改）	
2	《专利法》（也称《特许法》，1959年4月13日第121号法，最新由2011年第63号法修改）	《专利法》实施细则（1960年3月8日国际贸易和工业部第10号条例，最新由2007年3月30日经济、贸易和工业部第26号条例修改）
3	《实用新案法》（1959年4月13日第123号法，最新由2011年第63号法修改）	《实用新型注册命令》（1960年3月24日第40号内阁命令，最新由2008年12月26日第404号内阁命令修改）
4	《意匠法》（《外观设计专利法》）（1959年4月13日第125号法，最新由2011年第63号法修改）	《工业品外观设计法实施条例》（1960年3月8日MITI第12号条例，最新由2009年1月30日MITI第5号条例修改）
5	《版权法》（1970年5月6日第48号法，最新由2010年12月3日第65号法修改）	《版权例外规定法》，与统一版权公约相一致（1956年4月28日第86号法，最新由2000年5月8日第56号法修改）；《版权和邻接权管理法》（2000年11月29日第131号法，最新由2008年5月2日第28号法修改）

续表

序号	法律	相应的实施细则、法规
6	《商标法》（1959年4月13日法第127号，最新由2011年第63号法修改）	《商标法实施细则》（1960年3月8日国际贸易和工业部第13号条例，最新由2007年3月26日第14号条例修改）；商标法执行命令（1960年3月8日第19号内阁命令，最新由2006年10月27日第342号内阁命令修改）
7	《植物新品种保护和种子法》（1998年5月29日第83号法，最新由2007年5月18日第49号法修改）	《植物新品种保护和种子法实施细则》（农业、林业和渔业部1998年12月3日第83号条例，最新由农业、林业和渔业部2012年5月29日第33号条例修改）
8	《集成电路布图设计法》（1985年5月31日第43号法，最新由2006年6月2日第50号法修改）	《关于集成电路布图设计注册权的内阁命令》（1985年12月24日第326号内阁命令，最新由2007年8月3日第233号内阁命令修改）
9	《反不正当竞争法》（1993年5月19日第47号法）	
10	《建立知识产权高级法庭法》（2004年6月18日第119号）	
11	《专利合作条约国际申请法》（1978年4月26日第30号法，最新由2003年5月23日第47号法修改）	《专利合作条约国际申请法执行条例》（1978年7月29日MITI第34号条例，最新由2010年11月10日METI第56号条例修改）
12	《独占禁止和保护公平贸易法》（1947年4月14日第54号法，最新由2009年6月10日第51号法修改）	《公平贸易委员会事务总局规则》（1978年4月5日首相办公室第10号条例，最新由1995年3月29日第6号条例修改）

资料来源：笔者整理。

为了加大知识产权的保护力度，日本于2002年11月通过了《知识产权基本法》，并于2003年3月起正式生效，以基本法的形式制定知识产权保护方面的法律,足以体现日本对知识产权保护的重视程度。《知识产权基本法》认为"能否充分利用知识产权将决定日本的命运",它是日本走向知识产权立国战略的支柱,也确定了知识产权政策的宗旨,即通过知识产权的创造、保护和应用,实现国民经济的健康发展和文化创造,提高企业国际竞争力,谋求国家的持续发展。为了实现上述目标,《知识产权基本法》明确了在创造、保护、应用、人才培养四个领域国家应采取的基本对策。为了加强知识产权保护,鼓励知识创新活动,日本有关部门还根据《知识产权基本法》和战略大纲的要求,着手研究对有关法律的修改。2014年,日本对《专利法》进行了进一步修改。文部科学省为了改变日本在新药开发方面大大落后于欧美国家的局面,拟定了新的规定,强化对生物技术领域知识产权的保护。文部科学省还将设立由熟悉生物技术的法学家和研究人员组成的专家组,协助参与这一科研项目的研究机构和企业申请国际专利权。此外,日本近年来还对《意匠法》等法律进行了修改并已颁布实施。

在这些法律的基础上,日本对发明专利、实用新型、外观设计、商标、著作权、商业秘密、植物新品种、集成电路布图设计等进行保护。

(二) 日本知识产权制度的司法体系

要使知识产权制度得到切实保障,除了靠立法之外,还需要司法及行政执法制度的紧密配合。一般而言,法院此时处于首要地位,因为对于知识产权这种私权,行政执法的作用在中国及其他国家均让位于司法。日本知识产权制度方面最突出的特色之一就是高水平的司法制度。日本的知识产权司法体系包括最高法院、东京知识产权高等法院、东京和大阪地方法院以及其他地区的地方法院。日本知识产权诉讼实行专属管辖,技术性强的案件审理交由东京地方法院和大阪地方法院管辖,其他一般案件交由当地地方法院审理。需要特别强调的是东京知识产权高等法院,其是在2005年依据《民事诉讼法》《法院法》和《知识产权高等法院设置法》等,由原来的东京高等法院组建而来。知识产权高等法院就知识产权纠纷民事案件的二审进行集中审理,且对于不服从特许厅决定的行政案件也享有专属管辖权。当事人如果不服从特许厅就专利审查所作决定,可以直接起诉至知识产权高等法院。日本的一些具体司法制度如下。

第一,专属管辖诉讼制度。对外观设计权案件实行竞合管辖,同时在改革和完善知识产权相关诉讼制度的基础上,变竞合管辖为专属管辖。

第二,案件移送制度。日本确定对于专利等案件的专属案件,如果不涉及专门技术问题,而主要是其他争议问题,为了避免审判延迟,法院应根据当事人的申请或职权,将案件全部或部分移送到其他法院;同时将专利等案件的控诉审理归东京知识产权高等法院专属管辖,确立了东京知识产权高等法院对全国技术型知识产权民事案件有唯一的最终审判权。

第三,设立专门委员会制度。2003年,日本引入了专门委员会专家可以协助法官办案的制度,并作为知识产权关联诉讼案件的管辖特例。因知识产权案件涉及专门技术问题较多,专门委员制度对知识产权审判具有重要意义。

第四,审判制度。为了确保知识产权诉讼和专业性技术案件的审理，日本健全了知识产权专业部的调查官制度。

第五，东京知识产权高等法院。知识产权高等法院设立后，集中管辖与发明专利权、实用新型有关的诉讼案，可以确立独立的知识产权司法行政体制。

(三) 日本知识产权制度的行政管理体系

1. 行政执法制度

在日本，执行知识产权法律首先是司法部门的职责，而日本行政机关没有行政执法权。对于大量的民事侵权纠纷案件，当事人通过诉讼由法院判决处理；对于侵犯知识产权的犯罪案件，则由警察侦破，检察官批捕，法院定罪量刑或处以罚金。政府部门的主要工作是负责知识产权法律的实施工作，有关行政部门负责制定、执行及协调司法部门执法的工作。

就行政保护而言，日本行政机关对司法部门执法起着协调与配合作用。为了加大知识产权保护力度，日本相继成立了执法事务局、知识产权战略总部和知识产权保护中心。日本特许厅也设有审判部，按照准司法性程序审理专利、商标驳回审查的不服及异议申请案，其审判相当于普通诉讼中的一审。如对特许厅的审判不服，当事人可直接上诉至东京知识产权高等法院，如对该法院的判决仍不服，可再次上诉至日本最高法院。同时，日本在行政执法方面也引进了透明机制来配合司法部门执法，用以提高执法效率。日本特许厅专门设有免费向公众开放的查询大厅，几百台电脑同时传递最新的专利、商标信息。随着科技的进步，日本专利、商标获权的很多环节都实现了电子化，如申请人可以通过电子邮件申请专利、商标，通过联网交纳注册费，还可以通过电子图书馆获得专利、商标的所有信息。

2. 行政管理制度

日本的知识产权行政管理机构包括特许厅、文部省和农林水产省。日本特许厅的主要职责包括工业产权申请受理、审查、授权或注册；工业产权方针政策拟订；工业产权制度的修订；工业产权领域的国际合作；为促进日本产业发展，对工业产权信息进行完善。其中工业产权主要包括专利权和商标权。日本文部省的职责主要是著作权管理，其中计算机软件也是著作权法保护的对象。对著作权的管理，除政府职能部门外，民间还成立了各种社团法人性质的协会，如计算机软件著作权保护协会、音乐著作权保护协会、私自录音补偿金管理协会等。参加这些协会的会员主要为日本和外国的著作权企业法人、作家和艺术家，各协会以著作权法等为武器，保护其会员的知识产权，协助会员调查收集侵权证据，提供法律咨询服务，并参与侵权纠纷的解决，接受法院委托提供鉴定意见。日本农林水产省的职责主要包括实施种苗法，对于植物新品种，如果培育者认为有经济价值，有必要获得知识产权保护，其可以提出申请，农林水产省会对其进行审核。农林水产省对于申请保护的品种，除进行文件审查外，还会进行实地调查或栽培实验，以确保新品种的质量和真实性。

第二节 知识产权的激励与保护制度

一 美国知识产权的激励与保护制度

美国的知识产权制度侧重于通过适宜程度的保护来激励创新和促进技术进步。例如，为了防止过度的专利保护产生垄断行为并阻碍创新,美国在设立专利保护制度的同时,就在立法上对保护行为施加了限制。美国《宪法》第一条第八款规定"国会有权利通过赋予作者在有限期间内对其作品和发明以专有权利,以此来促进科学和技术的发展"。这说明美国《宪法》在起草时就考虑到了保护知识产权的问题,但其目的不是为保护而保护,而是为了促进科学和技术的发展而保护知识产权,即在保护中促进创新。而且这种趋势在知识经济时代被不断强化。目前,美国基本上已建立起了一套完整的知识产权法律制度,包括专利法、商标法、版权法和反不正当竞争法等。

(一) 美国知识产权激励和保护制度的主要法律及发展历程

作为一种特殊形式的"权利",知识产权的激励和保护制度从最根本上来说需要依托于知识产权相关法律法规。这些法律法规规定了知识产权激励和保护的类型以及如何保护。美国知识产权激励和保护制度的法律法规经历了长时期的发展历程,现在已经比较完善。下面主要介绍专利法、版权法和商标法。

1. 美国专利法及其发展

专利法是最重要的知识产权保护法律之一。美国专利法在1790年便已有雏形,最初名称为《促进实用技艺进步法案》,之后分别在1793年、1836年、1870年、1952年、1994年、1999年以及2011年进行过不同程度的修改和完善(见表2—4)。

表 2—4　　　　　　　　　　美国专利法及其发展

年份	专利法制定及修改要点
1790 年	美国国会通过首部专利法——《促进实用技艺进步法案》，其中规定由国务卿、司法部长、国防部长组成的专利委员会专门负责审查专利申请
1793 年	①对《专利法》进行修订，其中用专利注册制度代替了专利审查制度，专利委员会被撤销； ②专利权的授予不再进行新颖性和实用性的审查，只要符合形式要件就可以
1836 年	对《专利法》（1793 年）作了大规模修订，成立专门的管理机构，恢复审查制度，对专利权主体、实质性要件、专利期限等做出了修订，由此奠定了现代美国专利制度的基础
1870 年	①对 1836 年通过的专利法进行修订和汇编，加入了一些重要的修改，是美国自 1836 年以来最重要的专利法； ②《专利法》（1870 年）最重要的变化是赋予了专利局行政立法的职能
1952 年	重新编排《专利法》条文，将法院判例和专利局决定所认可的一些原则纳入专利法中，如非显而易见、直接侵权、引诱侵权等概念，1952 年的修改被认为是美国现代专利法律方面迈进的最为积极的一步
1994 年	为了全面执行 WTO《与贸易有关的知识产权协定》（TRIPS）规定的各项义务，美国政府于 1994 年 12 月 8 日制定了《乌拉圭回合协议法》，对知识产权法律作了修改和改进
1999 年	通过了《美国发明人保护法》，主要修改要点包括降低了专利申请费和维持费、确立了专利早期公开制度及更新了保护期延长法等
2011 年	2011 年 9 月 16 通过的《美国发明法案》（AIA）实现了美国专利法的又一次重大修改，主要的修改要点包括从先发明制度修改为先申请制度、现有技术从相对新颖性变更为绝对新颖性、改革了专利授权后重申程序、增加了授权后重审程序（Post - Grant Review）和双方重审程序（Inter Parte Review）、提高了故意侵权的认定条件、最佳实施案例不再作为无效理由等

资料来源：笔者整理。

2. 美国版权法及其发展

版权法也是知识产权保护的主要法律。美国于 1790 年颁布了第一版《版权法》，后来进行过多次补充完善（见表2—5）。目前美国实施的版权法是于1976年制定的第三部《版权法》。

表2–5　　　　　　　　　　美国版权法及其发展

年份	版权法发展
1790年	美国国会颁布了第一部《版权法》
1909年	美国国会颁布了第二部《版权法》，将版权保护的客体扩大为"所有由作者创作的作品"，同时版权保护期最长可达56年
1976年	①美国历史上的第三部《版权法》，至今仍然有效；②《版权法》（1976年）规定作品无论是否发表一律受版权法保护，其保护期限为作者终生及死后50年
1989年	美国加入《伯尔尼公约》
1990年	《建筑作品版权保护法》和《视觉艺术家权利法》对建筑作品的保护作了规定
1998年	《数字化时代版权法》是顺应数字技术和网络的迅速发展对版权保护做出的新规定

资料来源：笔者整理。

3．美国商标法及其发展

美国于1870年颁布了第一部《商标法》，之后历经多次修改，最近一次的修改发生在2006年，2006年10月6日美国总统布什签署了《2006年商标淡化法修正法案》，该法案推翻了2003年最高法院在Moseley案上确立的"实际淡化"标准，而代之以"可能淡化"标准，并对其他淡化制度的条款加以修正（见表2—6）。

表 2—6 　　　　　　　　　美国商标法及其发展

年份	商标法发展
1870 年	美国颁布第一部《商标法》
1876 年	国会对《商标法》进行了修改
1879 年	《商标法》被美国最高法院裁定为违宪，该判决之后很长一段时间，商标立法没有太大的进步
1881 年	1881 年 3 月国会通过了一部新的《商标法》，作为对 1879 年判决的回应，规定了商标注册的限定条件
1946 年	1946 年 7 月通过的《兰哈姆法》算是美国最具实体性意义的法律联邦商标法，该法至今继续有效，是美国商标法的代词
1995 年	《联邦商标淡化法》（1995 年）修订了《兰哈姆法》第 43 条，对驰名商标的保护做出了特别的规定，禁止他人未经授权使用已经驰名的商标
1999 年	《反域名霸占消费者保护法》，对商标和域名保护做出了规定
2006 年	再次修订《联邦商标淡化法》，对驰名商标的淡化做出了规定

资料来源：笔者整理。

（二）美国知识产权激励和保护的类型

美国知识产权激励和保护的类型多种多样，很难逐一列举说明，可行的办法是针对主要的知识产权保护类型进行示范性阐述。

1. 专利

美国专利保护所涉及的类型主要包括发明专利、外观设计专利及植物品种专利等。

（1）发明专利（utility patent）：根据美国《专利法》的规定，凡是发明或发现新颖且具有实用的方法、机器、产品、物质组合物，或者对已知物质的新用途，或者是对现有技术的进一步改进，都属于美国《专利法》所要保护的发明专利客体。

（2）外观设计专利（design patent）：对产品本身或附加到产

品上的视觉装饰性的新的和独创的改进。外观设计专利的保护客体通常涉及产品的整体或局部的形状或构型、附加到产品上的表面装饰、形状或构型与表面装饰的组合。

（3）植物专利（plant patent）：保护利用无性繁殖方式培育出的任何独特且新颖的植物品种，包括变形芽、变体、杂交等新品种。申请人可对种子、植物本身以及植物组织培养物进行专利保护，要求保护的植物品种必须具有显著性、一致性和稳定性。

2. 版权

美国对固定于任何有形表现媒介中的独创作品均予以版权保护，这种表现媒介包括目前已知的或以后发展的，通过这种媒介，作品可以被感知、复制或以其他方式传播。目前，美国作家在死后70年内拥有版权，假如其作品是集体创作或是1978年1月1日以前发表的，那么其版权保持75—95年。

3. 商标

美国《商标法》规定商标注册的标志可以是姓名、符号、文字、标识语、图案。商标注册的有效期为10年，且允许续展，每次续展的期限也是10年。

4. 商业秘密

商业秘密可以是产品的公式、设计、编辑的数据、顾客名录等。美国许多州都采用了《统一商业秘密法》保护商业秘密。

（三）美国知识产权激励和保护制度的特征

美国法律属于英美法系，其知识产权法律体系具有以下明显特征。

第一，美国知识产权法律制度是条文法与判例法的混合体，相对比较灵活。其中，主体部分是判例法，知识产权法律的创制、法律原则的形成和发展以及法律的解释往往是通过判例形式实现的。例如，专利制度通过对发明人提供独占权，使创新产品具有获得高额利润的可能。美国《专利法》属联邦法，由国会制定。《专利法》的实施细则和详细的审查指南则由专利商标局制定。《专利法》的规定比较宽泛而涉及的具体内容往往在细则和指南中予以规定。专利商标局通常会根据美国经济、科技发展的需要，不定期草拟和修改实施细则并在因特网上公布，以便征询公众、专业律师、代理人的意见，从而确定实施细则的实用性和可操作性。这在较大程度上使美国专利制度具有灵活性和可操作性。

第二，美国联邦法律和各州法律法规共同存在。美国的各州可以根据自身情况对商标、版权、商业秘密和不正当竞争等进行相关规定，并且和联邦法律法规通常有不同程度的差别。某些情况下，美国联邦法院会甚至依赖州特定法律进行知识产权案件的判决。

第三，知识产权"遵循先例"原则。在司法实践活动中，法官不仅享有司法审判权，而且享有司法解释权以及由"遵循先例"原则所决定的事实上的立法权；在审判风格方面，美国同样采用归纳法逻辑特征的推理形式。

第四，美国专利制度强调把专利颁发给第一个专利发明人，而不是给第一个专利申请人，也就是说即使你的专利抢注时间在先，也不能保证你就能得到专利权，这充分体现了公平的原则。美国对专利的保护范围不断拓宽。例如，在世界主要国家和地区还在就基因技术能否申请专利进行激烈争论的情况下，美国已率先进入怎样才能授予专利权的阶段，提出对网络商业方法、基因技术给予充分的专利保护。美国专利诉讼费昂贵，但对专利侵权者的处罚力度也非常大。严格的法律规定与严格的司法制度有效保护了专利权人的合法权益,也充分体现了专利制度的本质是激励创新,促进技术进步。

第五,强调专利与标准的有机结合。标准原本只属于技术的标准化领域范畴,但是美国将专利制度与技术标准巧妙地结合在一起,使得美国可以利用其技术优势进而占据知识产权的有利地位。因为,谁掌握了技术标准的制定权,谁就掌握了市场的主动权。因此,美国一些高技术公司常常先把规则性的东西做成国际标准,然后把这种标准性的路径全部设定成专利产权进行注册,最终占领市场。不仅如此,由于专利与标准的联系日益密切,发达国家和跨国公司都在力求将专利变为标准以获取最大的经济利益,因此,标准化成为专利技术追求的最高形式。而且,发达国家还通过控制国际化标准为他国产品的进入设置技术贸易壁垒。

第六,将专利与国际贸易挂钩是美国知识产权政策的另一个突出特点。专利的对外贸易在美国的对外贸易中占有相当大的比重,而且在阻碍他国商品进入美国市场上发挥了重要作用。专利保护的实施范围实际上涉及市场垄断问题。目前,许多发达国家的公司正在取得专利市场的优势地位,从而给新的公司与研究者的进入造成困难,尤其是扼制了发展中国家的技术创新空间。美国政府认识到了这一点,所以美国大力发展专利贸易,并以该战略给他国商品进入美国市场造成阻碍,并为美国商品占领国外市场提供方便。特别是某些发达国家近年来极力推行专利审查的国际化,打破专利审查的地域性限制,由少数几个国家负责专利审查并授予专利权,其他国家只需承认审查结果即可。这种状况将极大扼制发展中国家的创新能力，甚至由于过度依赖外国专利技术而对其国家经济安全构成威胁。

第七，知识产权保护的对象不断扩大。例如，美国允许企业为遗传信息和软件申请专利，以前不被专利保护的领域如数学题解法、计算机软件、密码和破译人的遗传基因等正在陆续成为专利。知识产权保护的对象扩大在一定程度上有助于鼓励私营企业增加对研究与开发和创新的投入，但负面影响同样存在。短期看，研究与开发可能被用于社会效益较低的项目，从而降低其生产力影响研发的投资效率；长期看来，过于广泛的知识产权保护也会造成资源使用上的困难和浪费，甚至可能扼杀下一个商业创新潮。例如，基因技术专利权基本属于基础科学知识专利权，虽然这一知识也许能作为进一步研究的基础，但是最初专利持有者的权利将阻碍对这一技术的进一步使用。

(四) 美国知识产权保护制度的行政管理体系

美国知识产权保护的管理体系包括立法机构、司法机构、执法机构以及行政确权等。美国国会是立法机构。美国司法机构包括联邦法院，联邦法院分最高法院和联邦巡回上诉法院，以及联邦地区法院。当事人如果对联邦巡回上诉法院的判决不服，可向最高法院申请上诉。联邦地区法院负责审理涉及版权、注册商标、专利、植物品种、集成电路布图设计等知识产权侵权案件，联邦巡回上诉法院拥有对联邦地区法院判决案件的专属管辖权。美国执法机构则包括美国国际贸易委员会（ITC）和美国海关。ITC对根据《关税法》（1930年）第337条款规定的案件拥有专属管辖权。美国行政确权机构包括美国专利商标局和美国国家图书馆。美国专利商标局主要承担专利、商标的登记、审查、公开等事务性工作。美国国家图书馆下设的版权局主要负责美国的版权登记管理。美国版权是自动生成制度，但版权登记是提供法律保护的必要手段。

（五）美国知识产权制度中的司法保护

1. 美国专利民事司法保护、刑事司法保护及337调查

（1）专利民事司法保护

美国联邦地区法院对专利侵权案件拥有初审管辖权，上诉由联邦巡回上诉法院审管辖。这种制度设计减少了审理前的司法管辖权冲突，使专利制度更加稳定合理。

（2）专利刑事司法保护

美国司法部是联邦执法部门，可以调查和起诉包括假冒专利等行为。美国只对假冒专利行为追究刑事责任，其他专利侵权案件仅涉及民事责任。根据美国《专利法》的相关规定，专利为他人所有却谎称自己产品具有该专利的，产品没有专利却谎称具有专利的，或者谎称已经申请专利或专利审查正在进行的，应罚款500美元。任何人都可以提起诉讼要求罚款，对该犯罪行为的惩罚是每次500美元罚金，其中罚款的一半归起诉方，另一半上交国家。此外，对于伪造专利证书或者故意传播假冒专利证书的行为也有相关的刑罚罚则。

（3）337调查

美国国际贸易委员会可以对进口贸易中存在的侵犯知识产权或其他不正当竞争的行为发起调查并采取制裁措施。由于其所依据的是《关税法》（1930年）第337条，即《美国法典》第19卷第1337条的规定，因此，此类调查一般称为"337调查"。其中超过90%的调查涉及发明专利的侵权。

2. 美国知识产权制度中的司法部门

美国联邦法院体系可分为联邦地区法院、联邦巡回上诉法院和最高法院。除此之外,还有6个专业的联邦法院负责审理一些专门的诉讼,如破产法院、移民法院、军事法院、海事法院等。

(1) 联邦地区法院

总体而言,美国各州法令所产生的争讼由各州法院审理,而对联邦法规所产生的诉讼,则由联邦法院审理。由于专利法为联邦法,故在美国,与专利相关的争讼只有联邦法院才有管辖权。美国专利民事诉讼的管辖法院,为被告住所地或公司的主要营业地、侵权行为所在地的联邦地区法院。

美国每个州至少有一个地区法院,较大的州可能设立2—4个地区法院。如加利福尼亚州设有4个地区法院。美国全国50州共设有89个地区法院,另外哥伦比亚特区和波多黎各领地各有1个地区法院。每个地区法院至少有1名法官,共有576名地区法官。联邦地区法院法官都是由总统经参议院同意后任命,终身任职。地区法院是初审管辖法院,包括专利民事诉讼案件的初审。联邦地区法院的法官有权任命书记官、法警、法律书记员、法庭报告发布官、法庭记录员等,以协助法官的工作。实际上,美国专利诉讼案件的数量在联邦地区法院审理的诉讼案件中只占很小的比例。

从案件分布来看,联邦地区法院受理的专利案件分布十分不均匀,主要集中在相对集中的几个区域,有些联邦地区法院只有很少数量的案件,甚至有些法院根本没有专利案件。而在受理专利案件最多的三个联邦地区法院中,有两个位于经济较为发达、技术创新程度高、高科技企业集中的加利福尼亚州地区法院,另外一个则是以亲专利权人著称、倍受权利人青睐的得克萨斯州东区法院。由于审判标准并不统一，法院对于专利权人的态度相差较大，因此，专利权人往往会选择有利于权利人的法院提起诉讼。例如，得克萨斯州东区法院审理的专利案件中，专利权人胜诉的比例明显高于其他联邦地区法院。

（2）联邦巡回上诉法院

专利案件判决的上诉专属于联邦巡回上诉法院管辖。除专利案件判决的上诉外，对商标专利局对专利申请所做裁决的上诉，亦属于联邦巡回上诉法院之管辖。联邦巡回上诉法院共11个巡回区，通常一个巡回区管几个州的联邦区法院上诉的案件。巡回区上诉法院的判决，只要与宪法和最高法院的判决不相冲突，就是本巡回区内的法律，下级联邦区法院在以后判案时都必须遵守，不得相违背。

美国全国50州划分为11个司法巡回区，此外，首都华盛顿哥伦比亚特区作为1个巡回区；每个巡回区设立1个联邦上诉法院，共12个上诉法院。每个巡回区所管辖的范围大小不同。另外还有一个特别的"联邦巡回区"，其上诉法院称为联邦巡回上诉法院，由12名总统提名经参议院同意任命的法官组成，办公地点也设在哥伦比亚特区。该上诉法院与其他12个上诉法院地位相同，但其管辖的地理范围涉及全国，而管辖的案件限于审理由各联邦地区法院及有关联邦独立管理机构转来的涉及专利、商标、版权、合同、国内税收的案件，以及索赔法院和国际贸易法院的判决。上诉法院只有上诉管辖权，受理经辖区内联邦地区法院判决的案件的上诉，也审查联邦贸易委员会之类的独立管理机构的行动。

(3) 最高法院

当事人若对联邦巡回上诉法院判决不服,可以向美国最高法院申请上诉,最高法院若准许上诉,则会向联邦巡回上诉法院发转移该案件至最高法院之命令。最高法院设在华盛顿(哥伦比亚特区),最高法院的法官由总统任命,参议院同意后方可担任。最高法院共九名法官,由其中一位任首席法官,任职终身制。

3. 司法处罚结果及其影响

(1) 民事处罚

在民事诉讼中一旦认定专利侵权,法院一般会做出禁止令,即停止侵权的禁令,要求未经原告许可被告不得制造、销售、许诺销售、进口或实施专利产品或专利方法。另外,法院还会判决被告支付侵权赔偿额。

(2) 刑事处罚

法院对构成知识产权刑事责任的被告,依据《刑法》判处相应的刑罚。

由于法院判决的执行力,对于认定侵犯知识产权的民事判决,其禁止令会导致侵权企业停止侵权行为,并赔偿原告巨额的经济损失。因此相关判决会严重影响侵权企业,导致侵权企业停止生产、销售相关侵权产品,甚至退出市场的结果。

(六) 美国知识产权制度中的执法保护

1. 执法依据

(1) 337调查

337调查主要适用美国《关税法》(1930年)第337条的有关规定、美国联邦和各州关于知识产权侵权认定的各种法律以及其他关于不公平竞争的法律等;在程序法方面,337调查主要适用包括《联邦法规汇编》关于 ITC 调查的有关规定、《联邦证据规则》关于民事证据的规定、《行政程序法》关于行政调查的有关规定及《ITC 操作与程序规则》等。

(2) 展会

在美国知识产权保护法中,并没有专门针对展会知识产权保护的具体法律法规,因此对展会知识产权侵权行为的执法和保护,适用美国相关法律的一般规定,版权、专利、商标、反不正当竞争、商业秘密等知识产权在展会上都受到相应法律保护。

2. 美国知识产权制度中的执法部门

(1) 337 调查

美国国际贸易委员会(ITC)负责进行 337 调查。ITC 是美国国内一个独立的准司法联邦机构,拥有对与贸易有关事务的广泛调查权。其主要职能包括:以知识产权为基础的进口调查,并采取制裁措施;产业及经济分析;反倾销和反补贴调查中的国内产业损害调查;保障措施调查;贸易信息服务;贸易政策支持;维护美国海关税则。337 调查是其主要的工作职责之一。ITC 共设 6 名委员,每届任期 9 年。当一个调查案开始后,ITC 会指定一名行政法官来负责案件的审理和发布初裁。ITC 的裁决由美国海关来执行,可以依 337 调查的裁决来扣押侵权产品或禁止侵权产品进入美国。

(2) 涉及展会的执法

对于涉及展会行政执法的,由美国国际贸易委员会(ITC)和美国海关负责对侵犯美国知识产权的外国商品的进口和销售进行审查,并采取有效的边境措施。其中,美国海关下属的海湾边防局负责对民事侵权的行政执法,包括扣押、没收和处罚。

3. 执法程序

337调查案件可以由原告提起或由ITC自行发起，但多数都是由原告提起的。一是立案。ITC收到申请书后将进行审查，并在30日内决定是否立案。立案后，ITC会立即向申请书中列名的美国被告以及外国被告所在国驻美国大使馆送达申请书副本及调查通知。二是取证。337调查启动后当事人有权就其申诉或抗辩有关的任何非保密问题进行取证。取证程序一般会持续5个月。三是听证会。在调查启动6个月后，行政法官可以主持召开听证会，全面听取双方当事人的质证和答辩意见。四是和解会议。在专利侵权案件中，当事人可以通过签订和解协议解决争议，终止调查。五是初裁、复审与终裁。初裁做出后，ITC可以应当事人的申请或主动要求对初裁进行复审，并于初裁做出后90日内决定是否进行复审。ITC的复审决定将成为最终裁定。一旦ITC的最终裁定和救济措施（如有）被做出并登载于《联邦纪事》上，则终裁和救济措施均已生效。终裁做出后，ITC应将其提交美国总统审议，如美国总统在ITC裁决做出后60日内未基于政策因素予以否决，则该裁决将成为终局裁决。实践中，极少出现美国总统否决ITC终裁结果的情况。

4. 执法处罚结果及影响

（1）处罚结果

一是有限排除令，即禁止申请书中被列名的外国侵权企业的侵权产品进入美国市场。二是普遍排除令，即不分来源地禁止所有同类侵权产品进入美国市场，该处罚措施是极其严厉的制裁措施。三是停止令，即要求侵权企业停止侵权行为，包括停止侵权产品在美国市场上的销售、库存、宣传、广告等行为。四是临时救济措施。五是辅助性措施。

(2) 执法影响

ITC 经调查一旦认定进口产品侵犯了美国的知识产权，无论发布禁止令或是普遍排除令，都将禁止相关侵权产品进入美国市场，同时 ITC 可命令侵权企业停止销售涉案产品的存货，停止营销行为和不正当竞争行为。

(七) 美国知识产权保护制度强度

1. 知识产权法律完备

美国是联邦制国家，在法律体系上属于普通法系，立法体例传统上以判例法为主；在现代立法过程中，成文法规定逐步增多，形成了以成文法为主体、以判例法为补充的局面。美国的知识产权成文法包括联邦议会和各州议会制定的知识产权法律，联邦议会制定了专利法、商标法、版权法、贸易法等，各州也大多制定了自己的商标、版权法律。在判例上，也包括联邦法院和各州法院的判例。对于法院判例，包括知识产权方面的法院判例，美国法院秉承普通法系的传统，适用遵守先例原则。

2. 知识产权保护途径完善

在知识产权保护途径中，除了有民事和刑事的知识产权司法保护体系，美国还有比较有特色的行政保护，即 337 调查程序，另外展会和海关也有知识产权保护机制，与司法程序相辅相成，形成一套完备的保护体系。

3. 惩罚力度较大

美国对知识产权恶意侵权的行为打击力度较大，规定了惩罚性赔偿的原则。如美国专利侵权的损害赔偿包括补偿性赔偿和惩罚性赔偿。惩罚性赔偿适用于故意侵权，是在补偿性赔偿的基础上提高到最高三倍,由法官根据侵权情节来确定。

二 德国知识产权的激励和保护制度

(一) 德国知识产权制度历史发展概述

在德国,智力的成果被运用于商业并取得可观的经济和社会效益的事件,最早可以追溯到15世纪中叶古登堡发明印刷术及其商业化运作。当时,当局处理这项"知识产权"的做法是把出版权授予印刷厂和出版社,理由是作者的权力在贵重的印刷设备及其安全性(由于战乱)的面前显得微不足道。然而,这一决定对知识产权的影响一直延续至今。

直到普鲁士统一整个德国(1870/1871年),作为德意志民族的国家才算建立起来,相关的知识产权保护工作才得以在德国(帝国)全境展开。在借鉴了英、法经验的基础上,1876年德国第一部《版权法》正式出台。随后大量的图书和杂志的出版以及不断增加、不加控制的复制现象,催生了《文献和出版法》(1901年)的出台,后又通过了《艺术著作权法》(1907年)。在工商业产权方面,1874年引入《商标保护法》,该法在1894年被《商标法》所取代。1896年还出台了《帝国反不正当竞争法》。1903年德国加入《保护工业产权巴黎公约》。这些法律与近现代的德国法律之间具有很强的承传性,有的法律至今仍然适用,如《外观设计法》(1876年)。

(二) 德国知识产权保护的类型

德国知识产权主要包括工业产权和著作权两大类。工业产权包括发明专利、实用新型、外观设计、商标、地理标志、植物品种等;著作权包括文学、科学和艺术作品等。

(三) 德国知识产权法律法规

1. 德国现行知识产权法律

作为传统的大陆法系的代表，尽管德国统一的法制史不过一百年，但德国以其民法典为基础，建立了庞大而完善的法律体系。这种法典式的法律体系深深影响了欧洲各国、日本、韩国以及中国的立法历史。以民法典为核心，德国现行的知识产权法律主要包括《专利法》《实用新型法》《外观设计法》《商标法》等（见表2—2）。

2. 德国加入的知识产权国际条约

虽然德国的知识产权法开始时间晚于英、美等国，但德国一向是知识产权国际条约的积极推动与参与者，这与其世界经济地位密不可分。随着市场经济国际化的发展，德国工商业的主要利润已经越来越依靠海外市场，特别是机械制造业和制药业。如果德国产品的权利在海外市场无法受到保护，那么对于德国工商业的冲击无疑是巨大的。因此，德国积极推动了欧盟专利的进程，并且参与了众多有关知识产权的国际条约，主要包括《TRIPS协议》《建立世界知识产权组织公约》《保护工业产权巴黎公约》《保护文学艺术作品伯尔尼公约》《世界版权公约》《专利合作条约》《欧洲专利公约》《欧洲共同体专利公约》《国际承认用于专利程序的微生物保存布达佩斯条约》《国际专利分类斯特拉斯堡协定》《工业品外观设计国际分类珞珈诺协定》等。

(四) 德国知识产权保护制度行政管理体系

在德国，涉及知识产权保护的相关部门有联邦司法部、联邦经济和劳动部、德国专利和商标局、纽伦堡高级财政管理委员会、检察机关和法院等。联邦司法部牵头负责政府层面的知识产权保护的法律、欧盟的相关立法和《TRIPS协议》等事宜。联邦经济和劳动部负责在国际贸易政策中涉及知识产权的具体事项，比如代表德国参与欧盟就WTO知识产权问题的决策。德国专利和商标局及其在各地的分支机构主要负责在工商业产权保护方面的日常管理，登记、审核和发放证书，其有偿服务的收入远大于维持正常运作的各种开支，因此，它可能是唯一的非财政拨款的政府部门。

在德国，对侵犯知识产权的追诉原则上要由权利人自己来操作。权利人对侵权人所提出的因侵权所造成的损失的赔偿可以通过地方法院的判决而生效。只要有侵权行为存在，检察院就可开展刑事追诉，但最终还是要由法庭裁决。此外，海关在出入境等环节还可对侵权商品和有侵权嫌疑的商品采取查扣和没收等行政手段。总体说，德国知识产权保护体制的特点是司法审判为主、行政执法为辅。

1. 立法机关

德国的最高立法机关是联邦议会。联邦德国议会实行两院制，上院为联邦参议院，按各州人口比例由各州政府指派3—6名州政府成员组成，共68名议员，无固定任期；其立法职权主要有提出法案、审议下院通过的法案、行使立法否决权。德国议会下院为联邦议院，由选民选举产生，联邦议院每届任期4年；其立法职权主要是提出和通过法案，监督法律的执行。在立法方面，德国总统负责签署并颁布法律、法令，解散联邦议会，任免国家高级官员。

2. 执法机关

（1）警察部门。德国警察部门主要作为法院指令的执行部门。所有权人请求法院颁布的临时禁令、搜查令等由警察负责执行。

（2）德国海关。德国海关有权查扣、没收涉嫌侵权的产品，是行政执法中的重要一环。德国海关体系由高、中、低三级单位组成。联邦财政部是德国海关最高领导机构，八家高级财政管理委员会为中层机构，遍布全国各地的海关总局为基层机构。在知识产权方面，海关的主要任务是对境内涉嫌侵权进出口商品的查扣工作，阻止主要来自外国的假冒商品进入零售领域，为工商业界提供法律保护。德国海关主要查扣的侵权产品分为商标侵权和产品侵权两类。其主要执法方式有按欧盟细则查扣和按德国细则查扣。德国细则查扣方式中，海关依据权利人的申请进行查扣。欧盟细则查扣方式中，海关可以依据申请进行查扣。在没有申请的情况下，海关也可以依职权进行查扣，即在没有指令的情况下，只要有足够的侵权嫌疑，海关仍然可以进行四天的查扣。如果事后经查明举报理由有误或其他，查扣物品应返还事主。

3. 司法部门

德国的法院系统分为普通法院、劳动法院、行政法院、社会法院和税务法院五个系统。其中，普通法院系统负责民事诉讼和刑事案件。普通法院系统分为初级法院、地方法院、州法院、联邦法院四个级别。普通法院系统的诉讼制度采取三审终结制。地区法院既可以作为一审法院，也可以作为二审法院。

专利诉讼属于民事案件，因此其适用于普通法院系统。专利案件依其性质而划分为无效、异议案件和侵权案件。对于不同性质的专利案件，应向不同的法院提起诉讼。（1）联邦法院。德国联邦法院是德国最高司法仲裁机构，如对专利法院或者地区法院的裁决有异议者，可以向德国联邦法院提起上诉。联邦法院的判决结果为最终裁决。（2）地方法院。专利侵权案件的审理采取普遍适用的民事诉讼程序，即由地区法院、州法院和联邦法院负责。（3）州法院。对地方法院的判决不服的，可以向州法院提起申诉。对州法院的判决不服的，可以向联邦法院提起上诉。（4）专利法院。德国设有专门的专利法院，不服德国专利商标局法律事务部审理的，可以向专利法院提起申诉。

4. 行政确权机关

（1）德国专利商标局

德国专利商标局成立于1877年。后经多次更名，1998年11月，德国专利局正式更名为德国专利商标局。德国专利商标局为德国联邦司法部管辖的联邦高级行政机构，是管理德国工业产权的中心，主要职能包括：发明专利申请的受理、审查和授权；实用新型、工业产品外观设计、商标和集成电路布图设计申请受理、审查和注册，相关信息的公布；代表政府对工业产权状况执行监督管理，对知识产权授权纠纷进行裁决。

（2）德国版权集体管理组织

1965年9月，联邦德国颁布实施《版权及邻接权管理法》。该法律规定，为保护权利人利益，协调与传播者、使用者相互关系，促进文化发展和文化产业的繁荣，权利人、出版社可联合组成集体管理组织，委托其集中行使作品复制、传播、公开表演等权利。作为国家承认的托管机构，集体管理组织具有独立法人地位，依法管理所在领域的版权。

目前，德国的集体管理组织主要有文字作品管理协会、音乐版本管理协会、电影演出权管理公司、电影及电视制片人集体管理公司、表演艺术家集体管理公司、电影与电视演出权管理公司、音乐作品与录音产品生产企业管理协会、电影作品使用权管理有限公司、AGICOA版权保护有限公司、卫星发射企业集体管理公司。

（3）德国品种局

联邦德国品种登记局是联邦德国唯一的品种登记机构，育种者可以向本机构申请品种登记和保护。它的任务是对申请的品种进行鉴定、登记和保护。

（五）德国知识产权保护制度强度

1. 德国平均每年修订一次知识产权法

德国的知识产权法以民法典为基础，形成了对工业产权、著作权的多方面保护。一方面在知识产权法中，明确规定了可授予专利、商标等的保护客体和发生侵权时相应的法律救济措施。另一发面，为了维护发明人的正当权益，在《专利法》等中专门规定了严厉的惩戒条款，一旦确认确实侵权，地区法院有权没收、销毁侵权产品，侵权人将面临刑事处罚，并且如果在确认有嫌疑的情况下，不仅侵权产品，甚至侵权人的其他产品也可能被禁止在德国出售。这为执法部门的执法提供了法律依据，并为请求人的请求提供了法律保障。德国的知识产权法结合了民法、刑法的内容，明确了知识产权的立法、司法和行政确权部门，并且在立法上为打击侵权行为提供了法律依据。随着技术的进步和仿造成本的降低，侵权案件的数量大幅上升，因此，德国也以近乎每年一部的速度修订着知识产权法的法律法规，以期能满足日益变化的立法需要。

2. 司法诉讼为主、行政手段为辅

德国的防侵权主要以司法诉讼为主、行政手段为辅，即在国内侵权纠纷中，鼓励受害人以司法途径伸张权利，行政执法手段一般依被侵权人的请求而行使。在行政执法方面，以海关为主。

海关主要依据欧盟关于知识产权的条例和德国国内法中的相关规定执法。在海关认定有足够的侵权嫌疑时，其有不经法院指令直接查扣产品的权力。

(六) 德国知识产权的申请和审查制度

1. 发明专利的申请类型和审查情形

第一，发明专利。德国实行专利、实用新型、外观设计分别立法的形式，因此，《专利法》仅指发明专利。实用新型和外观设计采取登记注册制度。第二，发明的申请人。《专利法》以先申请为原则，即在审查时不进行发明人身份的确认。《专利法》第7条第1款规定，为了不因为确认发明人而延误发明申请的实质审查，在专利局的审查过程中，申请人视为有权请求授予专利的人。第三，发明专利保护的客体。《专利法》第1条规定，专利应授予所有技术领域中新颖的、基于创造性活动的、可工业应用的发明。第四，授予专利权的条件。依据《专利法》，可授予专利权的发明主题应是所有技术领域中新颖的、基于创造性活动的、可工业应用的发明。即发明应具有新颖性、创造性和工业实用性。

2. 实用新型

德国的实用新型采取注册制，其保护客体与专利类似，但不包含方法发明。实用新型也应当具有新颖性、创造性和工业实用性。但实用新型中所指的现有技术与发明中的现有技术略有区别，《实用新型法》规定，现有技术包括，在申请日之前，通过书面说明或者通过在本法适用范围内完成的应用对公众公开的认知。也就是说，实用新型的现有技术范围比《专利法》中的现有技术范围略大。但是，实用新型的审查并不包括新颖性、创造性、实用性的审查。德国专利商标局对于实用新型仅进行形式审查。而新颖性、创造性、实用性则作为对注册实用新型提出撤销请求的理由在异议程序中提出。

实用新型可以声明享有同一发明主题的专利申请的申请日。并且在专利异议程序结束两个月之内,也可以请求享有专利申请的申请日。这使得众多驳回或废除的专利能够以实用新型的方式获得保护,从而进一步保护了发明创造。

3. 外观设计

外观设计的保护客体为任何能够工业制造或手工生产的产品的设计,以及产品的零部件的设计。外观设计应具有新颖性和独创性,但是德国专利商标局在审查时,并不对外观设计的新颖性和独创性进行审查,而是将其作为驳回条款应用于无效程序中。因此,外观设计的申请只需满足《外观设计法》中的形式要件即可。

4. 商标和其他标识

德国《商标法》全称为《商标和其他标识法》,其保护客体为商标、商业标识、地理来源标识。商标是指任何能够使企业的商品或服务与其他企业的商品或服务区分开的标识,特别是文字、图案、字母、数字、声音标识、三维造型、包括颜色或者颜色的组合。商标分为文字商标、图形商标、文字/图形商标、三维商标、声音商标、色标线商标以及其他的商标形式。

商业标识则包括公司标识和作品标题。作品标题即出版物、电影、音乐、戏剧或类似作品的名称或特殊标识。商标的所有权人可以是自然人、法人或者有能力获得权利并承担责任的合伙组织。

商标的审查程序，首先审查是否存在绝对的保护障碍，即是否是《商标和其他标识法》所规定的不予保护的情形。其次审查是否存在注册障碍，即文件是否齐全、是否具备所有的申请要件等。如果合格，则在商标注册簿中登记。注册在电子商标册中公开。在审查程序中，并不审查是否有类似的注册商标或标识。如果审查通过后，因为已有商标或标识而被提起异议的，商标将存在可能的撤销风险。

5. 著作权

与专利、商标等不同，著作权属于自然权，不需要在德国的有关部门进行登记注册。《著作权法》的保护客体包括文学、科学和艺术作品。《著作权法》中的著作权人指作品的创作者。作品由多人完成的，在没有特别分配权利份额的情况下，创作者为共同著作权人，并共同实施相关的民事权利。著作权的保护期限为作者过世后70年。

（七）德国知识产权制度中的司法保护

德国的知识产权保护制度以司法为主、行政为辅。在《专利法》《商标法》《著作权法》中都结合民法典规定了对侵权的法律救济途径和惩戒条款。受害人在不同的侵权情形都可以使用相应的法律手段进行救济。

1. 临时禁令

德国是展会大国，在展会上时常出现类似或相近产品，甚至出现仿制品。为保护权利人的利益，防止侵权人在展会期间销毁或者离开德国境内，请求人可以不经警告信程序且无须确切的实际证据直接请求法院的临时禁令，并可以在行动之后再提供相应的证据。由于事先可以不经由律师警告信通知对方，临时禁令的实施往往是突然的、毫无征兆的,从而侵权人无法预先销毁或藏匿涉嫌物品。

2. 侵权诉讼

如果权利人认定某物品有侵权嫌疑,首先可以向侵权方发送警告信,其中包含停止侵权声明和赔偿条款等。如果侵权方无视警告信而继续其侵权行动,权利人可以提起侵权诉讼并提出主张,例如赔偿专利使用费用等。侵权诉讼适用一般的民事诉讼程序,即受理法院为地方法院、州法院和联邦法院。

3. 刑事救济

除了民事诉讼之外,在相关的法律法规中还结合刑法规定了侵权人的刑事责任。通常,检查机关仅仅依委托来采取措施,但在基于特殊的公众利益时,检查机关也可以依职权采取措施。未经权利所有人许可而实施专利的,可以处三年以下有期徒刑或者处以罚金。对于以商业规模实施专利侵权的,可以处五年以下的有期徒刑或者罚款处分。此外,对于所查处的物品,可以予以没收。

(八)德国知识产权制度中的执法保护

德国知识产权的行政执法主要依靠海关完成。在德国国内法方面,德国海关的主要依据是《海关条例》以及《专利法》《商标和其他标识法》《著作权法》中的相关规定。海关负责对涉嫌侵权的物品的查扣。如果存在明显的侵权行为,海关可以基于申请人的申请和为此所提供的担保,对涉嫌物品进行查扣。权利人还可以请求销毁物品,销毁由海关执行。德国海关的执法主要依据德国国内法和欧盟第 608/2013 号令的条例。

第三节　知识产权运营体系的产生与运行特征

一　知识产权运营概述

（一）知识产权运营概念

第一，知识产权运营的定义。根据国家知识产权局给出的定义，"知识产权运营指以实现知识产权经济价值为直接目的的、促成知识产权流通和利用的商业活动行为。具体模式包括知识产权的许可、转让、融资、产业化、作价入股、专利池集成运作、专利标准化等，涵盖知识产权价值评估和交易经纪，以及基于特定专利运用目标的专利分析服务"。

第二，科技成果转化。根据《中华人民共和国促进科技成果转化法》，科技成果是指通过科学研究与技术开发所产生的具有实用价值的成果。职务科技成果是指执行研究开发机构、高等院校和企业等单位的工作任务，或者主要是利用上述单位的物质技术条件所完成的科技成果。科技成果转化是指为提高生产力水平而对科技成果所进行的后续试验、开发、应用、推广直至形成新技术、新工艺、新材料、新产品，发展新产业等活动。

第三，技术转移。技术转移是指技术在国家、地区、行业内部或之间以及技术自身系统内输入与输出的活动过程。技术转移包括技术成果、信息、能力的转让、移植、吸收、交流和推广普及。

（二）知识产权运营主体

根据发达国家知识产权运营的主要经验，知识产权运营主体根据特点不同大致可以分为两大类（见表2—7）。

第一大类包括企业、大专院校、科研机构。它们有如下几个共同点：第一，它们是技术的研发者、知识产权（特别是专利）的创造者，同时也是知识产权的运营者。第二，由于它们是研发者，所以更加了解自身拥有的知识产权的技术内涵，具有较强的技术识别能力，包括技术研发的难度、技术本身的技术价值、技术外在的市场价值等，而这正是知识产权运营的关键要素之一。第三，作为运营者，它们了解供应链、技术供需关系，比较容易找到交易对象；同时也比较了解竞争者和合作者，可以方便地把握知识产权运营的策略。

表2—7　　　　　　　知识产业运营主体及代表公司

运营模式	代表公司
以增加知识产权市场价值为主要目的的知识产权管理公司	英国BTG、美国UTEK
以技术转移为主的技术许可中心	德国史太白、斯坦福大学技术许可中心
为谋取专利的"许可权"的公司	以专利受让为主的阿凯夏科技集团（Acacia Technologies Group），以会员制运作的AST公司和美国高智公司
以知识产权投融资为主的公司	Altitude Capital Partners

资料来源：笔者整理。

第二大类包括知识产权运营专业组织、运营服务平台、运营服务机构等，这一类运营主体的主要共同点是：第一，虽然它们不是技术的研发设计者，也不是知识产权的创造者，但由于专业化分工的发展，它们专业开展知识产权运营或知识产权运营服务的能力很强。第二，由于它们不是研发者，所以对其从业者的专业背景和素质有着较高的要求。第三，知识产权运营显然是一种高智力的知识密集型服务，专业的服务能力和适当的商业模式是立足市场的关键，也是其价值的体现。在知识产权的价值越来越得到高度关注的情形下，国内外出现了各种类型的专业化运营机构，体现了专业化分工的高效率。

知识产权运营专业组织是指由政府或民间投资设立的专业化非实施知识产权运营实体，以 NPE 居多。主要包含以下几类。

一是专利主权投资基金。该类基金是由政府或其他国有资金出资成立的专利运营基金，并通过专利许可、专利聚合等方式，开展旨在促进专利技术转化、转移等运营业务。如法国政府成立的法国政府专利主权基金等。

二是联合收购和单独收购专利设立 NPE。科技公司通过联合或单独收购专利，设立专利运营基金和非专利实施实体，通过专利授权或发动专利诉讼从而获利的公司。如苹果、微软、RIM、爱立信和索尼五家公司 2011 年共支出 45 亿美元收购北电网络破产资产中超过 6000 项专利，并将其中大部分注入 Rockstar Consortium 专利运营企业，开展商业运营。

三是知识产权产业化投资基金。非常类似于天使投资基金或创业投资基金，其主要投资专利等知识产权的形成阶段，并通过参与股权投资，促进其产业化。

四是专利联盟。专利联盟也可当作是一种专利运营组织，联盟内部的企业实现专利的交叉许可，对联盟外部共同发布联合许可声明。例如以移动通信领域 W – CDMA 专利联盟。

知识产权运营服务机构是为企业、大专院校、科研机构等主体的知识产权运营提供服务的专门性组织。大致可细分为如下几类。一是技术交易经纪机构。专门开展技术（知识产权）交易的供需撮合服务、信息服务、咨询服务。二是无形资产评估机构。开展专利、商标等资产评估的会计师事务所等。三是知识产权质押抵押服务机构。专门从事专利等无形资产的抵押质押服务的会计师事务所等。四是知识产权托管服务机构。为中小企业、个人等主体提供专利等知识产权托管业务的组织。五是知识产权运营咨询服务机构。为企业、大学、科研机构等各类知识产权运营主体提供运营方案、商业模式设计、专利分析等服务的机构。

（三）知识产权运营模式

由于发达国家知识产权制度及知识产权运营发展历史较长，且受到政府政策的支持和重视，因此国外知识产权运营方式也很多样化。国外企业将拥有的有效知识产权或专利技术进行策划、分析、收购，形成新的知识产权组合，并通过转让、许可、投资、诉讼等模式实现专利的经济价值，经过多年的探索和发展，国外的知识产权运营逐渐与经济、金融、法律、互联网等融合。

发达国家在知识产权运营方式上也出现多样化，包括知识产权转让许可模式、知识产权诉讼模式、知识产权质押模式、知识产权融资模式、知识产权信托模式、知识产权保险模式、知识产权证券化模式等成熟模式。与此同时，越来越多新型的知识产权运营模式应运而生，如以专利"保护伞"为主的 RPX 公司、知识产权管理方案服务提供商 UBM Tech Insights 以及 IPXI 这种综合性交易平台。众多的知识产权运营模式使得发达国家知识产权运营已形成一个比较完整的体系。以下介绍几种发达国家的知识产权运营模式。

1. 专利标准化运营

专利标准化运营指的是将专利融入技术标准当中，借助于标准的普遍使用和强制执行获得收益。在这种运营模式中，运营主体通常拥有大量核心专利，并积极参与标准制定，将自己的专利纳入标准之中。通过标准的推广使用，运营主体直接或间接从中获取收益。在这方面，高通是成功的典范：通过在通信领域布局大量基础、核心专利，并将其纳入标准，其他企业要想进入该领域，必须向高通缴纳专利许可费，高通也因此成为3G时代的"霸主"。

2. 技术转让办公室

对于公立的研究机构和高等院校，发达国家还会采取在其内部设立技术转让办公室的模式推进专利运营工作。通常，技术转让办公室与负责研究机构或高等院校科研管理的研究资助办公室平级，研究资助办公室负责学校科研的前端工作，主要代表学校签订纵向和横向研究协议，并对研究项目进行全过程监督。而技术转让办公室则负责学校科研的后端工作，主要是技术转移及知识产权经营。技术转让办公室通常实行全程专人负责制，每项发明专利由一名技术经理负责从受理一直到收取和分配专利许可收入的全过程。如美国国立卫生研究院专利产业化相关工作主要由技术转移办公室负责（OTT）。OTT在《联邦技术转移法案》和相关法律法规下主要开展美国国立卫生研究院和食品药品监督管理局（FDA）的发明创造评估、保护、市场化、许可、监控、管理等活动。此外，OTT还负责美国国立卫生研究院、食品药品监督管理局和疾病预防控制中心（CDC）的技术转移相关政策制定和发展工作。OTL 是指美国斯坦福大学创立的技术许可办公室（Office of Technology License）。这种模式将产学研紧密结合，成为高校技术转移的典范。高校是专利的聚集地，国外高校的专利运营起步较早，逐步形成了专利技术转移机构、大学科学园、高校派生企业等。OTL 的主要职责是专利营销，通过专利营销的收益进一步促进技术的开发和专利保护。美国《拜杜法案》颁布实施后，该模式几乎成为美国乃至世界发达国家大学进行专利技术转移转化的标准模式。

3. NPE 模式

NPE 指的是非专利实施主体。NPE 属于近年来新兴的一种专利运营模式。非专利实施机构购买专利或专利申请后，将其许可或转让出去，获得利润，确保持续开展专利运营所需要的资金。如果 NPE 不能与实体企业之间就许可费或转让费达成协议，其通常就会向法院提起诉讼。其中，部分 NPE 对实体企业恶意提起侵权诉讼，向其施加诉讼压力，进而促成和解谈判，以获取更高的专利许可费，这些 NPE 也被称为"专利流氓"。实力雄厚的跨国公司常常成为"专利流氓"的"眼中肉"。

4. 开放专利

与利用专利垄断市场不同，专利开放"反其道而行之"，通过开放或有限开放专利，促进其技术的推广，吸引更多的企业参与到行业中来，促进行业的发展。最终，开放专利的企业以技术领先的优势，占据行业主导权，引领产业发展，由此获取收益。这种情况通常发生在产业还处于未充分发展的阶段。比如，IBM 开放源代码社区软件专利，特斯拉、丰田等开放新能源汽车专利等，都属于此类。

5. 公益性运营公司

公益性运营公司模式是一种由政府、协会和企业共同参与的专利运营模式。政府支持是公益性公司运营模式的最大特色。公益性运营公司模式运行得比较成熟的是德国。例如，为了推动国内高校和企业的知识产权运用，德国联邦经济科技部专门出台《关于促进高校和企业创新思想经济化运用和法律保障的指南》（SIGNO），并据此设置专项资助资金，以项目资助的方式，促进高校、中小企业和自由发明人对创新成果进行知识产权保护，并推动技术转让使知识产权得到有效运用。SIGNO的资助对象主要包括以下三类项目：（1）高校专利应用项目。此项目旨在促进高校、科研机构的创新成果及时获得知识产权并进行市场化应用，要求项目申请人是与专利运营机构形成合作关系的高校联盟，单个项目的申请上限为75万欧元，资助金最多可占项目总体经费的40%。（2）高校专利战略项目。此项目旨在促进高校、科研机构与企业建立长期的战略合作伙伴关系，及时将创新成果进行市场化应用。（3）中小企业行动。此类项目主要是资助中小企业将创新成果申请为专利或实用新型，并促进技术许可转让。公益性运营公司通常由各类协会提供资金支持。如德国巴伐利亚专利联盟有限公司是巴伐利亚州28家高校的专利代理商，也是目前欧洲最大的专利运营代理机构。在其运营资金构成上，除联邦经济科技部、巴伐利亚州经济部和巴伐利亚州科技部等政府性资助以及联邦创新基金每两年向其提供800万欧元资助外，巴伐利亚州化工联合会、金属和电子雇主联合会等协会是其资金的主要来源。在具体的专利运营上，公益性运营公司模式主要由公司制企业实际运作专利运营事务，如发明评估、市场推介、技术后续开发以及监督合同履行等。

(四) 知识产权运营人才

通过知识产权运营获得利润在国外企业中已是普遍现象,众多企业对知识产权运营的意识越来越强,相应的知识产权运营人才的数量和种类越来越多。国外很多企业都设置了专门的知识产权管理部,负责专门的知识产权分析、申请和管理。此外,针对以知识产权运营为主的公司更是人才济济,不仅具有专业的知识产权人才,还具备金融、法律、市场等多个领域的人才。例如,美国高智有 25 位专职顶尖科学家团队,目前员工总数约 850 人,按照其专业分为三类,其中 1/3 是技术专家,包括科学家、发明家;1/3 是法律专家,包括专利律师和诉讼律师;1/3 是经济专家,包括金融家、风险投资家、专利许可授权代理商。由于知识产权运营是一项复杂、庞大且不断变化的商业行为,同时与产业发展、市场秩序息息相关,所以拥有多领域的人才才能更好地促进知识产权运营的发展。

(五) 知识产权运营政策

自 20 世纪 80 年代以来,美、日、韩、欧盟等国家和地区都相继出台了一系列政策性文件来加强对知识产权运营的指导和保护,用以促进知识产权运营的发展。特别是美国,相继出台了 20 多部与专利技术转移相关的法律法规,促进和推广知识产权的商业化、资本化运营。以专利质押贷款运作为例,它可以顺利开展的基础就在于存在一系列健全的法律法规和相应的保障制度。美国《专利法》、英国《专利法》、日本《特许法》和《著作权法》中都有关于专利质押的条款。

发达国家的政府对知识产权运营的扶持力度较大,如日本自

20世纪90年代开始便奉行"科学技术创新立国",为此于1998年颁布了《日本促进大学向产业技术转移法》。进入21世纪,日本确立了"知识产权战略",实施"知识产权立国"政策,特别在知识产权信托和知识产权结合金融方面有较大的发展,并建立专利信息的专家咨询系统和专利战略分析系统推动专利市场化进程,同时也成立了知识产权保护中心,为日本企业提供有关咨询服务,还帮助在海外开展涉嫌侵犯日本企业知识产权的调查。政府相关政策的出台为知识产权运营提供了可靠而牢固的政策法律环境,从而使发达国家的知识产权运营得到广泛而系统的发展。

二 发达国家知识产权运营模式

发达国家知识产权发展起步早,越来越多的知识产权运营机构不断涌现,形成了相当发达的知识产权服务产业链。以美国为例,美国是知识产权运营最活跃的国家,无论是以企业、高校、科研院所,还是以中介服务为主体的知识产权运营机构,都广泛地发展起来,大大小小的知识产权运营公司数不胜数,促进知识产权运营服务则更完善、更广泛。其中,知识产权评估活动广泛存在于高技术产业以及企业经营、技术转移、法律诉讼、公司兼并等经济、技术和社会活动中,因此其价值评估是完全市场化的。除专门的评估机构外,通过律师事务所或财税咨询公司为买卖双方进行评估也是常用的手段。

(一)知识产权运营的起源

知识产权运营经历了很长的发展历史。早在1827年,美国发明家迈克尔·威瑟斯就以其获得"有翅膀的轮轴"专利先后向他人提起专利侵权诉讼，以此逼迫使用者向其支付高额专利许可费。这种"发明"实际上是一种用作连接水轮和其驱动的轴之间的金属零件。由于当时美国《专利法》没有实质审查制度，只要发明人声明发明了某项技术或产品即可获得专利权。而且，当时也不存在现代专利法意义上的权利要求和说明书提交制度，而只是在满足形式要件后即授予专利权。这样，尽管专利权人获得专利权的发明创造是已经使用了多年的零部件，本质上缺乏新颖性和创造性，但威瑟斯仍然能够根据《专利法》的规定主张他人侵权。而且，威瑟斯主张权利还特别讲究时机，即通常在磨坊主已经花费金钱和时间组装完水轮时才声称自己是专利权人，要求支付费用。在这种情况下，磨坊主面临要么拆卸笨重的设备要么支付专利使用费的艰难选择，基于成本考虑，磨坊主一般会选择支付专利费用。这种情况最终引起了当时美国专利主管威廉·桑顿的关注，并在报纸上发表了谴责威瑟斯的文章。后来在1836年该专利权保护期限届满前夕，美国围绕该事件发生了激烈的争论，最终使美国专利制度发生了重大变化。在当时美国《专利法》规定的情况下，威瑟斯基于资本的逐利性主张使用者磨坊主支付专利使用费并非完全没有道理，关键是制度上存在的问题导致实践中专利权人会利用制度的漏洞谋取个人利益最大化。

在专利运营的早期，由于专利数量较少，运营大环境尚未形成，专利运营方式主要是以专利权使用权为主的专利许可，专利运营主体也主要是专利权人。后来，随着信息交流日益频繁、交易活动日益活跃，运营主体由买卖双方借助有形市场与专门的专利运营展示平台、自主寻找运营中介机构，逐步发展为由专业的专利交易机构进行运营。与此同时，专利运营的主体也越来越多，政府部门、高校和科研院所、中介机构、投资机构等纷纷加入其中，推动了专利运营的快速发展。

在这一过程中，专利运营的模式也日益丰富和多样化，从最初简单的专利许可逐步发展出专利拍卖、专利转让、专利质押、专利诉讼、专利池、专利联盟以及专利的资本化、证券化等多种形式。专利运营也逐渐成为一个新兴产业，大规模的专利运营公司不断发展成熟，产生了一些影响力较大的专利运营中介机构。这些中介机构传播专利信息，为专利出售方寻找买主，为希望购买技术者寻找合适的专利，还为发明人或专利权人寻找启动资金。目前，比较知名的专利运营中介机构如高智、RPX等，其业务范围已涵盖了世界主要国家的大部分技术领域。

值得注意的是，近年来，受高额专利许可费、巨额侵权赔偿费等因素的诱导，在世界主要发达国家尤其是美国，非专利实施主体（NPE）数量急速增长，成为全球专利运营的新兴力量。这些NPE本身并不制造产品，而是从其他发明人或者专利权人手中购买专利的所有权或使用权，然后通过专利许可、专利诉讼等方式赚取巨额利润。NPE针对创新主体发起大量专利诉讼，使得真正的创新者难以得到回报，影响了美国的创新活力和经济发展。相关数据显示，2011—2015年，美国专利交易额以及专利交易所涉及的专利数量已呈下降趋势。

（二）美国：企业主导型知识产权交易市场

美国拥有世界上最具活力的知识产权交易市场，市场交易程度最为复杂，市场化程度也最高。美国知识产权交易市场发展的重要特征是由私人企业主导，自下而上推动市场发展。相比于世界其他国家和地区，美国政府对知识产权交易市场的干预较小。

政府主要负责制定宽泛的法律制度，建立知识产权侵权惩罚机制。美国知识产权交易市场的创新程度居于世界领先地位，在知识产权融资、拍卖、交易等方面产生了高度市场化的商业模式。特别值得一提的是，美国近年来已经在全球率先推出知识产权单位许可权交易模式（ULR），并突破了传统意义上的知识产权整项交易模式，能够让知识产权交易市场更加透明、价格更加公允并富有效率。总体而言，美国发展了一个真正以市场体系为基础的知识产权交易市场，主要有如下优势特点。

第一，鼓励科研人员分享知识产权。美国政府为了促使知识产权交易市场的发展，制定了有利于科研人员分享知识产权的管理制度，对政府投资产生的技术创新成果产权归属加以明确规定，并由知识产权所有者履行相应知识产权管理和应用职责的法律制度。它虽然不创造新的知识产权，但规范了国家创新成果的知识产权配置方式，对技术创新有重大影响，也促进了知识产权交易的开展。

第二，开展知识产权网上交易。美国知识产权交易市场的发达离不开其发达的中介行业的推动。其中介行业利用第四代信息技术革命积累的优势，充分利用信息技术，建立起了网上知识产权交易平台，这不仅提高了交易效率，也降低了交易成本。比较有代表性的如 UTEK 公司建立的交易网站，使得技术的拥有者可以在网上发布技术的详细说明，技术的需求者可以在该网上通过匿名发布，找寻合适的技术。美国的知识产权网上交易不仅提高了信息传播的效率，使得更多的知识产权供需信息得以匹配，同时也使得交易成本大大减低，从而提高了交易效率。

第三，发展多种交易模式。美国的知识产权交易平台商务模式多样化明显，拥有多种交易模式，使得知识产权的社会效用极度提高，从而实现了知识产权资源的充分整合。如 UTEK 公司采用的 U2B 商业模式，该模式首先是公司识别相关企业的技术需求，然后带着需求去各大学、政府资助的研究实验室寻找能满足客户需求并有市场前景的新技术，然后与客户和大学或实验室谈判，最终结果是使得客户得到技术，大学或实验室得到技术授权费，UTEK 获得客户的股份。美国的这些商业模式使得知识产权市场转化过程更为复杂，但增加了知识产权的价值，丰富了知识产权交易的方式，使得知识产权得以充分开发。

第四，扩大业务涵盖范围。美国的知识产权交易公司充分利用自己发达的信息网络，使得他们的业务范围不断扩大和丰富。虽然仍然以达成知识产权交易为核心，但是却将业务范围不断扩大到相关领域，变被动的交易信息提供平台为促成交易的主动提供者，变单一的知识成果交易为知识产权服务交易。

第五，提高从业人员素质和服务水平。由于知识产权交易平台主要发挥的是知识产权交易供需信息聚集和扩散的功能，所以怎样保证信息匹配是平台促成交易的关键。但是知识产权交易过程涉及价值评估、谈判、合同起草等一系列问题，这就需要交易参与主体以及交易平台工作人员对知识产权本身及相关的应用领域都要有深入的了解，否则知识产权交易平台的作用就会仅限于被动的信息积聚而不能实现更好的信息匹配。因此，美国的知识产权交易公司十分注重提高从业人员素质和服务水平。

第六，推动知识产权证券化。知识产权的证券化是知识产权利用的重要形式之一。因为知识产权证券化可以吸引和筹集社会闲置资金，不仅能为投资人开辟一条新的增值投资渠道，而且能为知识产权运用募集到足够的转化资金,是为一举两得。知识产权证券化虽然在美国仅有数十年的发展时间,还没有形成一定的产业,但是它的成功案例却验证了它的价值。

(三) 日韩:政府主导知识产权交易平台的建立

日本政府主要采取了以下几项措施:1995年日本文化部省文化事务局建立了基于数字环境的著作权管理系统;日本专利厅建立了专利技术网上和网下交易市场。而韩国采取的措施包括韩国知识产权局建设了网上知识产权市场、流动知识产权交易市场和固定的交易场所,并且成立了专利技术转移促进部。

作为亚洲新兴工业化国家,韩国政府在其知识产权交易市场培养与发展方面发挥了重要的引导作用。政府在知识产权交易市场架构、市场运营机制方面采取了强有力的支持政策。政府也十分重视发展线上与线下知识产权市场,通过网络专利数据库建立供方与需方的联系,支持举办展会、开设专利转让咨询室和知识产权图书馆等,促进知识产权销售。近年来,政府逐渐推动知识产权转让系统以需求方为重心,建立了专利拍卖系统。政府还打造了知识产权技术检测与评估系统(SMART),为个人和中小企业提供评估费用资助,帮助其完成知识产权并购、销售和转让工作。其中一个特色化工作是支持制作专利样品,帮助实现专利商业化运作。此外,对于政府拥有的专利,法律规定可先闲置3年,期间任何人都可以通过注册使用,还可以委托私人知识产权机构对其进行商业化转化。

(四) 新加坡:蓬勃发展的知识产权交易中介服务机构

新加坡知识产权交易市场的发展程度介于美国与韩国之间,其显著特征是政府与企业的共同合作。从21世纪初开始,新加坡经济便转向以创新为主导经济发展模式，知识产权的作用越来越突出。为了促进知识产权的创造和应用，新加坡政府发挥了适当的鼓励与培育作用，如通过拨款计划提供知识产权创新税收优惠等；鼓励中介机构发展，在条件成熟后便选择退出，交由中介市场推动发展。当前，新加坡知识产权交易市场中介机构正在蓬勃发展。一些中介机构自主开发了世界上信息最为丰富的专利数据库，并以交易双方的现实需要为基础，开发出特色化服务，深度挖掘客户与交易产品信息，为买卖双方提供更多的交易撮合机会。值得注意的是，新加坡知识产权交易中介机构不仅提供知识产权交易服务，还提供培养企业知识产权交易能力的系统化培训服务。培训内容包括提高企业对知识产权价值的认识，培养知识产权资产管理能力，加强中小企业知识产权管理计划的实施等。培训对象涉及企业员工、高管人员等。通过培训，新加坡更多的企业开始关注并参与到国际知识产权交易市场中来。

三　NPE 模式：美国高智公司运营模式

为了更加清楚地了解美国的知识产权运营模式，以下详细介绍美国高智公司的知识产权运营模式。

（一）美国高智公司简介和公司组织结构

美国高智投资有限责任公司（以下简称"高智公司"）成立于 2000 年，由微软前首席技术官内森和前首席架构师荣格共同创办。最初是一个人的资金支持发明创新，并希望打造专利大平台，使有发明想法和专利的机构可以在高智发明的平台上发挥效益，或对发明和专利有需求的企业到高智发明来购买一些基础专利，提高研发效率。高智公司自 2003 年开始以基金形式运作，其投资者主要来自全球主要的高科技公司、顶级大学基金、老牌家族基金和高端金融机构等。高科技公司如微软、英特尔、索尼、苹果、亚马孙、思科、诺基亚、eBay 和谷歌等；高端金融机构如摩根大通银行（JP Morgan Chase Bank）、Flag Capital、Certain Funds of McKinsey and Company；顶级大学基金如斯坦福大学基金、康奈尔大学基金；老牌家族基金如布什基金、洛克菲勒基金等，此外，其投资者中也包括一些富裕的自然人。高智公司的投资者属于强力投资者、巨额融资和精英团队的组合。截至 2015 年年底，共有三支主要基金：购买专利基金 IIF、发明合作基金 IDF 和内部研发基金 ISF，管辖的资金额度为 70 亿美元，期限都是 25 年。高智公司的收入超过 90% 来自专利授权，其中有不到 10% 是通过诉讼的庭外和解获得，协助企业研发等创新项目的收入比例在逐年增加。高智公司的总部设在美国的西雅图，并在全球 13 个国家和地区设有分支机构，在中国的分支机构分别设在北京和香港。

高智公司的主要组织架构包括专利购置部门、创新部门、投资者关系部门、商业化部门、研究部门和知识产权运营部门。研究部门和知识产权运营部门分别为前四个部门提供业务支持。从团队组成来看，高智公司可谓一支由企业管理和金融专家、科技和法律界精英组成的"梦之队"。在法律团队方面，高智公司现有 500 多人的团队里有超过 100 位的专业律师，其中许多是负责专利诉讼的律师。从某种意义上来说，这样的人员组织结构本身就具有很强的专门从事专利组合、授权和诉讼的能力。

（二）高智公司的商业运作模式

高智公司的商业运行模式主要可划分为四个步骤：第一，

构建专家库。通过世界顶尖级的技术、法律、经济专家团队建设，高智公司一方面找寻富有市场前景的专利投资机会，另一方面在高智研究实验室对世界急需解决的问题从事技术研发。第二，购买专利。通过其设立的三支基金，即发明科学基金、发明投资基金、发明开发基金，对个人发明人、各类单位发明人手中的专利进行购买。第三，专利包装。对自创或者购买的专利，根据专利本身的技术属性以及市场预期，将专利进行重新包装组合，建立专利池。第四，专利授权。将专利以及专利组合推向公司在全球建立的专利交易平台，缩小专利权人与专利买家之间的信息鸿沟，以达到促成专利交易、赚取高额服务佣金的目的。总体来说，高智公司的商业模式实质就是以专利制度为基础和依据，建立专利发明的资本市场，把专利当作一种产业来运营获利。

1. 研发—许可模式

自 2007 年以来，高智公司全面推进与全球的科研院所及创新机构合作，旨在建立全球的科学家网络，为发明和技术难题解决方案提供支持。截至 2015 年年底，高智公司与全球超过 400 家研发机构和院校有正式合作关系，其中包括 2 万多名研发人员，并有 4000 多名活跃的科学家已经与高智公司有过创新方面的合作。在与中国的合作方面，通过高智公司的发明家网络，在中国已经有近千名科学家与高智公司的 IDF 有所合作，并通过实践使来自中国的发明质量达到世界的先进水平。

高智公司选择了为"发明家提供投资和专业支持"这一特定且细分的市场，并希望在此领域提供与传统专利管理模式全然不同的差异化专业服务。高智公司针对不同的发明人和专利法律状况，采取了差异化的专利集中策略。针对"新点子"阶段,高智公司设立了"点子实验室"。通过举行发明会议,提交了多项专利申请,涵盖光学、生物技术、电子商务、通信、电信、计算机、新能源、材料学、食品加工安全和医疗器械等多个领域。从产生"新点子"到获得专利至少需要经历3—5年,需要巨额投资,且面临诸多风险。针对"产生研究成果"阶段,高智公司采取"独家代理权"或"专利独占许可"的方式,取得大学或科研院所的专利。针对"专利授权"阶段,高智公司主要采取直接收购的模式。在强大的资金和团队支持下,高智公司在2009年组建了自己的实验室,通过该实验室已经申请了超过3000多件专利。

2. 收购—许可模式

高智公司的专利集中战略采用三步法。第一步是募集资本,现已顺利完成。第二步是专利选择与集中。通过收购、独家代理等多种方式,将开放式创新产生的专利集中起来,组建各种专利池。高智公司通过其专利投资基金购买各种专利,从市场上收购了大量的专利,其中大多数是通过购买方式获得的。2010年前,高智公司还通过一些"影子公司"购买专利,这些影子公司表面上与高智公司不存在委托代理关系,但高智公司是实际的出资人,操纵这些公司的资金和业务。此外,并购科技型企业也是高智公司专利购买的一种方式。高智公司通过其发明开发基金来选择发明领域和技术构思符合高智公司要求的发明者,并对他们进行资助,对相应的发明申请专利,该经营模式是高智公司进入亚洲国家普遍采用的策略。高智公司的科学发明基金则用于资助高智发明专职研究人员从事发明创造。第三步则通过专利出资、许可或转让的方式,获取超额垄断利润。

3. 诉讼环节

第一，间接诉讼。高智公司通过控制大量空壳公司或附属机构的形式，开展间接诉讼。根据《纽约时报》报道，高智公司隐藏在1100多家空壳公司背后发起专利诉讼威胁。第二，直接诉讼。近年来，高智公司开始采用直接诉讼形式向知名企业发起诉讼。2010年年底，高智公司就所拥有的4项专利向9家公司发起侵权诉讼。2011年7月，高智公司再次就其掌握的5项专利发起侵权诉讼，这次的被告阵容更加强大，包括了12家世界知名公司，这其中包括摩托罗拉、谷歌等。高智公司在提出起诉时曾称，其拥有3万多项专利。在高智公司针对摩托罗拉移动发起的诉讼中，并非所有涉案专利都来自高智公司原创。据美国专利与商标局的专利转让数据库显示，高智公司在最初发起诉讼时列出的全部6项专利都是该公司通过收购方式得来的。第三，诉讼威胁。高智公司曾向黑莓、三星和HTC等多家公司发送律师函，称将对它们发起专利诉讼，这些公司纷纷与高智公司达成专利授权协议，高智公司也因此获得了高额经济回报。

4. 专利保险

专利保险是指企业通过交付一笔专利费用的方式，与高智公司结成专利同盟，高智公司则为企业提供专利保护伞，当该企业面临专利侵权诉讼时，高智公司利用自己所拥有的专利为"被保险"公司提供一个可以绕开原告主诉专利的专利池，从而避开专利诉讼。在实践中，面临诉讼的公司通过购买高智公司的这种专利保险不仅可以绕开专利诉讼的专利池，甚至会形成对原告主诉专利的反诉。

四 OTL 模式：斯坦福大学技术转移模式

除了高智公司的运营模式外，斯坦福大学技术转移模式（OTL 模式）也是一种比较著名的美国知识产权运营模式。

（一）美国大学技术转移史

美国大学技术转移很早就已经存在，一般认为其始于 20 世纪初，具体的模式演变经历了三个阶段。

1. 威斯康星大学首创的 WARF 模式（20 世纪 20—30 年代）

1925 年，威斯康星大学 Harry Steen Bock 教授为了给包括自己在内的本校教师申请和管理专利提供方便，和几个校友发起成立了专门管理本校专利事务的机构——威斯康星校友研究基金会（Wisconsin Alumni Research Foundation，WARF）。虽然 WARF 是威斯康星大学的附属机构，但它与大学分开，享有独立的法律地位。此后，明尼苏达大学、俄亥俄州立大学等也仿效 WARF 模式成立了附属的研究基金会，管理本校的专利事务。在 WARF 模式下，大学的专利许可收入较为可观，至今仍为上述大学所采用。但在当时，大学沾手专利管理的做法遭到很大非议，因此，该模式尽管影响较大，但并未得到推广。

2. 麻省理工学院首创的第三方模式（20 世纪 30—60 年代）

1912 年，加州大学伯克利分校 Frederick Cottrell 教授发起成立了美国首家专门面向大学的校外专利管理公司——研究公司（Research Corporation，RC）。RC 独立于所有大学，至今仍在运作。1937 年，麻省理工学院与 RC 签署协议，将学院的发明提交给 RC，由 RC 掌管专利申请和许可事宜，收入分成为麻省理工学院得六成、RC 得四成，从而开创了大学技术转移的第三方模式。

在第三方模式下，大学既完成了技术转移，获得了专利许可收入，也不会影响其名声，因此许多大学纷纷与 RC 签订协议，当中就包括斯坦福大学。第三方模式的缺点在于：第一，RC 无法同时处理众多大学的专利管理事务；第二，RC 要分去相当一部分收入，大学和 RC 双方容易在收入分配上发生争执从而导致分道扬镳。麻省理工学院在 20 世纪 60 年代终止与 RC 的协议，原因正在于此。

3. 斯坦福大学首创的 OTL 模式（20 世纪 70 年代至今）

长期以来，斯坦福大学技术转移采用的是第三方模式。以这种方式转移技术，自 20 世纪 50 年代初以后 15 年的时间里，斯坦福大学获得的总收入不超过 5000 美元。1968 年，斯坦福大学资助项目办公室 Niels Reimers 副主任发现斯坦福大学有许多发明极具商业价值，如果学校亲自管理专利事务，即出面申请这些发明的专利，再把专利许可给企业界，将会给学校带来可观的收入。因此，工程师兼合同经理出身，并在高技术企业工作过的 Reimers 在征得校方同意后，开始了为期 1 年的试点工作。试点当年就创收 5.5 万美元。斯坦福大学遂于 1970 年 1 月 1 日正式成立技术许可办公室（Office of Technology Licensing, OTL），Reimers 担任首任主任。截至 2000 年，OTL 已经从刚成立时的 2 人扩展到 26 人。OTL 累计受理 4359 项发明披露，累计申请 1050 件美国专利，累计创造专利许可收入 4.54 亿美元，累计给予 OTL 研究激励基金 873.4 万美元。更为重要的是，硅谷的成功和斯坦福大学在硅谷所处的重要地位更加使得 Reimers 和斯坦福大学首创的 OTL 模式引来众多大学的仿效。例如，麻省理工学院特意向斯坦福大学请求借调 Reimers 一年，指导其毫无起色的技术转移工作，而引入

OTL 模式之后，麻省理工学院的技术转移工作很快便有了起色。因此，到 20 世纪 90 年代初，多数大学都抛弃了技术转移的第三方模式，转而采用 OTL 模式。OTL 模式现已成为当代美国大学技术转移的标准模式。

（二）OTL 模式的主要特征

1．OTL 模式的主要创新之处

第一，将专利营销放在工作首位。在第三方模式下，各大学虽设有专利办公室，但只负责专利保护，专利的申请和推销都交由校外专利管理公司管理。OTL 模式则强调大学应亲自管理专利事务，并把工作重心放在专利营销上，以专利营销促专利保护。第二，工作人员均为技术经理。在第三方模式下，大学专利办公室的工作人员只懂法律，知识结构单一。在 OTL 模式下，工作人员必须既有技术背景，又懂法律、经济和管理，还要擅长谈判，因此被称为"技术经理"。技术经理只管专利营销和专利许可谈判，在决定申请专利后，专利申请的具体事宜则交由校外专利律师事务所办理。第三，发明人和发明人所在院系参与分享专利许可收入。允许发明人分享收入旨在激励教师不断披露发明，并配合随后的专利申请和许可工作；而允许发明人所在院系分享收入的做法，则提升了发明人在院系中的地位和声望。

2．OTL 模式下技术转移的具体操作程序步骤

第一步，发明人向 OTL 提交"发明和技术披露表"，OTL 随即记录在案，并专门交由技术经理负责此后的全过程。第二步，技术经理在与各方接触并掌握大量信息的基础上，独立决定学校是否要将此发明申请专利。由于美国专利申请的实际费用高达上万美元，因此通常的情况是在有企业愿意接受专利许可的前提

下，学校才申请专利。第三步，对于专利，学校并不待价而沽，先来的企业只要具备使该项发明商业化所需的基本条件，技术经理就与之展开专利许可谈判，签订专利许可协议。第四步，OTL 负责收取和分发专利许可收入。其间，为了避免利益冲突，学校规定发明人不能参加 OTL 与企业之间的专利许可谈判，谈判由技术经理全权代表学校。这是因为发明人往往集多重身份（教师、专利许可收入的分享者、公司顾问和公司董事）于一身。如果发明人与谈判企业之间存在关联，OTL 要交研究院长和发明人所在院院长复审；如果与发明人有关联的企业最终被确定为专利许可对象，则 OTL 还要起草备忘录，证明该企业是经过筛选的，并建议两院院长予以批准。

3. 学校的专利政策

斯坦福大学的专利政策兼具原则性和灵活性。原则性体现为学校在发明所有权的归属问题上持毫不含糊的态度：依据《Bayh – Dole 法案》，联邦政府资助的发明所有权归大学；企业和其他机构资助下的发明，依据《Bayh – Dole 法案》的精神，通常也归大学拥有；严格区分企业资助的研究经费与企业须缴纳的专利许可费，前者不能用来抵作后者。灵活性则体现在以利益共享为原则的专利许可收入的分配上：首先，将专利申请费、OTL 的办公费用从专利许可毛收入中予以扣除，即为专利许可净收入；其次，由发明人、发明人所在院、发明人所在系三方平分专利许可净收入。

（三）斯坦福大学技术转移的效果

斯坦福大学 OTL 模式下的技术转移创造出了各方共赢的结果，具体表现如下。

第一，为斯坦福大学创造了一定收入。在20世纪90年代，OTL创造的专利许可收入平均每年都在三四千万美元。虽然这对斯坦福大学而言只是杯水车薪，但它是学校自己的收入，使用起来无任何限制，学校可用这笔收入去资助一些很难找到外来资助的前沿性研究；而政府、公司、私人的资助和捐助经常规定了使用范围和附加条件。此外，OTL卓有成效的专利许可工作也使得斯坦福大学成为全球大学技术转移的领先者，提高了学校的声望。

第二，对作为发明人的大学教师而言也有许多益处。一方面，通过OTL的专利许可，大学教师与企业之间可以建立起联系：企业向大学教师继续提供基础研究资助，大学教师则从企业那里得到反馈和最新技术动态。另一方面，大学教师通常会将分得的专利许可收入又重新投入自己所从事的基础研究中去。

第三，对于斯坦福大学身处其中的硅谷和生物技术湾而言，OTL所许可的技术是一些高技术产业成长和壮大的源泉，OTL的技术转移与硅谷和生物技术湾的成长和发展是同步的。惠普公司创始人之一William Hewlett曾经指出，到20世纪60年代中期，现在被称为"硅谷"的圣克拉拉峡谷仍遍布着杏树和果园，果园收入可能仍多于电子公司创造的收入。即使到20世纪70年代初，该峡谷仍被叫作"心灵快乐之谷"，而非"硅谷"。休利特还进一步指出真正的分水岭是在1968年，1938—1968年的圣克拉拉峡谷与1968年之后的圣克拉拉峡谷迥然不同。曾任斯坦福大学工程学院院长的James Gibbons教授在广泛接触硅谷资深业内人士的基础上也指出：对于硅谷的制药工业来说，斯坦福大学的主要贡献是将技术专利许可给大公司。最著名的例子是，1981年OTL将斯坦福大学教授Stanley Cohen和加州大学伯克利分校教授Hebert

Boyer 于 1974 年联合发明的"基因切割"这一重大生物技术申请了发明专利,并以非独占性许可方式将该技术许可给了众多企业,从而开启了全球生物技术产业。对于硅谷的计算机和信息网络业、医疗器械业以及微电子机械系统业,斯坦福大学也有许多贡献,例如大学师生踊跃创业,亲自将 OTL 许可的专利技术予以商业化。据 James Gibbons 教授估算,在 1988—1996 年硅谷总收入中,至少有一半收入是由斯坦福大学师生创业企业创造的。

第四,对于政府和公众而言,OTL 专利许可产生出的社会和经济综合效益远远超过联邦政府每年对斯坦福大学数亿美元的基础研究投入。OTL 完成了联邦政府的目标,即把联邦政府资助下的斯坦福大学研究成果通过专利保护和许可方式,成功转移至企业界,从而产生实际经济效果。这些实践对增强美国企业的竞争力具有重要帮助。OTL 对公众的贡献则在于使以创业企业为代表的小企业增加了就业机会,得到 OTL 专利许可的企业可以开发和生产出更高技术的产品,从而提高了公众的生活质量。

第三章 当前中国知识产权管理现状与面临的主要矛盾

第一节 改革开放以来中国的知识产权制度建设

一 中国知识产权制度建设的国际背景

中国历史上很早就诞生了知识产权制度，如宋代就产生了比较成熟的版权保护制度。但是，中国现代知识产权制度建设却是伴随着改革开放启动的，启动标志是1979年中央批准由国家出版局负责组织起草《著作权法》。彼时，主要国际知识产权制度已经建立和完成[①]。因此，中国现代知识产权制度建设，打上了被动接受国际知识产权游戏规则的深刻烙印。

国际知识产权制度由国际组织和世界各国制定的30多个国际性的条约和法律构成。这些法律条约最早的，是诞生于1883年的《保护工业产权巴黎公约》。1883年之后，其他法律条约陆续面世，国际知识产权制度建设已走过了一百多年的历程，至今没有

---

① 吴汉东：《知识产权总论》，中国人民大学出版社2013年版。

停止。这段历程可以划分为三个阶段①。

第一个阶段是巴黎联盟和伯尔尼联盟时期，是国际知识产权制度的形成期。1883 年《保护工业产权巴黎公约》（Paris Convention for the Protection of Industrial Property）（以下简称《巴黎公约》）和 1886 年《保护文学艺术作品伯尔尼公约》（Berne Convention for the Protection of Literary and Artistic Works）（以下简称《伯尔尼公约》）的签订，标志着国际知识产权制度的建立。《巴黎公约》的保护范围是工业产权，包括发明专利权、实用新型专利权、工业品外观设计专利权、商标权、服务标记、厂商名称、货物标记或原产地名称以及制止不正当竞争等。《巴黎公约》旨在保证一成员国的工业产权在所有其他成员国都得到保护。《伯尔尼公约》制定于瑞士首都伯尔尼，规定每个缔约国都应自动保护联盟其他各国中首先出版的作品、保护其作者是上述其他各国的公民或居民的未出版的作品。《伯尔尼公约》标志着国际版权保护体系的初步形成。两大公约生效后，《巴黎公约》的缔约国组成巴黎联盟，《伯尔尼公约》的缔约国组成伯尔尼联盟。两个联盟均设有称作"国际局"（International Bureau）的执行机构，各自管理上述国际公约。两个"国际局"均接受瑞士联邦政府的监督。

第二个阶段是世界知识产权组织时期，是国际知识产权制度的发展期。1967 年，《巴黎公约》和《伯尔尼公约》的缔约国在瑞典的斯德哥尔摩签订了《建立世界知识产权组织公约》（The Convention Establishing the World Intellectual Property Organiza-

---

① 吴汉东：《知识产权总论》，中国人民大学出版社 2013 年版。

tion）；1970年，世界知识产权组织（World Intellectual Property Organization，WIPO）成立，"知识产权国际局"同时成立，取代了原来的两个"国际局"。1974年，世界知识产权组织成为联合国的特别机构之一。《建立世界知识产权组织公约》的宗旨是，通过建立世界知识产权组织加强各国间的合作，并与其他国际组织进行协作，以促进在世界范围内保护知识产权，同时保证各知识产权同盟间的行政合作。该公约保护的知识产权包括关于文学、艺术和科学作品的权利；关于表演家的演出、录音和广播的权利；关于人们在一切领域的发明的权利；关于科学发现的权利；关于工业设计的权利；关于商标、服务商标、厂商名称和标记的权利；关于制止不正当竞争的权利；以及在工业、科学、文学或艺术领域里的一切来自知识活动的权利。世界知识产权组织的成立，推动了知识产权国际立法的一体化进程。

第三个阶段是世界贸易组织时期，是国际知识产权制度的变革期。1995年1月1日，作为关税和贸易总协定"乌拉圭回合谈判"最终达成的协议成果，世界贸易组织（World Trade Organization，WTO）成立，同时《与贸易相关的知识产权协议》（*Agreement on Trade-Related Aspects of Intellectual Property Rights*，TRIPs）开始生效，并由世界贸易组织监督实施。1995年12月22日，世界知识产权组织和世界贸易组织的总干事在瑞士日内瓦签署《世界知识产权组织与世界贸易组织之间的协定》（*Agreement between the World Intellectual Property Organization and the World Trade Organization*），规定两个国际组织在法律规章的交流和利用上进行合作，并对不得作为商标进行注册的徽章和官方印章的规定、发展中国家的法律技术援助和合作等做出了安排。世界贸易组织把遵守《与贸易相关的知识产权协议》作为"入世"的必备条件，并建立了有力的监督执行机制，从而大大扩大了知识产权国际保护的适用范围，大幅提高了知识产权的国际保护水平。因此，《与贸易相关的知识产权协议》的实施，标志着国际知识产权制度进入一个高水平保护、一体化保护的新时期。

二 中国知识产权制度的建设历程

改革开放之前，中国是计划经济体制，技术发明的所有权属于国家，全国各单位都可以无偿使用，知识产权制度几乎是空白。改革开放后，为了建立和拓展对外经贸关系，中国不得不开始知识产权制度建设。例如，1979年，在同美国签订《中美贸易关系协定》的谈判中，美方提出中国应为知识产权提供保护，否则不签订协定。为了取得美国的贸易最惠国待遇，中国只好同意在协定中加入知识产权保护的规定。随后，国家出版局开始组织起草《著作权法》，由此开启了知识产权制度的建设历程。随着对外开放程度的提升和为了进一步融入全球化，中国先后加入了一系列知识产权国际公约（见表3—1）。加入公约的同时，全国人大常委会于1982年8月通过了《商标法》、1984年3月通过了《专利法》、1990年9月通过了《著作权法》、1993年9月通过了《反不正当竞争法》。至此，中国知识产权制度的法律框架基本形成。

表 3—1　　　　中国加入的主要知识产权国际公约

加入年份	公约名称
1980	《建立世界知识产权组织公约》
1985	《保护工业产权巴黎公约》
1989	《商标国际注册马德里协定》《关于集成电路的知识产权条约》
1992	《保护文学艺术作品伯尔尼公约》《世界版权公约》
1993	《保护录音制品制作者防止未经许可复制其录音制品公约》《保护表演者、音像制品制作者和广播组织罗马公约》《专利合作条约》
1994	《商标注册用商品与服务国际分类尼斯协定》
1995	《国际承认用于专利程序的微生物保存布达佩斯条约》
1996	《建立工业品外观设计国际分类洛迦诺协定》
1997	《国际专利分类斯特拉斯堡协定》
1999	《国际植物新品种保护公约》
2001	《与贸易有关的知识产权协议》
2007	《世界知识产权组织版权条约》《世界知识产权组织表演和录音制品条约》
2012	《视听表演北京条约》

资源来源：转引自吴汉东《知识产权总论》，中国人民大学出版社 2013 年版，第 452 页。

随着中国全面融入国际知识产权制度，以及经济发展水平不断提高，中国建设知识产权制度的态度也逐步由被动接受转变为积极利用。知识产权制度建设首次出现在中国共产党第十四次全国代表大会报告中，十四大报告《加快改革开放和现代化建设步伐，夺取有中国特色社会主义事业的更大胜利》中写道，要"不断完善保护知识产权的制度"。1997年十五大报告《高举邓小平理论伟大旗帜，把建设有中国特色社会主义事业全面推向二十一世纪》提出"实施保护知识产权制度"。2002年十六大报告《全面建设小康社会，开创中国特色社会主义事业新局面》指出，"鼓励科技创新，在关键领域和若干科技发展前沿掌握核心技术和拥有一批自主知识产权。……完善知识产权保护制度"。由此可见，十四大、十五大和十六大报告都是被动地强调对知识产权进行保护的制度。在2007年十七大报告《高举中国特色社会主义伟大旗帜，为夺取全面建设小康社会新胜利而奋斗》中，知识产权制度的建设思路发生了明显的转变，由之前的保护知识产权变为"实施知识产权战略"。把知识产权视为战略，就是要积极主动地为我所用。紧接着，2008年4月，国务院审议并原则通过《国家知识产权战略纲要》。2012年十八大报告《坚定不移沿着中国特色社会主义道路前进，为全面建成小康社会而奋斗》沿用了"实施知识产权战略"的提法。2016年12月，习近平总书记在中央全面深化改革领导小组第三十次会议上发表重要讲话，强调要紧扣创新发展需求，发挥专利、商标、版权等知识产权的引领作用，打通知识产权创造、运用、保护、管理、服务全链条。

在建设知识产权制度的态度转变的同时，中国不断修订知识产权的基本法规，以服务于新的战略目标。前面提及的作为知识产权基本立法的四部法律中，除《反不正当竞争法》外，其他三部法律都已完成多次修订（见表3—2）。

表3—2　　　　　知识产权基本立法的历次修正日期

法律名称	颁布日期	历次修正日期
《商标法》	1982年8月	1993年2月（第一次）；2001年10月（第二次）；2013年8月（第三次）
《专利法》	1984年3月	1992年9月（第一次）；2000年8月（第二次）；2008年12月（第三次）
《著作权法》	1990年9月	2001年10月（第一次）；2010年2月（第二次）

三　中国知识产权制度的基本内容

中国国家知识产权局每年都发布《知识产权白皮书》，按照制度建设、审批登记、执法、机制和能力建设、宣传、教育培训及国际合作七个方面归纳全年的知识产权工作。我们基于上述划分，将中国知识产权制度概括为如下七个部分。

（一）立法体系

目前，中国知识产权法律法规已经形成体系，包括《著作权法》《专利法》《商标法》《反不正当竞争法》《种子法》《促进科技成果转化法》等法律，《植物新品种保护条例》《专利代理条例》《地理标志产品保护规定》等规章。

（二）执法体系

中国采取了司法和行政执法相结合的"两条途径、平行运作、司法保障"的执法体系。在执法程序方面，《专利法》《商标法》和《著作权法》规定，当事人对于知识产权主管部门做出的决定或裁决不服的，可以向人民法院起诉，由人民法院对该项行政决定的合法性进行司法审查。在履行法律的机构设置方面，主要包括司法机关和行政机构两个方面。司法机关包括最高人民法院民事审判第三庭（原知识产权审判庭），高级人民法院、中级人民法院和部分基层法院专门设立的知识产权审判庭。行政机构包括国家知识产权局、商标局、版权局及商标评审委员会，以及地方知识产权行政部门。

（三）中介服务体系

知识产权涉及领域十分广、知识十分专，因此，运作良好的知识产权制度，不仅要有一套科学的法律体系、严格的执法体系，还需要一套中介服务体系。中介服务体系主要包括专利中介服务体系、商标中介服务体系、版权中介服务体系等。目前，中国的版权中介服务体系相对比较完善，已经初步建立了由版权集体管理机构、版权代理机构、版权保护协会以及各相关行业协会和权利人组织等组成的版权社会管理和服务体系，极大地推动了版权事业的发展。但是，专利和商标中介服务体系发展依然比较滞后。自2003年以来，中国商标代理机构数量一直保持快速增长势头。截至2015年年底，中国商标代理机构总数为23721家（其中律师事务所8643家）。

（四）企业知识产权管理体系

市场经济环境下，企业是创新的主体，是知识产权制度需要重点关注的行为主体。完善企业知识产权管理体系，目的在于规范企业的知识产权工作，充分发挥知识产权制度在企业发展中的作用，促进企业技术创新和形成企业的自主知识产权。2000年1月，国家知识产权局和原国家经济贸易委员会联合制定了《企业专利工作管理办法》，对企业专利工作人员及机构、专利产权管理、专利信息利用、考核评价与扶持措施、利益分配与奖励以及责任与处罚等做了具体的规定，为建立企业专利工作体系打下了基础。同时，各级工商管理部门十分重视企业商标管理工作，规范企业正确使用商标，指导企业建立健全商标管理制度，帮助企业制定和实施商标发展战略，引导企业走驰名商标发展之路。

（五）研发体系

研发体系主要包括高等院校的知识产权研究中心、科研机构的知识产权研究中心、知识产权行政管理机构的研究部门以及全国性或地方性的相关的知识产权研究社会团体。中国知识产权保护制度的不断完善、知识产权保护水平的不断提高，与知识产权研究的不断加强有直接关系。

（六）人才培养体系

政府采取正规教育和在职培训相结合的方法，建立了知识产权人才培养体系。正规教育主要是在高等院校设立知识产权学院，专门教授相关课程。目前，在全国已经形成了包括培养学士学位、硕士学位和博士学位在内的知识产权人才培养体系。在职培训主要包括三种：第一种是中国知识产权培训中心有组织、有计划、有步骤地培训在职的知识产权专业人士；第二种是国家知识产权局、版权局、商标局等行政管理部门，结合各自的工作重点，不定期举办各种类型的知识产权短期培训班，培训各级党政领导干部、企事业单位领导、科技人员、知识产权管理人员等；第三种是中国与世界知识产权组织合作，联合举办各种类型的培训班和研讨会，目的在于培养大批的适应知识产权国际化要求的专业人才。

（七）宣传教育体系

中国在健全、完善法律制度，严肃执法、坚决打击侵权违法行为的同时，针对知识产权制度在中国建立的时间较短、公民的知识产权意识比较薄弱等情况，大力开展知识产权保护的法制宣传教育，并加速知识产权领域专业人员的培训。

第二节　改革开放以来中国的知识产权创造和运用

改革开放以来，中国各种知识产权的创造均呈现出持续高速增长的态势，目前已经成为知识产权大国。知识产权包括著作权及其邻接权、商标权、地理标志、工业品外观设计、专利权、植物品种权、集成电路布图设计、未公开的信息等。但是，此处仅分析统计数据比较充分的专利、商标、著作权和植物新品种的创造及运用情况。

一　中国专利的创造和运用

（一）中国已经成为专利大国

2015年年底，中国有效发明专利147.24万件[①]，位居世界第三，仅次于美国（264.47万件）和日本（194.66万件）。虽然中国有效发明专利存量不如美国和日本，但发明专利申请数和授权数的每年增量已经超过美国和日本，位居全世界第一。学术界一般用一国居民（居民包括自然人和法人）拥有的专利申请和专利授权数度量一国拥有自主知识产权的专利。如表3—3所示，中国国家专利局受理的中国居民发明专利申请数在2009年超过美国，居世界第二；在2010年超过日本，跃居世界第一，并保留榜首至今。如表3—4所示，中国授权给中国居民的发明专利数2011年

[①] 此段数据均来自世界知识产权组织官网，http://www.wipo.int/ipstats/en/statistics/country_profile/。因为中国和日本专利局都授权实用新型专利但美国专利和商标局不授权实用新型专利，为了保证可比性，此处只比较三国创新性最强的发明专利情况。

超过美国，2015年超过日本，荣登世界第一。

表3—3 中美日三国受理的本国居民发明专利申请数及排名

年份	中国申请数	中国排名	美国申请数	美国排名	日本申请数	日本排名
2001	30038	5	177513	2	382815	1
2002	39806	5	184245	2	365204	1
2003	56769	5	188941	2	358184	1
2004	65786	5	189536	2	368416	1
2005	93485	4	207867	2	367960	1
2006	122318	4	221784	2	347060	1
2007	153060	3	241347	2	333498	1
2008	194579	3	231588	2	330110	1
2009	229096	2	224912	3	295315	1
2010	293066	1	241977	3	290081	2
2011	415829	1	247750	3	287580	2
2012	535313	1	268782	3	287013	2
2013	704936	1	287831	2	271731	3
2014	801135	1	285096	2	265959	3
2015	968252	1	288335	2	258839	3

资料来源：世界知识产权组织官网，http://www.wipo.int/ipstats/en/statistics/country_profile/。

注：中国居民包括港澳台居民。

表3—4 中美日三国授权给本国居民的发明专利数及排名

年份	中国授权数	中国排名	美国授权数	美国排名	日本授权数	日本排名
2001	5395	8	87606	2	109375	1
2002	5868	8	86976	2	108515	1
2003	11404	7	87901	2	110835	1

续表

年份	中国授权数	中国排名	美国授权数	美国排名	日本授权数	日本排名
2004	18241	6	84271	2	112527	1
2005	20705	5	74637	2	111088	1
2006	25077	5	89823	2	126804	1
2007	31945	4	79527	3	145040	1
2008	46590	4	77501	2	151765	1
2009	65391	3	82382	2	164459	1
2010	79767	3	107792	2	187237	1
2011	112347	2	108626	3	197594	1
2012	143808	2	121026	3	224917	1
2013	143535	2	133593	3	225571	1
2014	162680	2	144621	3	177750	1
2015	263436	1	140969	3	146749	2

资料来源：世界知识产权组织官网，http：//www.wipo.int/ipstats/en/statistics/country_profile/。

注：中国居民包括港澳台居民。

中国居民每年不仅在本国申请越来越多的发明专利、获得越来越多的发明专利授权，而且在外国申请的专利和获得的授权也稳定高速增长，相应国际地位稳步上升。如图3—1所示，中国居民在外国的发明专利申请数在2009年后增速加快，授权数也在2011年后增速加快。中国居民在外国的发明专利申请数排名，已由2001年的第20名上升到2015年的第6名；授权数排名同期由第25名上升到第8名（见表3—5）。

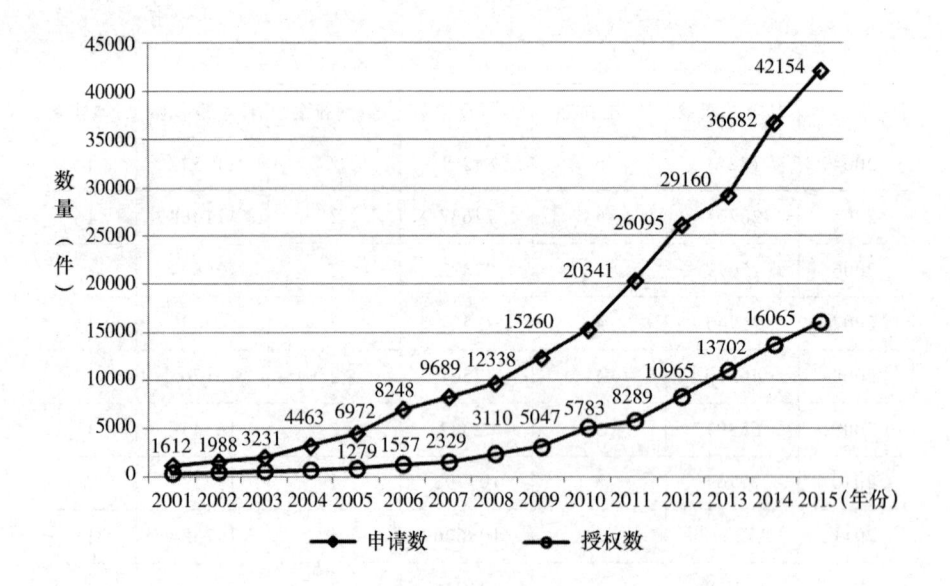

图 3—1　中国居民在外国的发明专利申请数和授权数

资料来源：世界知识产权组织官网，http://www.wipo.int/ipstats/en/statistics/country_profile/。

注：中国居民包括港澳台居民。

表 3—5　　中国居民在外国的发明专利申请数排名

年份	中国居民在外国的发明专利申请数排名	外国授权给中国居民的发明专利数排名
2001	20	25
2002	19	21
2003	19	23
2004	18	22
2005	17	22
2006	16	20
2007	16	19
2008	13	18
2009	12	15

续表

年份	中国居民在外国的发明专利申请数排名	外国授权给中国居民的发明专利数排名
2010	11	13
2011	9	12
2012	8	12
2013	8	9
2014	6	8
2015	6	8

资料来源：世界知识产权组织官网，http://www.wipo.int/ipstats/en/statistics/country_profile/。

注：中国居民包括港澳台居民。

伴随着中国经济实力的不断发展壮大，提供的市场机会越来越多，外国到中国的专利申请和获得的专利授权数也与日俱增，意味着中国在世界知识产权格局中扮演着愈来愈重要的地位。如表3—6所示，2015年，外国居民在中国专利局申请的发明专利数为133612件，高达中国居民在中国专利局申请数（968252件）的13.80%，表明中国专利局很高的国际化程度。无论是从申请数还是授权数来看，中国受理外国居民发明专利申请的数量，在国际上多年都保持着第二的位置。当然，中国距离排名第一的美国的距离还不小。美国专利商标局接受的外国居民发明专利申请数，在2009年就超过了本国居民申请数，是全球国际化水平最高的专利局（见表3—3和表3—7）。正因这样，美国授权的专利也被视为质量最过硬的专利。

表3—6　　外国居民到中国的发明专利申请数和授权数

年份	受理的外国居民发明专利申请数	受理的外国居民发明专利申请数排名	授权给外国居民的发明专利数	授权给外国居民的发明专利数排名
2001	33412	5	10901	6
2002	40426	4	15389	3
2003	48548	4	25750	3
2004	64598	2	31119	2
2005	79842	2	32600	2
2006	88183	2	32709	2
2007	92101	2	36003	2
2008	95259	2	47116	2
2009	85508	2	62998	2
2010	98111	2	55343	2
2011	110583	2	59766	2
2012	117464	2	73297	2
2013	120200	2	64153	2
2014	127042	2	70548	2
2015	133612	2	95880	2

资料来源：世界知识产权组织官网，http://www.wipo.int/ipstats/en/statistics/country_profile/。

注：外国居民不包括港澳台居民。

表3—7　　外国居民到美国的发明专利申请数和授权数

年份	美国受理的外国居民发明专利申请数	美国受理的外国居民发明专利申请数排名	美国授权给外国居民的发明专利数	美国授权给外国居民的发明专利数排名
2001	148958	1	78432	1
2002	150200	1	76542	1

续表

年份	美国受理的外国居民发明专利申请数	美国受理的外国居民发明专利申请数排名	美国授权给外国居民的发明专利数	美国授权给外国居民的发明专利数排名
2003	153500	1	81134	1
2004	167407	1	80020	1
2005	182866	1	69169	1
2006	204182	1	83947	1
2007	214807	1	77756	1
2008	224733	1	80271	1
2009	231194	1	84967	1
2010	248249	1	111822	1
2011	255832	1	115879	1
2012	274033	1	132129	1
2013	283781	1	144242	1
2014	293706	1	156057	1
2015	301075	1	157438	1

资料来源：世界知识产权组织官网，http://www.wipo.int/ipstats/en/statistics/country_profile/。

注：外国居民指非美国居民。

（二）中国专利的创造情况

2016年，中国专利局共受理专利申请346.5万件，其中受理发明专利、实用新型专利和外观设计专利申请分别为133.9万件、147.6万件和65.0万件；共授权专利175.3万件，其中授权发明专利、实用新型专利和外观设计专利分别为40.4万件、90.3万件和44.6万件。如图3—2所示，中国三类专利申请数的增速，在2001年加入WTO前都比较缓慢，之后每年都保持了较高的增长水平。特别值得指出的是，发明专利的申请数量在2013年超过外观设计专利的申请数量。更进一步地，发明专利在专利申请总数中的占比，自1999年以来总体上保持着逐年上升的趋势（见图3—3）。这表明中国研发活动的创新性越来越强。中国三种专利的授权数增长速度也在2001年加入WTO后有一个提升，并且在2008年后进一步提升（见图3—4）。

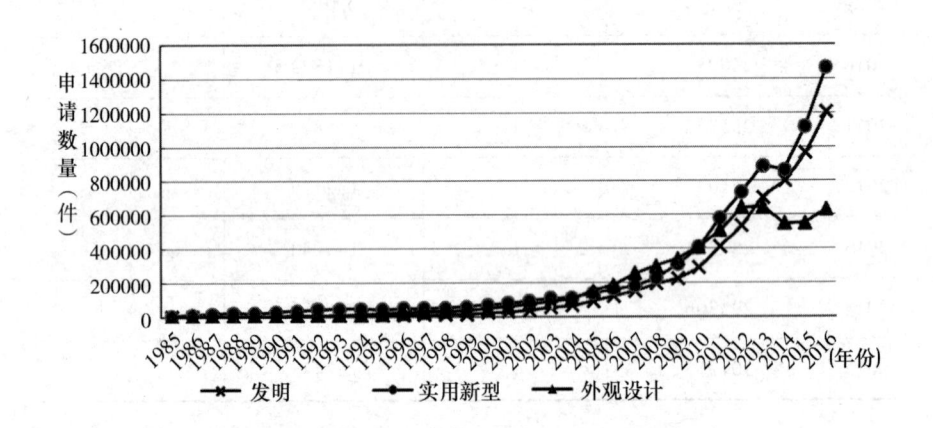

图3—2 中国国家知识产权局每年受理的中国居民专利申请数

资料来源：中国国家知识产权局历年《专利统计年报》。

注：中国居民包括港澳台居民。

中国居民不仅在中国申请和获得了更多的发明专利，在美国申请和获得多的发明专利进入2001年后也迅速增加。尤其是最近5年，增长势头出现了井喷之势（见图3—5）。

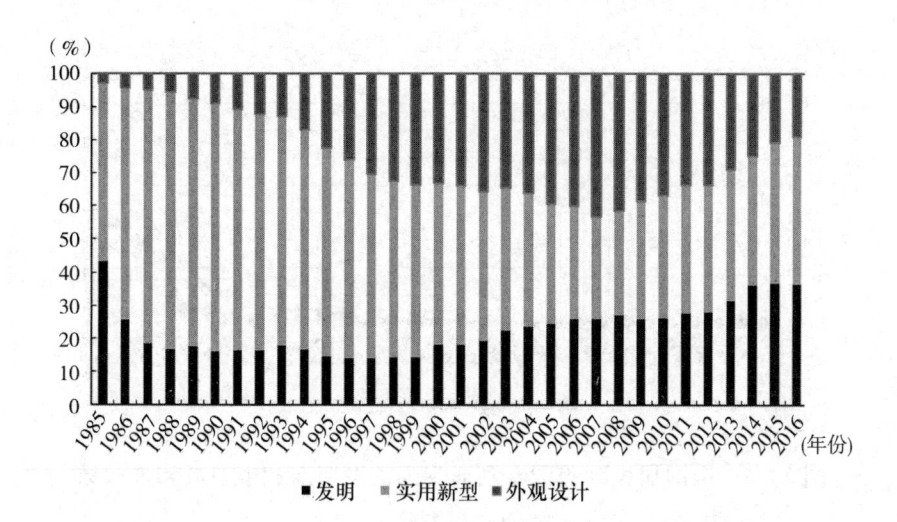

图 3—3　中国国家知识产权局每年受理的中国居民三种专利申请数比例

资料来源：中国国家知识产权局历年《专利统计年报》。

注：中国居民包括港澳台居民。

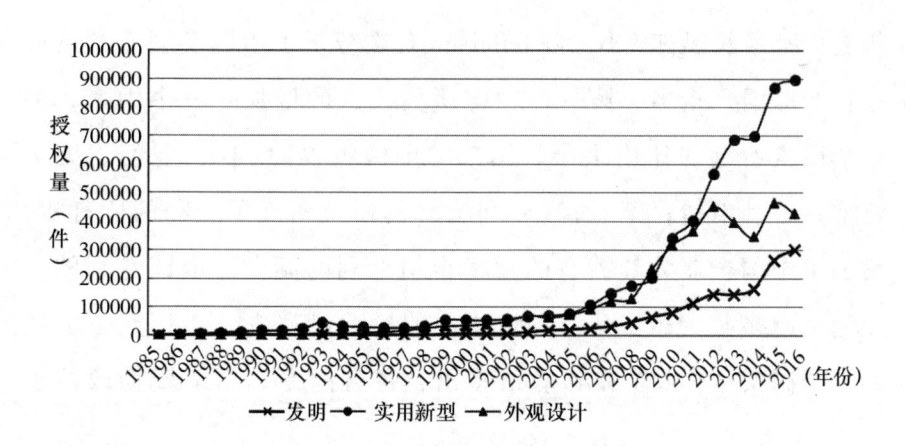

图 3—4　中国国家知识产权局每年授权给中国居民的三种专利数

资料来源：中国国家知识产权局历年《专利统计年报》。

注：中国居民包括港澳台居民。

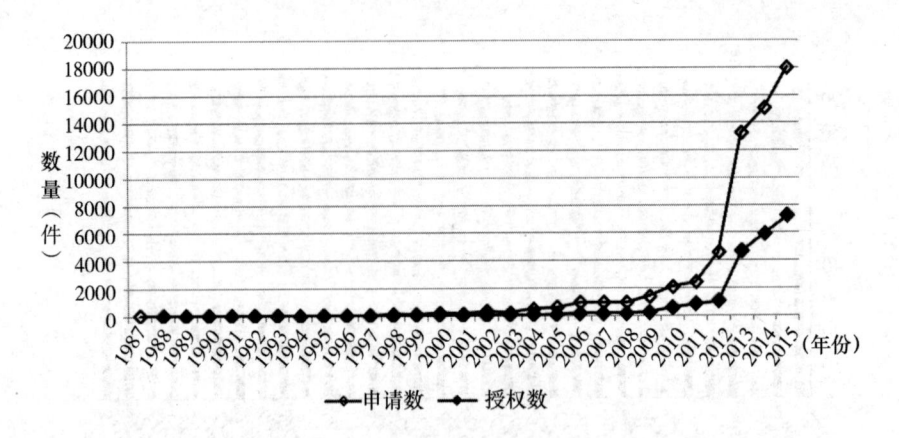

图3—5 中国居民到美国专利商标局的发明专利申请数和授权数

资料来源:中国国家知识产权局历年《专利统计年报》。

注:中国居民包括港澳台居民。

无论是从中国国家知识产权局授权的发明专利来看,还是从美国专利商标局授权的发明专利来看,中国的发明专利数量2008年之后都增长迅速。Hu和Jefferson首次分析了中国发明专利迅速增长的原因,指出:第一,中国研发投入的增加是一个因素,但这个因素所起的作用很小;第二,中国吸收的FDI,促使中国企业增加专利申请;第三,《专利法》的修正明确了专利的所有权,增加了中国企业为其拥有的技术申请专利的倾向,申请专利的企业越来越多[1]。Hu、Zhang和Zhao的后续研究进一步证实了上述第三个因素[2]。林佳和叶静怡指出,各省的专利申请资助政策也

---

[1] Hu Guangzhou, and Gary H. Jefferson, 2009, "A Great Wall of Patents: What is behind China's Recent Patent Explosion?", *Journal of Development Economics*, 90 (1): 57 – 68.

[2] Hu Guangzhou, Zhang Peng, and Zhao Lijing, 2017, "China as Number One? Evidence from China's most Recent Patenting Surge", *Journal of Development Economics*, 124 (1): 107 – 119.

虽然中国已经是专利大国,但各省级行政区的专利创造活动却差别巨大。表3—8根据发明专利授权数对大陆各省级行政区进行了排名。北京作为全国的研发中心,被授权了最多的发明专利,为10.77万件;而最少的西藏仅有197件。计算得知,发明专利授权数的变异系数高达1.28。图3—6至图3—8直观地表明,中国专利授权数多的省份,主要集中在东部沿海的几个经济发达省份,如北京、山东、江苏、上海、浙江和广东。广东和江苏的发明、实用新型和外观设计三种专利授权数都居前列;北京的发明和实用新型专利数位居前列,但外观设计专利数排名不靠前;山东仅实用新型专利数靠前;浙江的实用新型和外观设计专利数都靠前,但发明专利数排名相对并不高。

表3—8　　　　　中国各省级行政区截至2013年的专利申请数和授权数

省份	总申请数	总授权数	发明专利申请数	发明专利授权数	实用新型专利申请数	实用新型专利授权数	外观设计专利申请数	外观设计专利授权数
北京	670373	342568	346585	107732	245401	181524	67584	48812
广东	1601533	1026851	371768	105588	499915	388989	726156	530952
江苏	2166886	1117334	492131	68704	534804	381287	1133362	664524

---

① 林佳、叶静怡:《专利申请资助政策与发明专利的数量和质量》,北京大学经济学院,2017年。

续表

省份	总申请数	总授权数	发明专利申请数	发明专利授权数	实用新型专利申请数	实用新型专利授权数	外观设计专利申请数	外观设计专利授权数
上海	670632	373198	241375	60682	226574	177208	197448	132647
浙江	1342263	946406	185412	53510	533696	411638	618363	479332
山东	842893	446388	216620	37861	427422	320551	193083	85433
辽宁	365060	182582	114316	24162	181912	131748	61120	23508
四川	405700	243480	90500	21821	160618	112685	149742	107551
湖北	319199	149943	80157	20767	146504	96402	88844	31462
天津	290443	118636	94134	19013	135996	77369	57185	20902
陕西	236032	95745	87542	18937	98741	61446	46901	14273
湖南	251658	139717	67478	18200	117241	83624	60986	35381
河南	283940	148128	67564	15008	151561	107112	61676	33994
安徽	329085	175836	86576	13346	153752	108799	87451	53176
黑龙江	182114	106176	47854	13184	93775	66782	37070	24913
福建	250624	178751	46550	12092	117036	90749	98354	75462
河北	178174	113818	40129	10667	103854	78594	30932	23363
重庆	204286	110922	49984	10409	99264	63154	55038	37359
吉林	95156	53375	28418	9242	48013	34475	13959	8550
山西	96255	47297	30601	7871	43344	30822	20586	8037
云南	71036	43532	22406	7245	30843	23555	16254	12167
广西	90364	44521	33694	4927	38996	27084	15968	11866
江西	86480	49817	21107	4612	41910	29695	21943	14960

续表

省份	总申请数	总授权数	发明专利申请数	发明专利授权数	实用新型专利申请数	实用新型专利授权数	外观设计专利申请数	外观设计专利授权数
贵州	68457	34946	18396	4169	29068	19658	20070	10768
甘肃	48111	23087	17049	3910	23376	15230	6786	3653
内蒙古	41799	25036	10934	2861	21786	15645	8373	6274
新疆	48613	28103	10454	2449	28316	19816	9212	5625
海南	14952	8229	5621	1695	5325	3498	3911	3029
宁夏	15580	8545	4936	919	6555	4783	3803	2708
青海	7406	4052	2317	563	2675	1938	2110	1461
西藏	1887	1232	591	197	447	328	842	707

资料来源：中国各省历年统计年鉴。

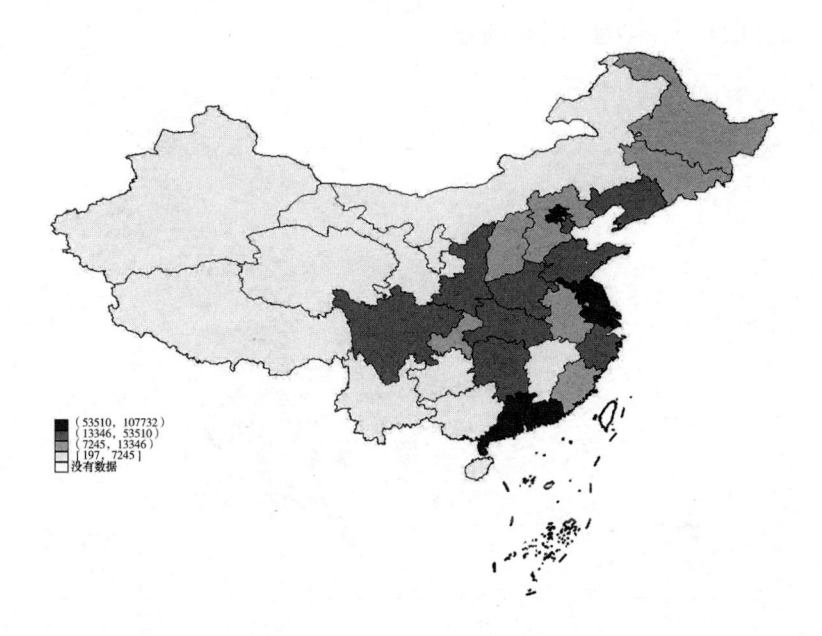

图 3—6　中国各省级行政区截至 2013 年的发明专利授权数分布

资料来源：中国各省历年统计年鉴。

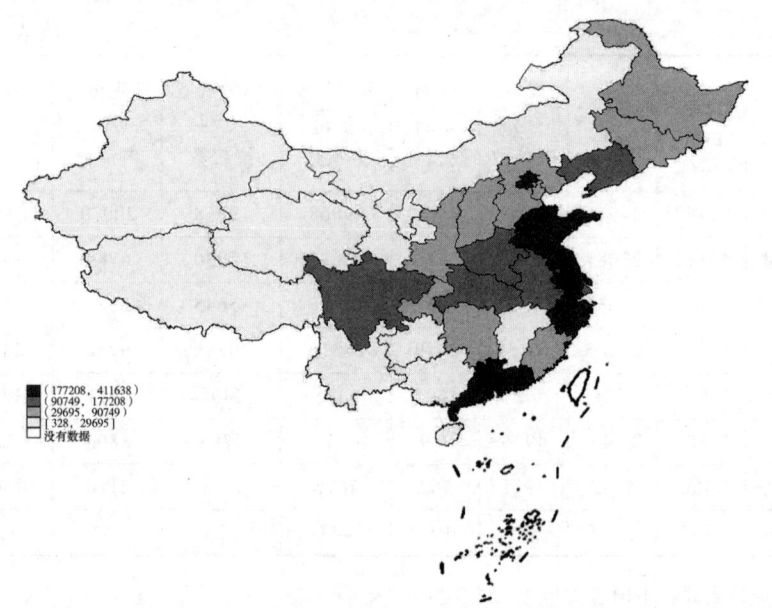

图 3—7　中国各省级行政区截至 2013 年的实用新型专利授权数分布

资料来源：中国各省历年统计年鉴。

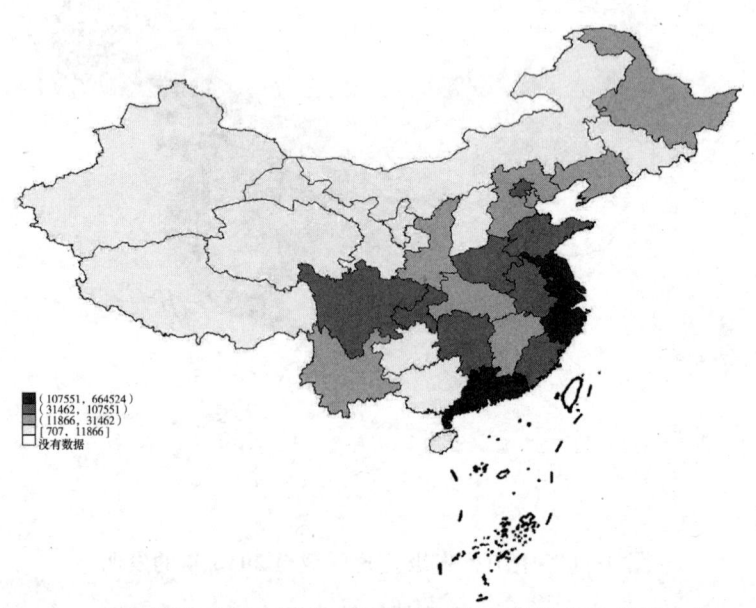

图 3—8　中国各省级行政区截至 2013 年的外观设计专利授权数分布

资料来源：中国各省历年统计年鉴。

中国专利创造活动具有如下几个特征：第一，个人和学术机构在中国专利创造中占据重要地位。如表3—9所示，个人和学术机构在发明专利申请中分别占29.89%和26.21%；个人在实用新型专利申请中的份额超过一半，为54.13%。中国个人的申请比例远远高于国外，原因可能在于，中国不少企业选择了以技术发明人个人的身份申请专利，以获得政府对个人和中小企业申请专利的费用减免和补贴。第二，专利权人的研发周期不长，83%的专利权人的研发活动周期低于3年。高校和科研机构的研发周期要长于企业，企业又略长于个人（见表3—10）。第三，中国每件发明专利和实用新型专利的发明人数平均分别为2.88人和2.05人。无论是发明专利还是实用新型专利，学术机构、企业和个人的发明人数都是递减的（见表3—9）。第四，平均而言，从提出申请到获得审查结果，一件发明专利申请需要3.97年，一件实用新型专利申请需要1.00年。发明专利申请的时间远远长于实用新型专利，是因为国家专利局必须对发明专利申请进行实质审查。最后，一件发明专利申请获得专利授权的概率为0.5408，一件实用新型申请获得专利授权的概率为0.9999。

表3—9　中国不同类型申请人的专利申请数和合作者人数

	发明专利			实用新型专利		
	申请数（件）	申请数占比（%）	发明人人数（人）	申请数（件）	申请数占比（%）	发明人人数（人）
学术机构	308862	26.21	4.29	128074	6.95	3.69
企业	517294	43.90	2.96	717781	38.93	2.66

续表

	发明专利			实用新型专利		
	申请数（件）	申请数占比（%）	发明人人数（人）	申请数（件）	申请数占比（%）	发明人人数（人）
个人	352270	29.89	1.51	998133	54.13	1.40
合计	1178426	100.00	2.88	1843988	100.00	2.05

资料来源：笔者根据专利数据库计算而来。

表3—10　　不同类型申请人的专利研发周期分布　　（%）

研发周期（T）	企业	高校	科研机构	个人	总体
T≤1年	23.2	6.6	4.4	29.1	29.1
1年＜T＜2年	44.1	34.5	30.6	37.0	37.0
2年≤T＜3年	17.6	47.3	31.3	17.0	17.0
3年≤T	6.2	5.4	27.8	6.2	6.2
说不清	8.9	6.2	5.8	10.8	10.8
合计	100.0	100.0	100.0	100.0	100.0

资料来源：《2015年中国专利调查数据报告》。

（三）中国专利的运用情况

在中国国家知识产权局发布的专利数据库中，专利的运用包括三种方式。

一是转让。专利申请被专利局公开后，即使还未获得专利局的授权也可以转让。转让双方自愿决定是否将转让合同递交给专利局以备登记。

二是许可。专利申请被专利局公开后，即使还未获得专利局的授权也可以被实施许可。实施许可双方自愿决定是否将许可合同递交给专利局以备登记。专利实施许可合同包括普通实施、独家实施、独占实施、相互交换实施和分实施五种。普通实施允许被许可方根据许可方的授权在合同约定的时间和地域范围内，按合同约定的使用方式实施该专利，同时专利权人保留自己在同一地域和时间实施该专利以及许可第三人实施该专利的权利。独家实施允许被许可方在约定的时间和地域范围内，以合同约定的使用方式享有对专利的排他性实施权；在合同约定的时间和地域范围内，专利权人不得再许可任何第三人以此相同的方式实施该项专利，但专利权人可自行实施。独占实施允许被许可方在合同约定的时间和地域范围内，以合同约定的使用方式对专利进行独占性实施，从而排斥包括专利权人在内的一切人实施该项专利。相互交换实施指许可方与被许可方相互允许使用彼此的专利。分实施是基于前述四种实施许可合同而言的，在专利实施许可合同中，如果许可方允许被许可方就同一专利再与第三人订立许可合同，由第三人在合同约定的期限和地域范围内实施该项专利，则被许可人与第三人签订的后一种实施许可合同就是分实施许可合同；分实施许可合同只能从属于基本的实施许可合同，不得有任何超越行为。

三是质押。获得授权的专利可用于质押，质押双方自愿决定是否将质押合同递交给专利局以备登记。

此部分基于国家知识产权局2012年发布的专利数据库分析专利的运用情况。此数据库包括从1985年4月中国开始实施《专利法》到2011年12月底期间中国国家知识产权局公布的所有专利（三种类型专利共约600万件）。由于外观设计专利的新颖性最低，此处仅分析发明专利和实用新型专利。在共2197642件发明专利申请中，中国的为 1178426 件，占 53.62%；国外的为 1019216 件，占 46.37%。在共 1993936 件实用新型专利申请中，中国的为 1843988 件，占 92.48%；国外的为 149948 件，占 7.52%。

1. 发明专利的运用情况

中国 1178426 件发明专利申请中，发生过转让、许可和质押的分别有 78009 件、20039 件和 3436 件，转让、许可和质押率分别为 6.62%、1.70% 和 0.29%，总体而言都比较低，尤其是质押率特别低。在被转让的 78009 件专利申请中，39350 件在获得授权之前被转让，48659 件在获得授权之后被转让。在被许可的 20039 件专利申请中，1408 件在获得授权之前被许可，18631 件在获得授权之后被许可。表 3—11 列出了学术机构、公司和个人的发明专利申请运用率。不难发现，学术机构申请的发明专利，转让率和质押率明显低于公司和个人，究其原因在于，中国学术机构申请专利的动因主要在于追求学术评价，而较少考虑其应用价值。虽然发明专利的运用率总体较低，但呈逐年上升趋势（见图 3—9），表明中国发明专利的商业价值愈来愈大。以发明专利转让率为例，已由 1990 年的 0.33% 稳步上升到 2003 年的 10.78%，每年平均上升 0.8 个百分点。转让率从 2004 年之后的逐步下降，是因为本书的数据截止日期是 2011 年年底，申请日期越靠近 2011 年的专利，越"来不及"被转让，故呈现出转让率下降的趋势。具体而言，在申请后 1 年内被转让的发明专利申请仅占 3.04%，转让最多发生在申请后的第 2—4 年；平均而言，对于被转让的发明专利申请，转让发生在提出申请后的 4.04 年（见表 3—12）。

表 3—11　中国不同类型申请人的发明专利运用率

	申请件数	转让率（%）	许可率（%）	质押率（%）
学术机构	308862	4.3	2.3	0.09
公司	517294	7.31	1.15	0.45
个人	352270	7.64	1.98	0.23

资料来源：笔者根据专利数据库计算而来。

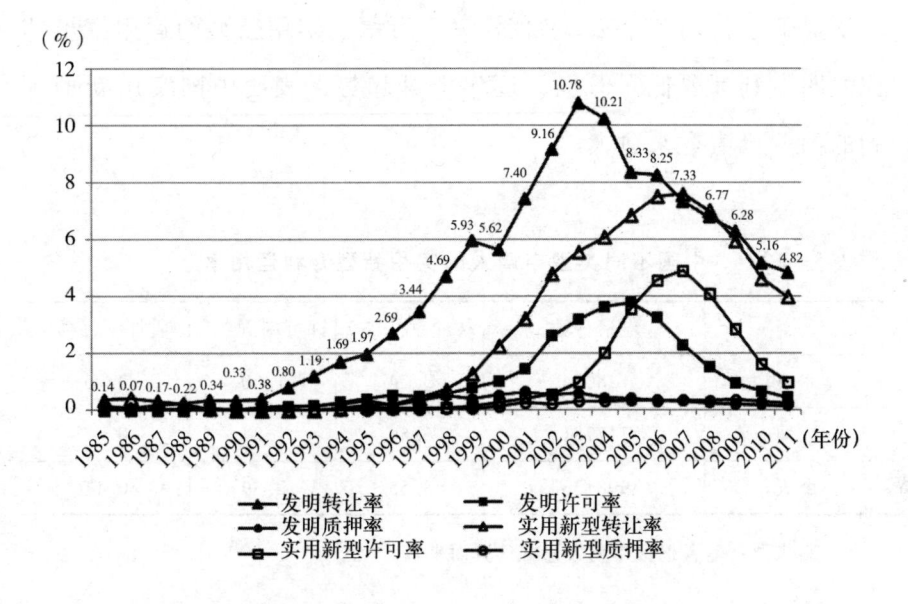

图 3—9　中国专利的转让、许可和质押率

资料来源：笔者根据专利数据库计算而来。

表 3—12　被转让发明专利申请转让之前的寿命（T）分布

寿命（年）	T≤1	1<T≤2	2<T≤3	3<T≤4	4<T≤5	5<T≤6
比例（%）	3.04	9.68	15.6	15.52	13.35	10.56
寿命（年）	6<T≤7	7<T≤8	8<T≤9	9<T≤10	10<T≤21	合计
比例（%）	8.91	6.86	4.75	3.3	8.43	100%

资料来源：笔者根据专利数据库计算而来。

2. 实用新型专利的运用情况

中国 1843988 件实用新型专利申请中，发生过转让、许可和质押的分别有 86440 件、39051 件和 4611 件，转让、许可和质押率分别为 4.69%、2.12% 和 0.25%，总体而言都比较低。表 3—13 列出了学术机构、公司和个人的实用新型专利申请运用率。不难发现，学术机构申请的实用新型专利，转让率、许可率和质押率明显低于公司和个人。如图 3—9 所示，实用新型的运用率虽然比发明专利都要低，但也呈逐年上升趋势，表明中国实用新型专利的商业价值愈来愈大。

表 3—13 中国不同类型申请人的实用新型专利运用率

	申请件数	转让率（%）	许可率（%）	质押率（%）
学术机构	128074	3.34	1.50	0.05
公司	717781	6.51	1.84	0.47
个人	998133	3.55	2.39	0.11

资料来源：笔者根据专利数据库计算而来。

二 中国商标的创造和运用

（一）中国已经成为商标大国

中国居民在中国商标局获得的商标申请数和注册数，自 2001 年以来一直保持全球第一的位置。根据表 3—14，2014 年中国居民在中国商标局的商标申请数为 1997034 件，是处于第二名的美国的 7 倍；注册数是美国的 7.5 倍。中国居民在外国的商标申请数和注册数也逐年稳步增加，国际排名逐步上升（见表 3—15）。2001—2015 年，在外国的商标申请数和注册数的复合增长率分别高达 24.95% 和 25.23%。

表 3—14　中美受理的本国居民商标申请数和注册数

年份	中国申请数	中国申请数排名	中国注册数	中国注册数排名	美国申请数	美国申请数排名	美国注册数	美国注册数排名
2001	229779	1	167564	1	181713	2	94615	2
2002	321037	1	169910	1	181693	2	124016	2
2003	405626	1	206075	1	191905	2	106678	2
2004	527602	1	225401	1	213518	2	92179	2
2005	593385	1	218738	1	224297	2	99394	2
2006	669279	1	228816	1	233357	2	124537	2
2007	604971	1	215179	1	256469	2	138911	2
2008	590542	1	342514	1	246262	2	157771	2
2009	741781	1	737250	1	225043	2	142503	2
2010	973496	1	1211453	1	236862	2	133080	2
2011	1273846	1	926357	1	256839	2	146311	2
2012	1502562	1	919970	1	261958	2	152163	2
2013	1733371	1	909557	1	270225	2	157301	2
2014	1997034	1	1242859	1	283289	2	166233	2

资料来源：世界知识产权组织官网，http://www.wipo.int/ipstats/en/statistics/country_profile/。

注：(1) 中国居民包括港澳台居民；(2) 根据世界知识产权组织网站，中国 2015 年受理本国居民商标申请数为 17 件，有误。因此，本表未包含 2015 年的数据。

表 3—15　　中美居民在外国的商标申请数和注册数

年份	中国申请数	中国申请数排名	中国注册数	中国注册数排名	美国申请数	美国申请数排名	美国注册数	美国注册数排名
2001	8522	18	6350	13	278631	1	89395	2
2002	10613	16	5566	18	248060	1	91,931	2
2003	11556	16	9694	16	269203	1	196503	1
2004	23380	14	16171	14	372230	1	260258	1
2005	36961	11	28870	13	425597	1	400827	1
2006	45003	11	36883	11	457821	1	389935	1
2007	51668	13	43813	11	524154	1	432917	1
2008	53430	12	51391	12	481073	1	478792	1
2009	56891	12	47506	13	415330	2	461696	2
2010	80924	10	71284	11	489347	2	494984	2
2011	98869	10	84480	10	544619	2	476097	2
2012	109980	10	85767	10	566890	2	492156	2
2013	116286	10	109216	10	601304	1	529017	1
2014	149523	8	112286	10	618486	1	539307	1
2015	192690	7	148156	8	638393	1	591907	1

资料来源：世界知识产权组织官网，http://www.wipo.int/ipstats/en/statistics/country_profile/。

外国居民在中国的商标申请数和注册数，也一直高速稳定增长，多年位居世界第一。2001—2014 年，外国居民在中国的商标申请数和注册数，年均复合增长率分别为 10.41% 和 11.49%，而美国相应指标的年均复合增长率分别为 4.23% 和 8.26%，都明显低于中国（见表 3—16）。

表 3—16　　中美受理的外国居民商标申请数和注册数

年份	中国申请数	中国申请数排名	中国注册数	中国注册数排名	美国申请数	美国申请数排名	美国注册数	美国注册数排名
2001	29638	3	25381	3	34598	1	14224	10
2002	43299	1	29366	2	30945	3	22520	4
2003	41015	1	27402	2	29835	3	22514	4
2004	55146	1	32662	1	36848	2	26673	2
2005	64218	1	35519	1	39380	2	32668	2
2006	70062	1	39012	3	42754	2	41106	1
2007	74965	1	33678	2	47033	2	44771	1
2008	76483	1	47744	1	46464	2	37902	2
2009	65125	1	81731	1	40900	2	46416	2
2010	83067	1	122730	1	44599	2	44904	2
2011	112930	1	82641	1	48370	2	47949	2
2012	115866	1	76243	1	51364	2	37376	2
2013	114565	1	77686	1	53113	2	38592	2
2014	107370	1	104385	1	59281	2	39909	2

资料来源：世界知识产权组织官网，http：//www.wipo.int/ipstats/en/statistics/country_profile/。

注：根据世界知识产权组织网站，中国 2015 年受理外国居民商标申请数为 21070 件，有误。因此，本表未包含 2015 年的数据。

（二）中国商标的创造和运用情况

2016 年，中国国家商标局共受理商标注册申请 369.14 万件，完成商标注册 225.49 万件。截至 2016 年年底，商标累计申请量 2209.41 万件，累计注册量 1450.88 万件，商标有效注册量 1237.64 万件。国内申请人提交马德里商标国际注册申请 3014 件

(一件商标到多个国家申请),在马德里联盟中排名第五位,累计有效注册量达 22270 件。外国申请人指定中国的马德里商标国际注册申请 21238 件,连续 12 年位居马德里联盟第一位,累计有效注册申请量达 23.6 万件。

中国商标大国的地位是《商标法》(1982 年)实施以来逐步奠定的。由图 3—10 可知,中国商标注册申请自 2000 年后进入高速增长模式:1982—2000 年,商标注册申请年均复合增长率仅为 12.98%;2000—2016 年,这一指标且高达 20.44%。2000 年后进入高速增长模式的主要原因在于,中国 2001 年加入 WTO,《与贸易相关的知识产权协议》开始生效,中国居民申请注册商标的意识增强。

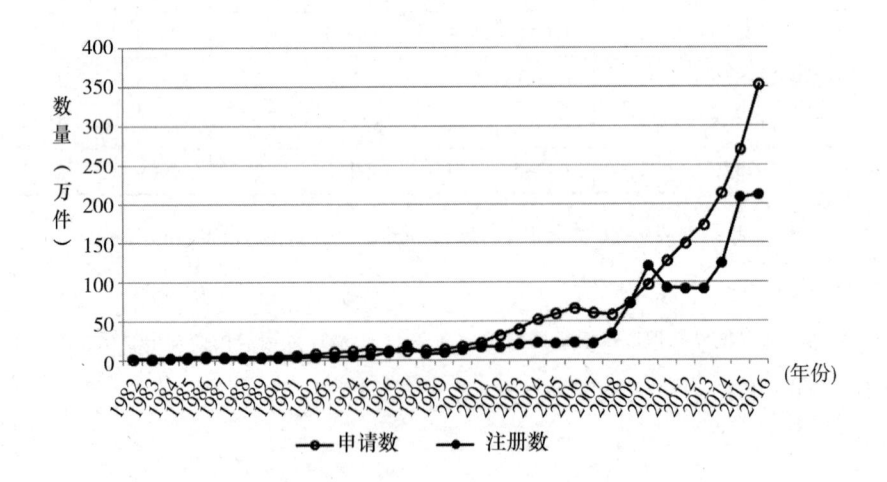

图 3—10 中国居民到中国国家商标局的商标申请数和注册数

资料来源:1982—2015 年数据来自中国国家商标局历年《中国商标战略年度发展报告(2015)》,2016 年数据来自《2016 年度各省商标申请与注册统计》。

三 中国著作权、植物新品种的创造和运用

(一) 著作权数高速增长

2016年，中国著作权登记总量达200.76万件①，其中作品登记159.96万件，计算机软件著作权登记约40.8万件。2000年以来，中国作品登记数已由3200件增加到2016年的159.96万件，每年平均复合增长率高达47.54%②。计算机软件著作权登记数，

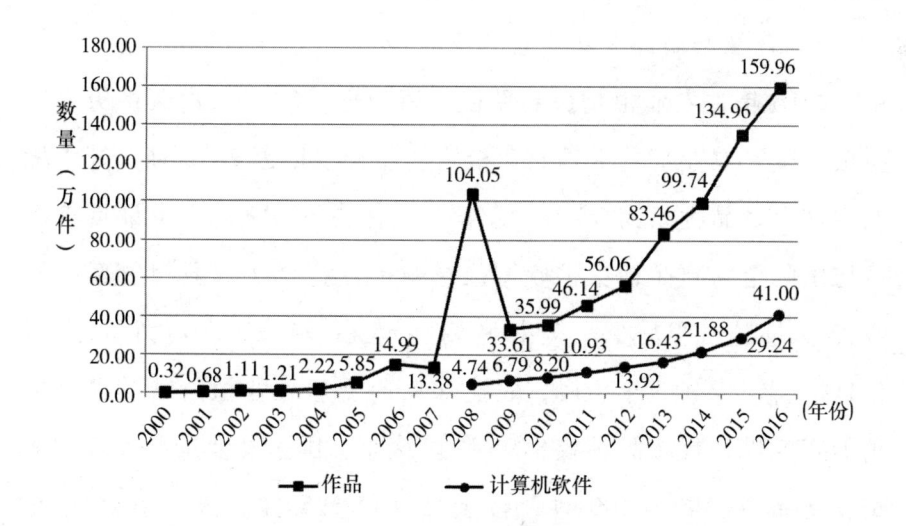

图3—11 中国作品和计算机软件著作权登记数

资料来源：(1) 作品登记数据来自历年《全国版权统计》。国家版权局网站最早的版权统计是2000年。(2) 计算机软件著作权登记数来自中国历年知识产权白皮书《中国知识产权保护状况》。2008年之前的白皮书不包含计算机软件著作权登记数据。

---

① 此段数据，除非特别注明，否则都来自国家知识产权局发布历年知识产权保护白皮书《中国知识产权保护状况》。

② 作品登记数在2008年"异常高"，原因在于北京、河南和四川进行了漏登补等工作。北京、河南和四川的登记数分别由2007年的110573件、710件和700件，增加为2008年的1004877件、8333件和3101件，分别增加了8.09倍、10.74倍和3.43倍。

由 2008 年的 4.74 万件增加到 2016 年的 40.8 万件，每年平均复合增长率高达 30.96%。

根据《著作权法》，著作权的运用包括转让、许可和质押，其中质押权是在 2010 年修正该法时增加的①。根据知识产权保护白皮书提供的数据，2013—2016 年中国著作权质权登记数分别为 244 件、496 件、606 件和 327 件，其中 2014 年、2015 年和 2016 年质权登记涉及的主债务分别达 26.25 亿元、28.73 亿元和 33.76 亿元。

（二）植物新品种权申请稳步增加

2016 年，农业植物新品种权申请受理量和授权量取得历史性突破。国家农业部共受理农业植物新品种权申请 2523 件，其中境内主体申请品种权占 94.0%，境外主体占 6.0%；年申请量首次位居国际植物新品种保护联盟成员第一位；全年农业植物新品种权授权量达 1937 件，其中境内主体占 94.9%，境外主体占 5.1%。截至 2016 年年底，农业部累计受理农业植物新品种权申请 18075 件，授予品种权 8195 件。该年，国家林业局共受理林业植物新品种权申请 400 件，授予品种权 195 件。截至 2016 年年底，累计受理林业植物新品种权申请 2188 件，授予品种权 1198 件。中国林业植物新品种申请数自 2008 年以来逐年稳步增加，年均复合增长率为 14.27%。同期林业植物新品种权也在增加，但增速低于农业植物新品种数（见图 3—12）。

---

① 修正后的《著作权法》第二十六条规定："以著作权出质的，由出质人和质权人向国务院著作权行政管理部门办理出质登记。"

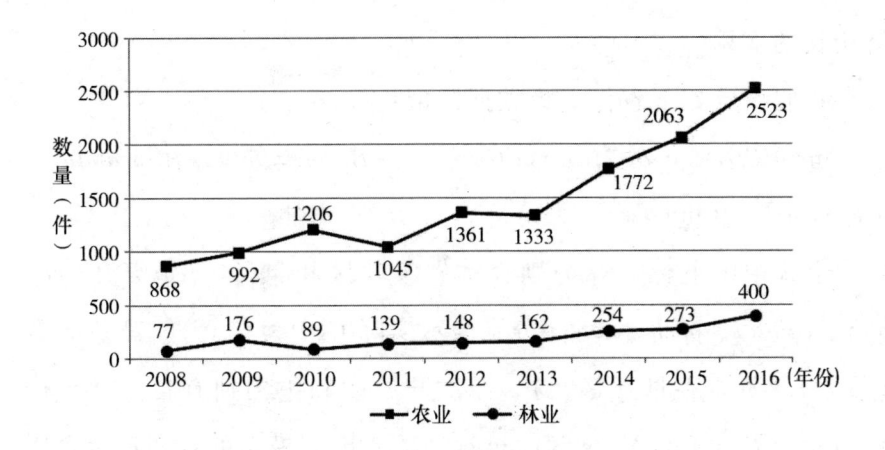

图 3—12 中国农业和林业植物新品种权申请数

资料来源：中国历年知识产权白皮书《中国知识产权保护状况》。

第三节 知识产权对中国经济增长的作用评估

改革开放以来，中国经历了 30 多年的高速持续经济增长。现代经济增长理论认为，技术进步是经济增长的源泉，而自主创新是一国技术进步最根本和最可靠的动力。创新的度量指标有专利、研发投入、新产品的销售额等。经济合作与发展组织和欧盟统计署认为，专利数据"作为创新活动的一种中间产出指标，能提供有关企业创新能力的信息。如果一家企业已经申请了专利，那么就可以认为它有能力开发世界上新的创新"。因此，专利比其他指标更能度量自主创新。相比而言，其他创新度量指标尽管也反映了企业的创新活动，但不像专利那样能直接测度自主创新能力。例如，研发投入是形成自主创新能力的前提条件，但研发可能失败，有投入不一定能形成自主创新成果。因此，本节选用知识产权中的专利作为技术进步的代表，评估知识产权对中国经济增长的作用。

我们设定如下省份面板数据模型：

$$\ln realGDP_{i,t} = \alpha + \beta_1 \ln realGDP_{i,t-1} + \beta_2 \ln employ_{i,t} + \beta_3 \ln capital_{i,t} + \beta_4 open_{i,t} + \beta_5 \ln patent_{i,t} + \varepsilon_{i,t}$$

上式中，下标 i、t 分别表示省级政区和年份，$realGDP$、$employ$、$capital$、$open$、$patent$ 分别表示实际 GDP（亿元）、就业人数（万人）、资本存量（亿元）、经济开放度和中国拥有自主知识产权的专利数量（件），ε 为随机扰动项。因为模型的自变量包含因变量的滞后值，是动态面板数据模型，我们用差分广义矩估计（差分 GMM）估计上式。

一 变量定义和数据来源

实际 GDP 以 1952 年为基期。资本存量以 1952 年为基期，根据单豪杰《中国资本存量 K 的再估算：1952—2006 年》一文的方法计算而得。经济开放度等于进出口总额与名义 GDP 之比。实际 GDP、名义 GDP、进出口总额的数据均来自国家统计局的国家数据库。就业人数来自中国历年区域经济统计年鉴。专利数量由笔者根据中国专利数据库计算而得。由于外观设计专利的技术含量低，我们只使用发明专利和实用新型专利。中国区域经济统计年鉴从 2012 年开始不再公布各省的就业总人数数据，导致就业总人数数据只到 2010 年，故样本数据终于 2010 年。由于海南省 1984 年成立省级行政机关、统计数据始于 1987 年，故样本数据始于 1987 年。重庆市 1997 年从隶属于四川省的地级市变为直辖市，故样本不包含四川省和重庆市。最终，得到中国大陆 29 个省级行政区 1987—2010 年的面板数据。变量描述统计如表 3—17 所示。

表 3—17　　　　　　变量描述统计（N = 696）

变量名	均值	标准差	最小值	最大值
实际 GDP 指数（亿元）	4804.175	4665.743	198.600	36961.617
就业人数（万人）	1978.437	1386.170	107.240	6041.600
资本存量（亿元）	2200.191	3329.333	16.930	22907.699
经济开放度	0.281	0.378	0.027	2.203
累计专利申请数（件）	24890.953	44758.449	1	393800
累计发明专利申请数（件）	8131.800	18740.713	0	171018
累计实用新型专利申请数（件）	16759.152	27290.345	0	222782
累计专利授权数（件）	20644.836	36306.875	0	316792
累计发明专利授权数（件）	3889.539	10091.276	0	94083
累计实用新型专利授权数（件）	16755.297	27287.528	0	222770

二　回归结果

在表3—18模型（1）中，各个自变量都显著。平均而言，就业人数、资本存量和专利申请数增加1%，分别会带来0.085% [= ($e^{0.082}$ - 1)%]、0.423% [= ($e^{0.353}$ - 1)%] 和 0.065% [= ($e^{0.063}$ - 1)%] 的经济增长。显而易见，虽然知识产权对中国经济增长确实有促进作用，但其作用大小远低于资本。资本对经济增长的贡献约为6.5倍，体现了中国1987—2010年经济增长的粗放型特征。比较模型（2）和模型（3）可知，发明专利对经济增长的贡献为0.084% [= ($e^{0.081}$ - 1)%]，要大于实用新型专利的0.055%。模型（4）—模型（6）的结果表明，当我们把专利申请数换成专利授权数后，前述结论依然成立。

表 3—18　　　　　　　　回归结果

变量	（1）总申请	（2）发明专利申请	（3）实用新型申请	（4）总授权	（5）发明专利授权	（6）实用新型授权
对数实际GDP滞后一期值	0.488*** (0.014)	0.482*** (0.017)	0.491*** (0.014)	0.484*** (0.012)	0.474*** (0.017)	0.491*** (0.014)
对数就业人数	0.082*** (0.008)	0.017 (0.014)	0.114*** (0.011)	0.090*** (0.008)	0.043*** (0.014)	0.114*** (0.011)
对数资本存量	0.353*** (0.009)	0.327*** (0.010)	0.362*** (0.012)	0.356*** (0.009)	0.285*** (0.012)	0.362*** (0.012)
对外开放程度	0.063*** (0.008)	0.053*** (0.005)	0.067*** (0.009)	0.064*** (0.009)	0.065*** (0.008)	0.067*** (0.009)
对数专利申请数	0.063*** (0.003)					
对数发明专利申请数		0.081*** (0.006)				
对数实用新型专利申请数			0.054*** (0.003)			
对数专利授权数				0.063*** (0.003)		
对数发明专利授权数					0.104*** (0.007)	

续表

变量	（1）总申请	（2）发明专利申请	（3）实用新型申请	（4）总授权	（5）发明专利授权	（6）实用新型授权
对数实用新型						0.054***
专利授权数						(0.003)
截距项	0.622***	1.268***	0.400***	0.576***	1.336***	0.400***
	(0.064)	(0.123)	(0.081)	(0.070)	(0.080)	(0.081)
观测值个数	638	638	638	638	638	638
面板单元个数	29	29	29	29	29	29

注：（1）总申请为发明专利申请数和实用新型专利申请数之和，总授权为发明专利授权数和实用新型专利授权数之和；（2）括号内为稳健标准误；（3）*、**、***分别表示在10%、5%和1%的水平上显著。

总之，基于计量经济学模型发现，知识产权（以专利为代表）对中国经济增长有显著的促进作用，但是其促进作用远远小于投资。这与中国过去经济增长的粗放型特征是一致的。

第四节　知识产权与中国经济转型升级面临的挑战

一　中国经济转型升级的必要性和紧迫性

（一）粗放式经济增长已经触及资源瓶颈

中国过去的高速经济增长是粗放式的，依靠劳动、土地等资源的高投入，已经触及资源瓶颈。改革开放初期，中国起点低，劳动力成本低廉，土地供应充足，凭借全球产业结构布局调整的契机，劳动密集型和资源密集型的出口加工产业（如纺织、电子电气等）迅速成长。"为增长而竞争"的各地地方政府通常靠扭曲资源价格（以低价甚至免费供应土地为主）的优惠条件招商引资，导致中国经济增长"高消耗、高排放"的特征。如图3—13所示，中国单位GDP的能源使用量虽然保持着下降的趋势，但一直高于中低等收入国家和中等收入国家的平均水平。自2007年十七大提出"加快转变经济发展方式、推动产业结构优化升级"以来，中国单位GDP的能耗低于"金砖五国"的南非和俄罗斯，但仍然明显高于巴西和印度。就单位GDP的二氧化碳排放量而言，中国仅在1997年亚洲金融危机后的5年里低于俄罗斯，其他年份都高于"金砖五国"（见图3—14）。

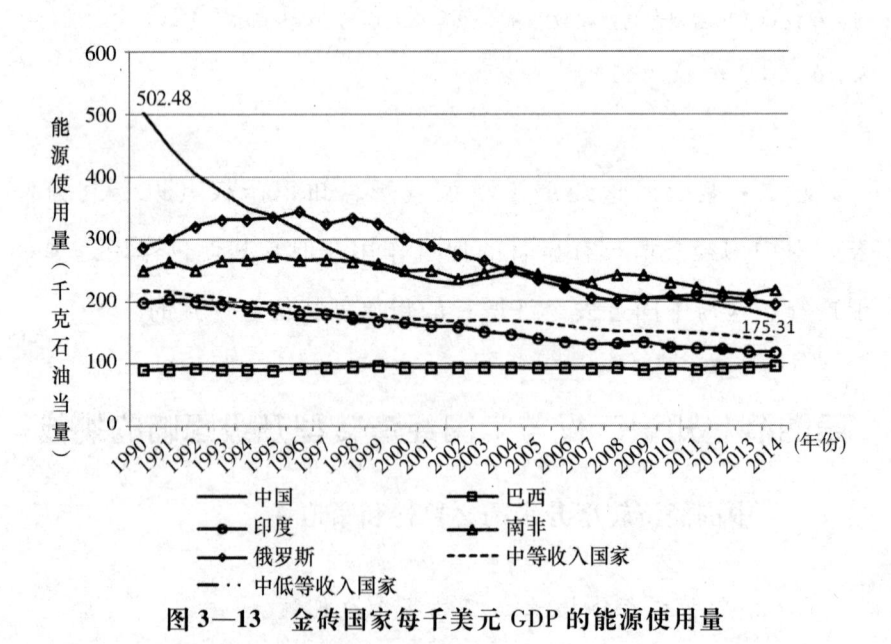

图3—13 金砖国家每千美元GDP的能源使用量

资料来源：世界银行发展指标数据库。

注：GDP按2011年不变价购买力平价法计算。

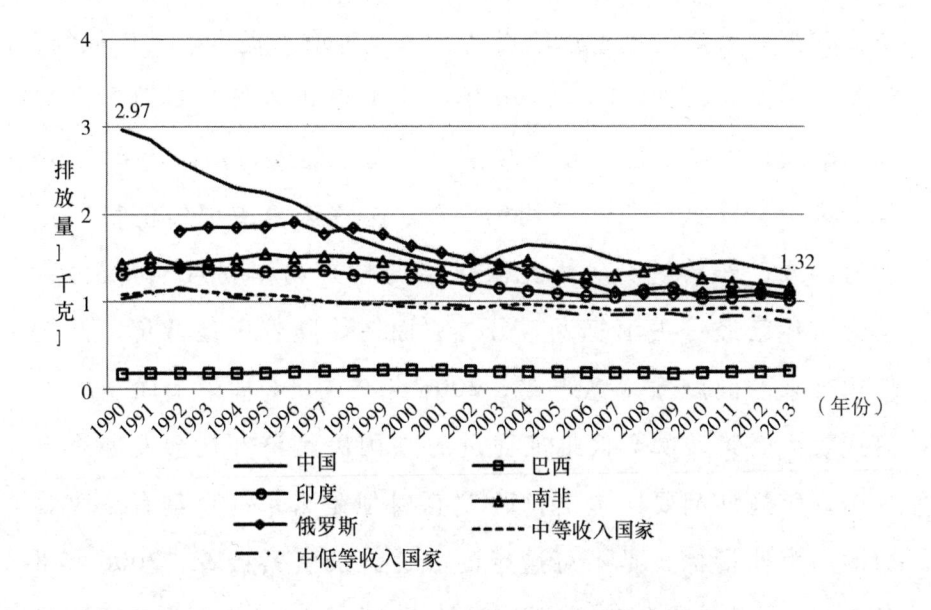

图 3—14　金砖国家每千美元 GDP 的二氧化碳排放量

资料来源：世界银行发展指标数据库。

注：GDP 按 2010 年美元计算。

2004 年之后东南沿海地区频频出现的"用工荒"现象和"18 亿亩耕地红线不可逾越"目标的提出，表明依靠资源高投入的增长方式已经难以为继。2004 年前后，中国东南沿海的福建、浙江等地开始出现"用工荒"现象。2004 年春节过后，福建省晋江市大部分企业出现了工人尤其是技术工人的严重短缺现象。浙江的杭州、宁波、温州、绍兴等城市也出现了类似现象。这种现象表面上看是中国沿海地区企业提供的工资过低，吸引不到农业剩余劳动力，但深层次原因是中国长期人口结构的变化。根据中国社会科学院副院长蔡昉的研究，在中国改革开放 30 多年的经济高速增长期间，中国整体上具有劳动力无限供给的特征，即作为以往婴儿潮的回声，劳动年龄人口高速增长，其占总人口的比重迅速提高，为经济增长提供了人口红利；但是，中国人口在 20 世纪 90 年代后期已进入低生育阶段，劳动年龄人口的增长已经显著减慢，劳动年龄人口增长率自 2000 年后进一步降低，每年平均约 1%。这意味着中国经济目前正在跨越或已经跨过劳动力无限供给的"刘易斯拐点"，廉价劳动力时代已经一去不复返。另一方面，伴随着土地低价、低效使用带来的问题愈来愈严重，2006 年 3 月 14 日第十届全国人民代表大会第四次会议批准通过的《国民经济和社会发展第十一个五年规划纲要》提出，18 亿亩耕地是未来一个具有法律效力的约束性指标，是不可逾越的一道红线。紧接着，2006 年 8 月 31 日，国务院发布《国务院关于加强土地调控有关问题的通知》，规定工业用地也必须采用招标、拍卖、挂牌方式出让，禁止协议低价出让。

（二）粗放式增长带来的环境污染，已经触及国民容忍度的底线

中国在取得全球瞩目的经济增长成就的同时，环境污染也日益严重。进入 21 世纪以来，国家加大了环境污染治理投资。2002 年，十六大报告将生态环境得到改善列为全面建设小康社会的重要目标之一。除了 2011 年和 2015 年外，中国环境污染治理投资每年增长率都超过 6%；2000—2015 年，投资额年平均复合增长率为 15.5%，远远高于 GDP 增长率（见表 3—19）。"节能减排"很早之前就已经成为各级政府工作考核指标的重要指标之一。但是，中国环境污染的势头并未见明显好转，废水排放量每年仍然在增加（见表 3—20）。根据《2015 年中国环境状况公报》，全国地级及以上城市中，环境空气质量达标城市数所占比率在 2010 年

时为81.7%，在2015年时降为21.6%，空气污染愈来愈严重；在全国上千个地下水水质监测点中，极差级、较差级、较好级、良好级和优良级的监测点比例在2010年分别为16.8%、40.4%、5.0%、27.6%和10.2%，差级所占比例合计高达61.3%，在2015年时分别为18.8%、42.5%、4.6%、25.0%和9.1%，地下水污染程度愈来愈严重。

表3—19　　　　中国环境污染治理投资额度和增长率

年份	2000	2001	2002	2003	2004	2005	2006	2007
投资额（亿元）	1014.9	1106.7	1367.2	1627.7	1909.8	2388.0	2566.0	3387.3
增长率（%）	—	9.0	23.5	19.1	17.3	25.0	7.5	32.0
年份	2008	2009	2010	2011	2012	2013	2014	2015
投资额（亿元）	4937.0	5258.4	7612.2	7114.0	8253.5	9037.2	9575.5	8806.3
增长率（%）	45.8	6.5	44.8	-6.5	16.0	9.5	6.0	-8.0

资料来源：中国国家统计局国家数据库。

表3—20　　　废水、化学需要量和氨氮排放量的增长率　　　（%）

年份	2005	2006	2007	2008	2009	2010	2011	2012	2013	2014	2015
废水	8.73	-1.91	8.24	2.66	3.04	4.78	6.79	3.88	1.56	2.98	2.67
化学需氧量	5.60	0.99	-3.25	-4.42	-3.27	-3.08	101.91	-3.03	-2.94	-2.47	-3.10
氨氮	12.61	-5.64	-6.36	-4.06	-3.43	-1.89	116.51	-2.63	-3.13	-2.90	-3.61

资料来源：中国国家统计局国家数据库。

随着生活水平的提高，国民对生活环境的要求越来越高，通过各种途径表达对"青山绿水蓝天"的诉求。环境质量状况成为各大中城市居民关注的重要政治议题。全国性雾霾天气覆盖的范围越来越广，持续的时间越来越长；"APEC 蓝"和"两会蓝"成为北京居民流行的口头禅；各种环境污染事件经常占据新闻媒体的头条。2016 年 12 月 19 日，上海新金融研究院某研究员当晚 7 点乘坐航班去北京，准备参加 20 日由清华大学恒隆房地产研究中心举办的"雾霾经济学"研讨会。然而，飞机当晚 10 点到北京后，因为空气处于重污染红色预警状态不能落地，不得不备降呼和浩特。由于当晚和 20 日从呼和浩特到北京的火车票和飞机票都告罄，该研究员 20 日只能飞回上海，无奈错过 20 日下午的研讨会发言。这一事件引起全国媒体的广泛报道。为了限制空气污染，全国实行常态化汽车限行政策的城市由最初的北京一个，增加到 2016 年的上海、天津、杭州、贵阳等 10 多个，严重影响市民对汽车的使用权。一些大型工程建设项目，甚至因为居民反对而停建或改建，如厦门市 PX 项目和京沈高铁项目。厦门市 PX 项目是 2006 年厦门市引进的一项对二甲苯化工项目，2005 年 7 月通过国家环保总局的环评报告审查，2006 年 7 月获得国家发改委核准，2006 年 11 月正式开工。然而，由于后来遭到百名政协委员联名反对和市民集体抵制，该项目不得不迁址漳州市。京沈高铁 2009 年 2 月获得国家发改委批准。但是，京沈高铁经过的北京市区沿线多个小区居民担心高铁带来的噪音、震动和电磁辐射影响居民健康和居住质量，采取各种集体行动，希望京沈高铁改道。最终，京沈高铁不得不把始发站从北京二环线内的北京站改为北京四环线外的星火站,并对星火站至北京五环路段工程采取无缝铁路和有砟轨道技术,设立框架式及直立式声屏障等措施,于2013年12月从国家环保部得到其环评报告的批复。

(三) 可供模仿的国际先进技术越来越少

中国过去促进经济增长的技术进步,主要靠引进和模仿国际先进技术,自有技术少。但是,经过多年的引进、消化和吸收,中国离国际技术前沿的距离越来越近,可供中国吸收、模仿的国际先进技术越来越少。根据《中国科技统计年鉴》提供的数据,2015年,中国签订技术引进合同7676项,合同金额共281.54亿美元,按当年1美元兑6.2284元人民币的汇率合计1753.5亿元人民币。引进合同总金额超过10亿美元的分别是广东、江苏、上海、北京、天津、湖北和重庆,分别为79.02亿、53.27亿、37.47亿、27.23亿、11.50亿、11.30亿和10.19亿美元。不难发现,引进技术多的都是经济发达省份。美国是中国引进技术来源最多的国家,合同金额高达93.9亿美元,占中国技术引进合同总金额的1/3;排在其后的金额超过10亿美元的国家为新加坡、德国、泰国,合同金额分别为53.81亿、36.14亿和27.45亿美元。虽然中国2015年技术引进的合同金额仍然很大,但是最近3年却呈不断递减的趋势:在2013—2015年分别为433.64亿、310.85亿和281.54亿美元。在由世界知识产权组织、康奈尔大学和欧洲工商管理学院于2007年开始共同发布的全球创新指数(Global Innovation Index, GII)排名中,中国最近3年都位居前30名且逐步提升,2016年排名第25位,位居中高收入国家组别第一名。其中,在制度、人力资本和研究、基础设施、市场成熟度、商业成熟度、知识和技术产出及创意产出七个子指标中,知识和技术产出、商业成熟度两个排名分别高居第 6 位和第 7 位（见表 3—21）。

表 3—21　　　　　　　中国在全球创新指数中的排名

年份	2007	2008	2009	2010	2011	2012	2013	2014	2015	2016
排名	29	37	43	43	29	34	35	29	29	25

资料来源：历年 *Global Innovation Index Report*。

一些在某些技术领域仍处于先进地位的发达国家，给发展中国家吸收先进技术设置越来越高的障碍，使得中国引进先进技术越来越难。许多发展中国家长期以来都抱怨，通过市场完成的国际技术扩散低于最优水平。就中国而言，随着中国经济实力不断发展壮大，给全球政治经济格局带来巨大冲击，发达国家设置更高障碍以防止先进技术流入中国。例如，美国一直限制无线、芯片、软件、安全、雷达等高新技术出口到中国，对相关产品在华投资生产、销售、研发等方面也提出了具体实施要求。尽管中方在历次中美贸易谈判中都把逐步取消相关产品出口限制列为重要议题，但见效甚微。

二　知识产权与中国经济转型升级

中国经济转型升级的战略任务已经十分紧迫。促进经济转型升级，就要发挥创新在经济中的引领作用，开展创新型国家建设。《发展经济学手册》第二卷指出，一个能长期稳定增长的经济体必须足够灵活，具有多样化的生产结构，以能应对各种冲击和创造经济增长的机会。只有创新能力强的经济体才能足够灵活和具有多样化的生产结构。美国经济之所以能保持着独一无二的强大和灵活，就是因为美国是世界上独一无二的知识和技术创新中心。相反，如果一个经济体依赖于引进和模仿国外先进技术，那么由于该经济体的企业很容易就下一个有前景的产业是谁达成共识，大家会蜂拥而至投资于该有前景的产业，结果长期来看，该经济体就会出现企业投资一波又一波涌向某有前景的产业。在每一波开始出现时，每个企业对其投资都有很高的回报预期，金融机构在"羊群行为"的影响下也乐意给予这些项目融资。然而，等到所有企业的投资完成后，不可避免地就出现了产能过剩、大量企业亏损破产和银行呆坏账急剧增加的严重后果。中国著名经济学家林毅夫教授把这个现象称为发展中国家独有的"潮涌现象"。改革开放以来，中国宏观经济1992—1993年、2003—2004年的"过热"，是"潮涌现象"的具体体现。

建设创新型国家，首先需要培养和增强自主知识产权的创造能力，在关键领域和若干科技发展前沿拥有一批自主知识产权。因此，拥有自主知识产权是中国实现经济转型升级的必要条件。

第五节 中国知识产权创造、运用、保护和管理中存在的主要问题

一 中国知识产权创造中存在的主要问题

中国知识产权中存在的问题，主要体现在专利这种知识产权上。中国专利创造存在的主要问题是，中国专利的市场价值不

高。专利诉讼赔偿额能够在很大程度上反映出专利的市场价值。根据毕马威公司的研究报告（Price Water House Coopers，2014），2010—2013年美国专利侵权诉讼案件的平均赔偿金额为430万美元，按同期汇率约合2766.41万人民币。而根据中央财经大学尹志锋教授的计算，中国同期专利侵权诉讼案件的平均赔偿金额为2.94万元，约为美国的1/941，差距巨大。

中国专利市场价值不大，与企业在中国专利活动中不占据主体地位有关。中国企业在发明和实用新型专利申请数中的占比分别为43.90%和38.93%，远远低于发达国家80%的一般水平（见表3—9）。企业在中国专利活动中不占据主体地位，直接拉低了中国专利的总体市场价值。

相对于个人和科研机构，企业专利的市场价值更大，主要原因有两点：首先，企业的研发经费要比个人充足，产出的专利技术质量更高。根据《2015年中国专利调查数据报告》，每个研发项目平均投入不超过10万元的企业占比为21.7%，而个人的这个比例高达66.9%。其次，企业的专利活动以利润最大化目标为导向，重视专利的应用性和市场价值。如图3—15和图3—16所示，在企业专利权人中，认为自己"技术创新成果与市场需求脱节，无法找到销路"的比例为22.6%，而个人专利权人的这个比例高达34.90%。正因如此，个人和科研机构申请的专利很多没有实施价值，难以被转让、许可或质押。根据《2015年中国专利调查数据报告》，中国企业有效专利的实施率为68.6%，远远高于高校（9.9%）、科研单位（41.6%）和个人（40.0%）。企业申请专利的转让、许可或质押率高于个人和科研机构的数据。

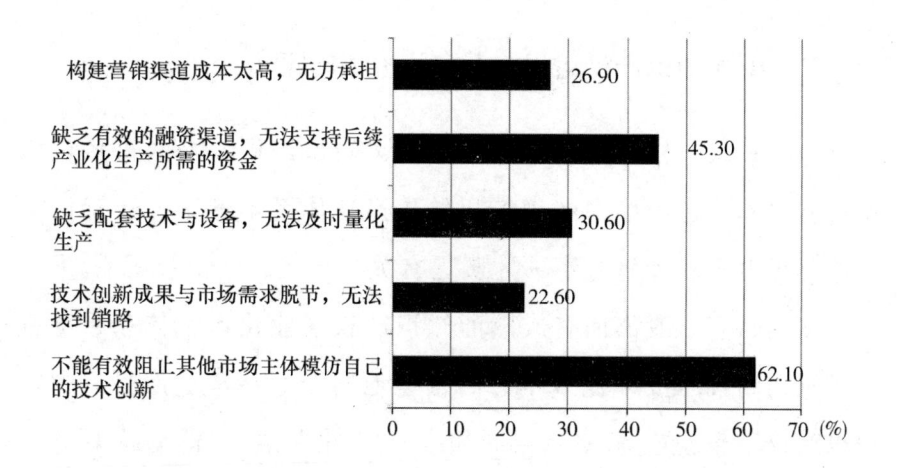

第三章 当前中国知识产权管理现状与面临的主要矛盾　　163

阻碍原因	百分比
构建营销渠道成本太高，无力承担	26.90
缺乏有效的融资渠道，无法支持后续产业化生产所需的资金	45.30
缺乏配套技术与设备，无法及时量化生产	30.60
技术创新成果与市场需求脱节，无法找到销路	22.60
不能有效阻止其他市场主体模仿自己的技术创新	62.10

图 3—15　阻碍企业从技术创新活动中获得收益的原因

资料来源：转引自《2015 年中国专利调查数据报告》，第 16 页。

注：样本为 7483 家企业。由于答案可多选，各项百分比之和超过 100%。

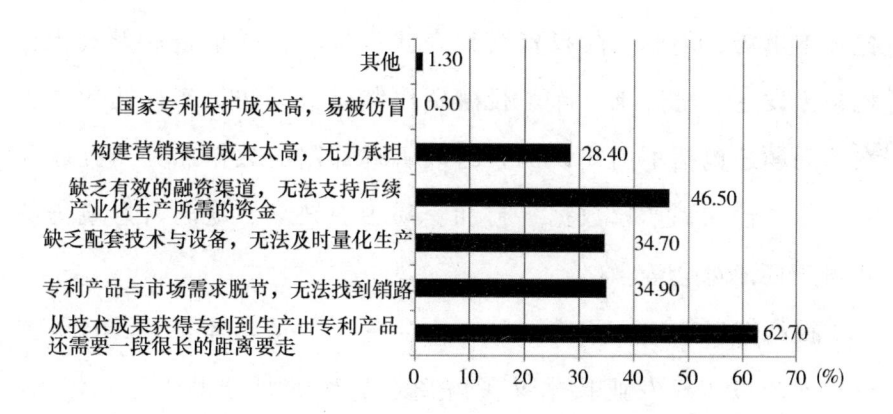

阻碍原因	百分比
其他	1.30
国家专利保护成本高，易被仿冒	0.30
构建营销渠道成本太高，无力承担	28.40
缺乏有效的融资渠道，无法支持后续产业化生产所需的资金	46.50
缺乏配套技术与设备，无法及时量化生产	34.70
专利产品与市场需求脱节，无法找到销路	34.90
从技术成果获得专利到生产出专利产品还需要一段很长的距离要走	62.70

图 3—16　阻碍个人从技术创新活动中获得收益的原因

资料来源：转引自《2015 年中国专利调查数据报告》，第 17 页。

注：样本为 541 个自然人。由于答案可多选，各项百分比之和超过 100%。

二 中国知识产权运用中存在的主要问题

中国知识产权运用效率低，除了与知识产权本身的市场价值不高有关外，还与中国知识产权转化运营体系不健全、运营机构专业化程度不高和复合型人才匮乏有关。

发达国家一般都拥有成熟的知识产权产业化运营体系，可将科研机构的技术成果低成本、高效率地向企业转移。但是，中国知识产权"创造、流通、投融资、产业化"各环节流通渠道不畅、机制不完善。就投融资体制而言，美国对应企业创业、起步期、成长、扩张和成熟期，具有天使投资、创业投资、资本市场、银行贷款等投融资渠道；日本和韩国推进知识产权产业化的银行融资体系很健全。但是，中国目前还没有形成种子资金和天使资本市场，创业风险投资尚处在起步阶段，中小企业融资担保机构不发达、融资难。除了投融资体制，中国知识产权运用中存在的问题还包括不同知识产权行政管理部门的数据库并未互联互通、全国性知识产权数据平台和交易中心缺乏、缺乏有影响力的知识产权博览会等。

提高知识产权运用率，除了需要健全的运营体系外，还需要既精通知识产权专业技术又了解商业运作的复合型人才。但是，中国目前尚未设立旨在提高经营管理者知识产权运营能力的大学专业、课程体系和培训体系，知识产权产业化专门人才匮乏。

三 中国知识产权保护中存在的主要问题

（一）最优保护程度不明确，保护程度自动调整机制缺乏

知识产权保护的目的有两个：一是通过为知识产权提供保护，

激励创作人创造更多、更好的知识产权；二是鼓励技术信息公开，从而促进社会技术知识传播，减少创新活动中的重复投资，为后续研发提供更好的技术平台。保护程度过高，则不利于社会技术知识传播；保护程度过低，则不利于新的知识产权的创造。因此，任何一个国家都应基于自身经济社会和技术发展水平，选择最优的保护水平。

现在对知识产权进行强保护的发达国家，历史上也是根据其经济社会和技术发展水平，选择最优的保护水平。自威尼斯王国1474年颁布世界上第一部《专利法》后，英国、荷兰、德国和美国在专利制度建设上都出现过反复的经历。尤其是1850—1875年，欧洲大陆出现了关于专利保护制度存废之争的高潮。这场争论的导火索是1827年前后英国的专利法改革。由于之前专利申请费用过高、程序过于烦琐、专利说明书不规范、专利诉讼结果具有很大的不确定性等，英国部分商人在18世纪末19世纪初发起了专利改革的请愿。在这些商人的努力下，英国议会于1852年颁布了《专利修改条例》，大大简化了专利申请程序。然而，这一改革激化了其他商人，特别是制糖业商人对专利制度的怨恨。当时，英国本土的制糖业商人需要支付大量的专利使用费，而英国本土之外的殖民地并没有实行专利保护，无须支付专利使用费，这导致英国本土的制糖业商人缺乏竞争力。因此，制糖业商人组织起来，呼吁取消专利制度。他们的呼吁得到了部分经济学家、商务部官员、发明家、国会议员和其他制造业商人的响应。为此，英国国会调查了专利制度的运行情况。基于调查结果，专利改革草案主张将专利保护期限缩短为7年，对专利申请给予严格审查，对所有专利进行强制许可。此草案获得上议院的通过。德国的专利制度改革也遭到反对。改革者要求加强某些地区的专利保护,同时要求在各地区实行统一的专利保护政策。这引起了自由贸易主义者的强烈反对。经过几年的公开争论,当时的普鲁士政府决定不在北德意志联邦实行专利保护制度。作为当时欧洲唯一没有采用专利保护制度的国家,瑞士于1849年、1851年、1854年和1863年拒绝了采用专利保护制度的请愿。在自由主义思潮更为盛行的荷兰,由于当时针对专利应用条款的改革很难使各方都满意,该国于1869年取消了《专利法》。当然,专利保护制度的支持者进行了反击,展开了声势浩大的舆论宣传。同时,源于1873年的经济危机使得保护主义盛行,自由主义思潮开始式微,专利保护制度支持者受到了很大冲击。最终,德国于1877年实施了统一的专利保护制度,瑞士于1887年实施了《专利法》,荷兰于1910年恢复了《专利法》。

美国政府同样如此。瑞士政府1886年9月9日在伯尔尼开会讨论《伯尔尼公约》时,美国也派代表参加了会议,但因为美国当时的出版业远不如英、法等欧洲国家发达,加入公约对美国不利,所以美国代表便以该公约的许多条款与美国《版权法》相冲突、得不到国会批准为借口,拒绝签字,直到1989年3月1日才加入伯尔尼联盟。

但是,中国目前的实际情况是,在具体如何保护上花了不少工夫,但有关最优保护水平的讨论却不多,更别说根据中国自主创新能力的提升调整知识产权保护水平。有不少学者从不同视角、用不同方法讨论了知识产权保护水平对发展中国家自主创新和经济增长的影响,但研究创新型国家建设不同阶段最优知识产权保护水平演变规律的仅有陈凤仙[①]。基于构建的双寡头模型，将创新型国家建设分为初级阶段、"创新陷阱"阶段、由初级到高级的过渡阶段和高级阶段，发现为了最大化社会总福利，在不同阶段应选择不同的知识产权保护水平。使用面板数据方法发现，1995—2008年中国已经进入创新型国家建设的过渡阶段，故知识产权保护水平需要由低水平区间升至较高水平区间。由于2007年十七大后国家推进创新型国家建设的力度更大，可以预期，中国现在很可能已经进入创新型国家建设的高级阶段，知识产权保护水平更应提高。有了知识产权最优保护水平的理论，中国就不应像以往那样迫于国际社会的压力被动调整知识产权保护水平，而是要基于中国技术水平提升的现实"主动出击"。

（二）知识产权保护执法和立法间差距大

中国知识产权保护在立法层面已经完全与国际接轨，但执法和立法间的差距巨大，导致实际的知识产权保护水平低。如表3—22所示，中国加入WTO以来，专利侵权纠纷案件越来越多，但执法力度在2002—2013年逐渐下降，下降趋势直到2014年才扭转。现实中，知识产权官司耗时极长[②]，导致很多专利权人在遇到侵权行为时都不愿运用法律武器来维权。"重立法、轻执法"

[①] 陈凤仙：《从模仿到创新——中国创新型国家建设中的最优知识产权保护》，《财贸经济》2015年第1期。

[②] 首先，按照《专利法》规定，法院为专利侵权立案必须先取证，而取证过程一般都很难，仅这个环节就要花掉大量的时间和精力。其次，在诉讼中，被告方一般都会提出原告的专利权无效宣告请求，此时法院会暂停诉讼程序，等待国家知识产权局专利复审委员会做出专利是否有效的决定后，再继续诉讼程序。通常，被告方会多次提出这样的无效申请，耗时超过几年。

的结果是,大多数专利权人认为当前的专利保护水平过低,需要强化。根据《2015年中国专利调查数据报告》,仅有1.3%的专利权人认为"需要适当地降低"知识产权保护水平,认为"现今水平比较适当"的仅占7.2%,认为"需要逐步强化"和"需要大幅强化"知识产权保护水平的分别为67.0%和24.4%。

表3—22　中国行政部门的专利侵权纠纷立案数和结案数

年份	侵权纠纷累计立案数(件)	侵权纠纷累计结案数(件)	执法力度
2001	5663	4762	0.84
2002	7307	6282	0.86
2003	8755	7461	0.85
2004	10077	8562	0.85
2005	11529	9782	0.85
2006	12756	10734	0.84
2007	13742	11467	0.83
2008	14834	12305	0.83
2009	15771	13046	0.83
2010	16848	13758	0.82
2011	18134	14777	0.81
2012	20359	16071	0.79
2013	25043	19607	0.78
2014	32714	27247	0.83
2015	46916	41287	0.88

资料来源:历年《国家知识产权局统计年报》。

注:执法力度=专利侵权纠纷累计结案数/专利侵权纠纷累计立案数度量。

知识产权"重立法、轻执法",可能是中国在发达国家主导知识产权游戏规则背景下的战略选择。这种战略选择为中国学习和模仿国际先进技术、提升自主研发能力创造了空间,但是,其负面作用也不小。首先,这导致中国发明人担心知识产权得不到应有的保护而进行自主创新的动力不足。其次,这导致国民知识产权意识仍然很淡薄,知识产权侵权行为未得到有效遏制。国家已经持续多年开展常态化、多样性的知识产权宣传活动,积极营造知识产权强国建设的良好氛围。例如,国家知识产权局多年连续举办"全国知识产权宣传周"活动;国家工商行政管理总局每年评选发布"十大商标侵权典型案例",组织"创新与商标品牌战略"有奖征文活动;国家版权局召开中国网络版权保护大会,发布年度"全国打击侵权盗版十大案件"和"中国版权十件大事",等等。但是,由于国家总体上采用了"重立法、轻执法"这种战略,国民的知识产权意识仍未见明显提升,复印、使用和出售教材的现象在大学校园成为一个经久不衰的产业,下载、破解、使用和交流盗版计算机软件的行为至今蔚然成风,各种山寨日常生活用品常年占据广大农村市场。知识产权部门受理的专利侵权纠纷,由2001年的5663件上升到46916件,每年平均复合增长率高达16.30%(见表3—20)。根据《2015年中国专利调查数据报告》,14.5%的专利权人曾遭遇侵权。

四 中国知识产权管理中存在的主要问题

中国将不同的知识产权相应划归不同的行政管理机构进行管理,形成了多元化的行政管理体制,具体情况如表3—23所示。据世界知识产权组织的统计,在实行知识产权制度的196个国家和地区中，像中国这样将专利、商标和版权分开管理的，仅有阿拉伯联合酋长国、沙特阿拉伯、利比亚、巴基斯坦、埃塞俄比亚、希腊、埃及和文莱这不到10个国家。70%的国家将专利和商标的行政管理机构合并设置在一起，实行"二合一"模式，如美国、日本、德国、法国、韩国和澳大利亚等；24.5%的国家将专利、商标和版权统一由一个部门管理，即实行"三合一"模式，如英国、加拿大和新加坡等。知识产权行政管理权分散到各个部门，未形成一个统一的权威的管理主体，是中国当前知识产权管理体制中存在的最大问题。这种分散化体制具有如下缺点。

表3—23　　中国国家知识产权行政管理机构设置现状

序号	知识产权种类	行政管理机构
1	商标权	国家商标局（隶属国家工商行政管理总局）
2	专利权、集中电路布图设计专有权	国家知识产权局
3	著作权	国家版权局（隶属国家新闻出版广电总局）
4	反不正当竞争	公平交易局（隶属国家工商行政管理总局）
5	原产地标记	国家质量监督检验检疫总局
6	农业植物新品种权	国家农业部
7	林业植物新品种权	国家林业局
8	与国际贸易相关的知识产权	国家商务部
9	与科技有关的知识产权	国家科技部
10	与进出境货物有关的知识产权	国家海关总署
11	与互联网域名有关的知识产权	国家互联网信息办公室

资料来源：笔者根据网络上的介绍整理而得。

(一) 制造知识产权内部各权利间的冲突

同一知识产权保护客体依据不同法律条例会产生两个及以上的权利。当这些权利分属于多个主体时，就会发生不同权利相互冲突的现象。目前，较为常见的权利冲突有外观设计专利权与商标权的冲突、外观设计专利权与著作权的冲突、商标权与著作权（美术作品）的冲突、商标权与域名权的冲突、不同类型商标权的冲突等。以地理标志的认定为例，首先，对符合《商标法》规定条件的地理标志，可由国家工商行政管理总局商标局授予"证明商标"或者"集体商标"；其次，对符合《地理标志产品保护规定》的产品，可由国家质量监督检验检疫总局批准实施地理标志产品保护；最后，对符合《农产品地理标志管理办法》的产品，可由国家农业部农产品质量安全中心批准实施农产品地理标志保护。例如，据笔者在中国商标网、中国国家地理标志产品保护网和全国农产品地理标志查询系统网的查询，黑龙江省五常市出产的"五常大米"，已经由五常市大米协会于2007年12月获得集体商标，也获得了地理标志产品保护（被核准企业有近百家），但还未获得农产品地理标志保护。如果其他主体为五常大米申请到农产品地理标志保护，则就与五常大米的集体商标权、地理标志产品保护权形成冲突。显然，如果农产品地理标志保护权和地理标志产品保护权由同一政府机构受理审核评审，形成冲突的概率就要大大降低。"金华火腿"是知识产权内部各权利间冲突的典型案例（见图3—17）。

证明商标　　　　　　　　　　　　　　注册商标

图3—17　"金华火腿"注册商标和证明商标

金华火腿、西湖龙井和绍兴老酒并列为浙江"三宝"。金华火腿始于唐朝，其生产工艺是金华地区劳动人民千百年来共同创造的智慧结晶。金华火腿的质量取决于金华区域特定的地理自然环境、金华人世代相传的工艺和使用金华猪后腿为原料，只有具备以上三个要素才能叫"金华火腿"。1979年10月31日，金华市浦江县食品公司关于"金华火腿"的商标申请获准注册。1981年，浙江省食品公司以"三统一"（统一经营、统一调拨、统一核算）的行政体制为由，通过杭州工商局报国家工商局办理了"金华火腿"商标无偿转让手续。1984年，浙江省实行改革，将全省食品企业下放给各市县管理，于是浙江省食品公司将厂房、设备等下放给浦江县食品公司，但把商标留在了手中。自此之后，金华人生产的金华火腿要使用"金华火腿"商标就必须付商标使用费，不付费就会成为"打假"对象。同时，金华地区之外生产的火腿，向浙江省食品公司支付商标使用费后也可标"金华火腿"四个字。这让金华人无法接受。从此，一方要理直气壮地生产一脉相传的金华火腿，一方要依法维护商标专用权，双方陷入了持续31年的商标大战。2002年，金华人将"金华火腿"作为原产地产品保护向国家质量技术监督检验检疫总局提出申请，并于2003年获批。之后，金华企业以为可以放心使用"金华火腿"字样了。但是，浙江省食品公司以商标侵权为理由同时起诉和举报了许多金华火腿企业。

金华市也按照注册证明商标进而保护原产地产品的思路，于2003年1月7日提出注册金华火腿证明商标申请，但因与浙江省食品公司的商标权冲突而被驳回。同年11月，金华市再次申请注册"金华火腿证明商标"。经过各级政府的行政协调、国家和省市工商部门的积极努力，商标局于2004年4月通过了对"金华市金华火腿"证明商标的初审，并予以公告。然而，浙江省食品公司还是向商标局提出了异议，申请方对异议进行了答辩，最终商标局于裁定异议不能成立，予以核准注册。同时，商标局2004年3月颁发了《关于"金华火腿"字样正当使用问题的批复》，在肯定浙江省食品公司持有的"金华火腿"商品商标专用权受法律保护的前提下，认为"金华特产火腿""××（商标）金华火腿""金华××（商标）火腿"属于正当使用方式。浙江省食品有限公司不服从上述，将商标局诉至北京市第一中级人民法院，要求法院判决撤销商标局做出的此批复。2004年12月底，北京市第一中级人民法院做出了一审判决，驳回了浙江省食品有限公司的诉讼请求。浙江省食品有限公司不服北京市第一中级人民法院的行政判决，向北京市高级人民法院提起上诉。2005年5月18日，北京市高级人民法院驳回浙江省食品有限公司的上诉请求，维持北京市第一中级人民法院的行政判决。至此，有关"金华火腿"的商标纠纷终于画上了句号。

（二）降低行政执法效率

行政机构设置的分散化，导致各行政机构职能单一，各知识产权权利相关人遇到知识产权问题必须求助于多个行政管理部门。例如，在处理专利侵权纠纷过程中，若地方专利管理部门发现其中还含有侵犯商标权或盗版行为时，也只能就专利侵权纠纷进行处理，相关的商标侵权纠纷只能由工商行政管理部门来处理，相关的版权侵权纠纷只能由版权行政管理部门来处理，造成地方政府知识产权侵权行政执法效率低、权利人维权成本高。

此外，行政机构设置的分散化，有时还会导致知识产权行政管理机构执法时的被动。例如，工商行政管理部门在查处假冒商标行为时，被查处者却出示合法的专利证书，声称拥有对包括该商标在内的设计拥有外观设计专利权。由于专利事宜是由专利管理部门负责，结果导致案件难以迅速、有效地处理。如果各种知识产权行政管理机构统一，那这种情况就完全可以避免。

最后，对于有共同管辖权的事宜，不同行政管理部门会出现"有利争办、无利推诿"的现象，导致某些"无利"领域出现执法真空。

（三）增加行政管理成本

如上所述，中国知识产权行政管理机构有十多家，每家机构均配备有相应的党务、政务、财务、人事、工会、后勤等管理和服务部门，每家机构都有相对独立的办公场所，造成大量的人力资源、设施及财政资金的浪费。此外，每个机构都要投入人、财、物开展知识产权法律法规研究、宣传、人才培养和信息服务等工作。由于各种知识产权具有很多共同的特性和运行规律，各机构分别开展研究、宣传、人才培养和信息服务工作，造成了很多重复工作。

（四）妨碍开展国际交流

世界知识产权组织和世界贸易组织对专利、商标、著作权进行统一管理。将知识产权工作集中由一个权威机构管理，已成为越来越多国家和地区的选择。以韩国为例，该国于1946年在贸易工业能源部下成立了专利局，处理所有与专利和商标有关的事务，1988年将该局改名为工业产权局，2000年再次更名为知识产权局，以更好地反映该局的全部职能。由于中国分散的知识产权行政机构都具备对外事务职能，外国或国际知识产权组织在与中国进行知识产权交流合作时，不得不分别同中国的知识产权局、商标局、版权局、国家质量监督检验检疫总局和海关总署等部门一一洽谈、磋商。例如，泰国在与中国建立知识产权合作关系时，就不得不和当时的国家专利局、工商局以及版权局分别签订合作协议。境外专利权人发生涉及中国的知识产权纠纷时，经常不知道该找哪一个部门来解决。

世界知识产权组织成员国大会等许多国际活动往往同时涉及几个不同的知识产权领域。每次参会时，中国政府不得不组织由各知识产权行政机构构成的庞大代表团队伍。由于各机构的意见难以协调统一，有时导致中国在国际知识产权论坛上不是一个声音。总而言之，中国知识产权行政机构的分散化，严重影响了中国知识产权事业的对外交流。

  鉴于以上缺点，必须尽快改革中国分散化的知识产权管理体制。根据完整统一、精简高效和依法建制的行政管理机构设置原则，建议在中国国务院直属机构中设立国家知识产权管理总局，集中原属于各个行政部门的职能，统一管理全国知识产权工作。然后，在国家知识产权总局之下分别设立工业产权司和版权司。工业产权司主要分管全国的专利、商标、集成电路布图设计、地理标志、商号、商业秘密等工业产权事项；版权司主要分管版权工作，由于版权管理具有意识形态管理特征，不宜和工业产权管理合并。农业部和林业局仍然分别负责农业植物新品种和林业植物新品种的管理。改革后的管理体制，是"二合一"模式，与国际主流模式一致。

第四章 中国知识产权综合改革管理试点的思路与运行模式

第一节 中国知识产权综合管理改革试点推出的背景

新中国成立以来，在党中央、国务院的领导下，经过全国人民60多年的不懈探索和努力，中国已经成为全球第二大经济体，世界经济大国地位确立。鉴于国际经济形势的变化和国内经济资源优势的调整，中国经济处于发展模式转型和动力转换的关键时期，以知识产权为基础的创新发展成为推动经济转型升级和加快供给侧改革的战略选择，也是中国由经济大国走向经济强国的必然要求。

一 中国创新势在必行

中国经济经过改革开放30多年的快速增长，已经成为世界第二大经济体。2012年以来，伴随国内外形式的变化和国内经济增长要素的调整，中国经济增长进入"新常态"，即增速在逐步放缓，经济结构调整和经济发展转型的压力与日俱增。在国际层面，以美、欧、日为代表的发达国家不稳定因素增加，国际贸易保护主义抬头趋势明显，致使中国出口压力加大，出口导向的模式受阻。在国内层面，人口老龄化加速，劳动年龄人口在2013年达到峰值后开始减少。2015—2050年，65岁以上人口的比例预计将由9%上升至25%，而工作年龄（15—64岁）人口的比例预计将从72%降至61%。

与此同时，国内基础设施建设逐步趋于完善，大规模基建投资已接近尾声，固定资产投资收益不断下降。1990—2010年，中国的ICOR为3.4，即3.4单位的投资可以产出1单位的GDP。2010年之后，ICOR上升到了5.4。按此趋势发展，到2030年，中国的ICOR将比其他金砖国家（巴西、俄罗斯、印度）目前的水平高出17%，接近美国、韩国等发达经济体当前的数值。

另外，持续数十年的投资令中国的民营经济部门债台高筑，地方政府用于投资基础设施和住房项目的融资平台也已负债累累。中国债务总量与GDP的比率从2007年的158%上升到了2014年中期的282%[1]，债务与收入之比高于美国和德国，未来举债投资的能力将会下降。中国现在必须像美国、日本及欧洲的成熟经济体一样，需要更多依靠创新引发科技进步，依靠科技进步带来的生产率提升来推动GDP增长。因而，当前的国际国内形势和中国的发展阶段，决定了中国创新势在必行。通过创新可以让生产率充分改善，弥补劳动力和投资下降导致的增长动力不足；可以改善中国的国际竞争力，走向强国之路。

---

[1] 数据引自麦肯锡报告《中国创新的全球效应》。

二 创新驱动是十八大确立的"五大战略"任务之一

党中央、国务院在审时度势的基础上,依据国际国内的发展形势和要求,基于中国的资源基础,结合社会主义市场经济建设和转变经济发展方式的目标和要求,在十八大报告中明确提出"以经济建设为中心是兴国之要",必须坚持"发展是硬道理的战略思想"。基于"加快完善社会主义市场经济体制和加快转变经济发展方式"的目标和"适应国内外经济形势新变化,把推动发展的立足点转到提高质量和效益上来"的发展整体要求,明确提出了"全面深化经济体制改革、实施创新驱动发展战略、推进经济结构战略性调整、推动城乡一体化发展、全面提高开放型经济水平"的五大战略任务。在这五大战略任务中,创新驱动发展战略仅次于经济体制改革战略位居五大战略任务的第二位,足以显示创新驱动发展战略在国家目前发展战略中地位的重要性。

在创新驱动发展战略中,要求必须把科技创新摆在国家发展全局的核心位置,以全球视野谋划和推动创新,加快建设国家创新体系,完善知识创新体系,提高科学研究水平和成果转化能力,抢占科技发展战略制高点,完善科技创新评价标准、激励机制、转化机制,实施知识产权战略,加强知识产权保护。促进创新资源高效配置和综合集成,把全社会智慧和力量凝聚到创新发展上来。可见,创新战略已经成为党中央、国务院深化、完善市场经济体制和促进经济转型升级的核心战略,以知识产权为基点的知识创新、成果评价、成果转化、资源配置激励等机制建设成为落实和推进创新发展战略的着力点和抓手。

三 中国具备启动创新驱动的基础和能力

中国拥有基于13.75亿人口规模的近40万亿元的消费市场，庞大的消费市场规模和市场活力是启动创新驱动强力优势。中国消费市场如此之大，以致许多领域的国内领军企业甚至不必冒险进军海外市场，光凭国内市场规模也足以在全球市场名列前茅。在国内，即使是小众市场，如网络游戏或美甲都比其他国家的汽车制造等主要行业的规模还大。中国的市场规模优势在以阿里巴巴、淘宝和京东等为代表的新兴网络市场得以充分体现，在阿里巴巴登记注册的中小企业多达数千万。

作为全球重要的制造业中心，中国制造业已经打造出一个庞大的制造业生态系统，崛起成为全球最重要的制造中心。伴随着制造业的崛起，中国包括深入的供应商网络、大量熟练的劳动力，以及发达的物流基础设施等在内的制造业生态系统也已经形成。这个生态系统将使得中国制造企业以比大多数经济体更快、成本更低地生产商品，还能让制造企业快速量产。同时，强大的供应商基础也是这个生态系统中至关重要的一部分。例如，它能让企业找到新的或低成本的零部件，从而迅速开始生产，满足不断变化的客户需求。中国共有14万多家机械供应商，在电信、计算机和其他电子设备行业有7.5万家制造商和供应商，在交通运输设备行业有10.4万家企业。在某些行业，中国的供应商基础是日本的五倍。在以效率至上的行业，中国企业取得了骄人的成绩，如太阳能板占全球收入的51%、纺织业占20%、大宗化学品占15%、工程机械占19%、电气设备占16%。

多年来，中国加大了教育和科研投入以及人才引进，储备了大量的科研人才。中国拥有 2246 所大专院校，数量仅次于美国。科学、技术、工程和数学（STEM）专业的毕业生，在人数上多于其他任何国家——每年毕业生的人数约为 250 万，是美国的 5 倍。在研究生级别，2012 年中国授予了 218700 个 STEM 硕士和博士学位，多于美国的 197200 个。中国还利用千人计划项目下的教授职称保证以及高达 100 万元人民币（约 16 万美元）的安置补贴等激励措施鼓励海外顶尖机构的华裔资深科学家归国工作。从 2009 年启动至 2014 年，该项目已吸引了超过 4000 名海归，归国的科学家人数高于过去 30 年的水平。

无论是市场潜力规模的角度、制造业生态系统支撑的层面，还是创新人才储备方面，中国都已经具备了启动创新驱动的基础和能力。

四 中国已是第一大专利申请来源国

专利属于知识产权的一部分，是一种无形的财产。专利是受法律规范保护的发明创造，是指一项发明创造向国家审批机关提出专利申请，经依法审查合格后向专利申请人授予的在规定的时间内对该项发明创造享有的专有权。专利权具有独占排他性、区域性和时间有效性。非专利权人要使用他人的专利技术，必须依法征得专利权人的同意或许可。一国依法授权的专利仅在该国法律管辖的范围内有效，对其他国家没有任何约束力；专利权的法律保护具有时间性，中国的发明专利权期限为 20 年，实用新型专利权和外观设计专利权期限为 10 年，均自申请日起计算。专利是世界上最大的技术信息源，据实证统计分析，专利包含了世界科技信息的 90%—95%。如此巨大的信息资源远未被人们充分加以利用。

鉴于专利的知识产权属性和其具备的专有性、区域性和时间性，专利申请一直被视为创新和创造性活动的风向标，而专利的国际申请被视为创新全球化意愿的风向标。在专利申请方面，2011年中国的专利申请数量为439293项，超过日本和美国成为全球专利申请第一大国。2014年，来自中国的专利申请量已经达到839122项，超过美国或日本的两倍以上。在首次申请方面，中国在2010年已经有291960项，位居世界各国第一位；2014年多达798074项，为第二位日本的3倍多，并且，近年来中国首次专利申请增速也远远高于世界其他国家，这意味着当前中国的创新能力在快速提升，且创新能力已经居于世界引领地位。

从进入国家或地区授权程序的全球专利申请的来源地看，2011年中国进入授权程序的专利申请超过了美国和欧盟，成为仅次于日本的第二大专利申请国；2012年就以561025项国家或区域授权超过日本的487360项成为全球第一大国；2014年进入授权程序的专利申请已多达836058项，已经远远超过日本、美国和欧盟，保持专利第一申请大国的位置。可以预测，未来数年内中国专利申请的国家或区域授权优势将继续强化，专利申请和授权第一大国的地位将不可动摇，且强化趋势愈发明显。

在申请地区专利授权方面，2014年中国申请的专利授权为233228项，第一次超过日本成为仅次于美国的第二大专利授权国。尽管美国和韩国的专利授权量均出现增长，但中国是增长率最高的国家，且日本和《欧洲专利公约》（EPC）成员国的专利授权量分别下降8%和2%。2015年国家知识产权局共受理发明专利申请110.2万件，同比增长18.7%，连续5年位居世界首位；商标申请方面，目前中国的商标总量已经突破1000万，中国商标申请量、商标注册量、有效商标总量等指标均居世界第一位。据此可见，中国无论是在初次专利申请、进入国家授权程序，还是专利授权方面近几年都处于快速增长期，并且已经成为全球专利申请和授予的第一大来源国。这为中国实施创新驱动战略提供了强力的基础保障，也对中国实施知识产权综合管理改革提出了强烈的要求。

五 《国家创新驱动发展战略纲要》推出

2016年5月，在十八大提出的"实施创新驱动发展战略"的任务和要求的基础上，国务院印发《国家创新驱动发展战略纲要》（以下简称《纲要》）。《纲要》明确指出实施创新驱动是国家命运所系、世界大势所趋和发展形势所迫，并且中国已经具备创新驱动加速的基础和空间。围绕创新驱动发展的总目标，《纲要》将战略目标分解为"三步走"；围绕构建新的发展动力系统，提出"坚持双轮驱动、构建一个体系、推动六大转变"的战略部署；进而明确创新驱动的八大任务，即"推动产业技术体系创新，创造发展新优势；强化原始创新，增强源头供给；优化区域创新布局，打造区域经济增长极；深化军民融合，促进创新互动；壮大创新主体，引领创新发展；实施重大科技项目和工程，实现重点跨越；建设高水平人才队伍，筑牢创新根基；推动创新创业，激发全社会创造活力"。

在战略保障方面，《纲要》要求改革创新治理体系，多渠道增加创新投入，全方位推进开放创新，完善突出创新评价制度，实施知识产权、标准、质量和品牌战略，培育创新友好的社会环境。在实施知识产权部分，明确提出要"加快建设知识产权强国"。为此，我们需要深化知识产权领域改革，提高知识产权的创造、运用、保护和管理能力。还要促进创新成果知识产权化，充分发挥知识产权司法保护的主导作用，强化知识产权制度对创新的基本保障作用。

第二节　中国实施知识产权综合管理改革的意义

中国实施深化知识产权领域改革，开展知识产权综合管理改革试点，是落实国家创新驱动发展战略、加快推动知识产权强国建设、实施创新驱动发展战略和供给侧结构性改革战略的迫切需要。实施知识产权综合管理改革是落实以上各项战略的基点，需要认真理解和深入领会。

一　实施知识产权综合管理改革是实施创新发展战略的迫切需求

知识产权制度是市场化配置创新资源的基本制度。当前，中国知识产权的管理体制分散、综合效率不高、保护力不强、对创新战略需求的支撑力不够。在国家大力推进经济转型、深入实施创新驱动发展战略的背景下，为了促进有效创新、加快培育经济发展新动能、加快经济发展动能转换，必须通过完善知识产权制度体系，优化知识产权的制度供给，提高知识产权制度的整体运行效率。实施知识产权综合管理改革是打通知识产权创造、运用、保护、管理和服务全链条的关键，可以有效加强技术创新成果供给，更有效促进各类资源向创新者集聚，增强经济发展的内生动力和活力。

从《国家创新驱动发展战略纲要》到实施"知识产权强国战略",到加大"知识产权保护力度",再到"知识产权综合管理改革试点",国家就如何加强和完善中国知识产权保护制度和管理模式、持续激发全社会创新能力、推动技术创新保护正在加大改革的推进力度。可以说,在深化知识产权管理改革中,关键是发挥好知识产权对创新的制度性保护作用,核心是调动和激发全社会的创新能力,目的是发挥技术创新在企业成长、行业发展和国家竞争中的创新引领作用。可见,实施知识产权综合管理改革是实施创新发展战略的迫切需求和重要的推进抓手。

二 实施知识产权综合管理改革是知识产权强国的必然要求

经过几代人的努力,中国的经济体量已经位居全球第二位,摆脱了贫穷落后的面貌,实现了经济大国的梦想;但面临的现实是我们的经济大而不强,产业多是处于价值链的低端,引领能力不够;企业依赖的劳动力成本优势降低,创新意愿和创新能力不足,国际竞争优势的持续性受阻。与此同时,一部分优秀企业加大了研发投入,强化技术,走向创新发展的道路;国家也制定发布了"战略性新兴产业"发展规划,部分知识密集型产业正在加速形成。事实上,当前中国正处在由经济大国向经济强国转变的关键发展阶段,而知识产权强国是经济强国的核心内涵,因而,实施知识产权综合管理改革既是中国经济强国发展的需要,也是知识产权强国的必然要求。

为了加快推进知识产权强国建设,2015年12月18日,《国务院关于新形势下加快知识产权强国建设的若干意见》(国发〔2015〕71号)(以下简称《意见》)正式印发。半年后,为了加快推进知识产权强国战略实施，2016年7月8日，国务院办公厅印发《〈国务院关于新形势下加快知识产权强国建设的若干意见〉重点任务分工方案》（以下简称《方案》），《方案》对《意见》内容的任务要求做了具体分工，明确了各项任务的主导部门和相关责任部门。11月，中共中央、国务院正式发布的《中共中央　国务院关于完善产权保护制度依法保护产权的意见》，对中国产权保护中存在的问题和不足提出了针对性的意见和要求，其中就有针对"知识产权保护不力，侵权易发多发"问题而提出的"加大知识产权保护力度"的小节。12月5日，中央全面深化改革领导小组第三十次会议审议通过了《知识产权综合管理改革试点总体方案》。从中央推进知识产权管理改革的强度和力度来看，知识产权强国战略的重要性不言而喻；同时，知识产权综合管理改革也是知识产权强国战略的必然要求愈发显现。总而言之，积极推进的知识产权管理改革是顺应趋势、激励创新、建立知识产权强国的必然要求。

三　实施知识产权综合管理改革是依法厘清政府和市场关系的需要

产权制度是社会主义市场经济的基石，保护产权是坚持社会主义基本经济制度的必然要求。在知识产权领域，尽管中国实施的是行政和法规的双轨制保护，但由于保护力度不够以及体制机制的障碍致使知识产权保护不力、侵权易发多发。保护力度不强引致保护意愿不高以及侵权责任成本较低，惩罚威慑不够。在管理体制上，目前按照类别多部门分别管理知识产权的模式造成行政资源分散、管理职责不清、行政管理效率不高，公共服务水平难以满足社会需要，而且多部门分别管理知识产权的模式增加了市场主体创新和维权成本。这在很大程度上抑制了中国知识产权的创造热情。

当前中国的知识产权管理模式不利于全面、依法、严格保护各类市场主体的知识产权，也不符合法制化、市场化建设的要求。知识产权综合管理改革是在知识产权领域厘清政府和市场的关系、完善行政体制、加强行政资源整合、科学划分管理职责、深入推进"放管服"改革的重要举措，按照一件事情原则上由一个部门负责的要求，构建权界清晰、分工合理、责权一致、运转高效、法治保障的知识产权体制机制。知识产权综合管理改革是切实依法厘清政府和市场关系的需要：通过知识产权综合改革切实提高政府知识产权部门战略规划、政策引导、社会管理和公共服务能力，推动法治政府和服务型政府建设，加强对知识产权的保护，激励知识产权主体的创造热情。

四 实施知识产权综合改革是对接国际规则、提升开放水平的需要

知识产权是国际经贸往来和技术合作的通行规则。从各国实践看，对各类知识产权实行综合集中管理符合客观规律和国际通行做法。截至2016年年底，世界知识产权组织188个成员国中有181个国家实行综合管理。当前，中国企业"走出去"步伐加快，保护海外知识产权利益的需求明显增加。中国要在借鉴国际经验的基础上，结合中国发展实际需要，形成有中国特色的、更加高效的知识产权综合管理体制机制，对接国际知识产权保护规则，更好维护中国国家和企业利益，为中国企业走出国门、参与国际竞争提供公平有力的保护，进而增强企业的国际竞争力和走出去拓展世界市场的意愿。

中国实施和推进知识产权综合管理改革，要依据创新发展和知识产权强国战略的要求，厘清政府和市场的关系，紧扣创新发展需求，发挥专利、商标、版权等知识产权的引领作用，打通知识产权创造、运用、保护、管理、服务全链条，建立高效的知识产权综合管理体制，构建便民利民的知识产权公共服务体系，探索支撑创新发展的知识产权运行机制，推动形成权界清晰、分工合理、责权一致、运转高效的体制机制。与此同时，积极推进中国知识产权管理与国际规则对接，为中国企业走出去提供强力的支撑和保护。

第三节　中国实施知识产权综合管理改革的思路

当今世界，随着知识经济和经济全球化深入发展，知识产权日益成为国家发展的战略性资源和国际竞争力的核心要素，成为建设创新型国家的重要支撑和掌握发展主动权的关键。当前，中国处于经济社会发展的重要战略机遇期，党中央、国务院立足国情、审时度势，明确提出创新型国家建设和知识产权强国战略并印发知识产权综合管理改革试点总体方案。为了贯彻落实创新型国家建设、知识产权强国战略及综合管理改革试点方案的要求，中国知识产权综合管理改革的思路主要体现在以下几个方面。

一　秉承建设知识产权强国和创新发展的战略思想

自国家知识产权战略实施以来，中国知识产权创造、运用水平均得到大幅提升，知识产权保护状况明显改善，全社会知识产权意识普遍增强，知识产权对经济社会发展的支撑和引领作用也得以快速提升；但相对美、欧、日、韩等知识产权强国或地区，中国知识产权仍面临大而不强、多而不优、保护不严、侵权易发多发等问题。这些问题的存在势必影响知识产权主体的创新热情和创新动力，不利于知识产权强国建设，成为创新发展和建设创新型国家战略的瓶颈。因而，秉承建设知识产权强国和创新发展的战略，改革和调整现有不合理的管理体制机制，强化知识产权保护体制和机制，严厉打击侵权行为，提升知识产权综合管理效率，打造激励知识产权创造的环境，提高知识产权价值实现效率，是中国推进和实施知识产权综合管理改革思路的基点。

二 贯彻市场化、法制化的改革方向

政府和市场是决定和影响经济体运行的两种重要体制机制性力量，在促进经济增长和社会进步方面各自发挥着不同的作用。政府的主要职能是提供和保障规范有序的市场运行环境，调控和引导市场运行方向。市场的主要职能是通过价格机制调配优化资源配置，提高资源的使用效率。政府和市场关系的关键在于分清市场和政府的界限，即政府管宏观调控、市场环境治理和引导市场方向；市场通过价格机制管资源配置，促进资源高效、合理运用。在知识产权创造和资源配置方面，通过单纯市场调节机制无法解决的问题，政府应积极介入和规范治理；而通过完善市场调节机制能够解决的问题，政府应逐渐退出，把属于市场调节的归还给市场。例如，在知识产权创造的高风险环节，单纯市场机制的风险补偿可能不足以激励创造者，政府就应该提供税收优惠、抵扣等相应的补偿激励政策。而在交易环节，政府除了交易环境和交易平台建设，对于具体的交易行为应尽量不予干涉。在完善政府综合管理职能的基础上，发挥市场调配知识产权资源的配置功能是本次改革的方向。

"处理好政府和市场的关系，使市场在资源配置中起决定性作用和更好发挥政府作用"是中国经济社会深化改革的关键所在，而法制又是"处理好政府和市场关系"的关键所在。法律厘清政府和市场关系的基准，在"全面推进依法治国"的整体要求下，完善法律法规不但是厘清政府和市场关系的关键，还是改变当前中国知识产权法规分散杂乱、重复规制和空白问题并存以及规制模糊、司法执行性差等系列问题的要素。因而，市场化和法制化是中国知识产权综合管理改革的方向。

三 坚持问题导向深化管理体制机制改革

知识产权管理综合改革的目的是打通知识产权创造、交易、运用、保护、管理和服务的全链条，改善和保护创新环境，保护创新主体的利益，激励创新主体的创新热情，进而优化知识产权质量，强化知识产权对创新发展战略的支撑能力。现实中，中国知识产权管理不但存在分部门管理分散问题；而且在创造环节存在政、企、研分离问题；在交易环节缺乏高效交易平台及综合服务问题；在运用转化环节存在政策支持不够和融资难的资金融通以及支撑环境不良的问题；在保护环节存在保护力度不够，致使知识产权主体保护意愿不强、动力不足的问题，等等。这系列问题的存在致使中国知识产权创造主体的创造热情不高、交易意愿不强、转化应用渠道不畅，进而抑制了中国知识产权创造和转化效率。针对知识产权领域各环节存在的系列管理问题及其产生的不良影响,为了迎接全球正在发生的科技和产业革命,中国知识产权管理改革需要坚持问题导向,并按照"精简、统一、高效"的原则深化知识产权管理体制机制,促进知识产权管理向规范、高效服务转变,努力打造知识产权综合管理一体化、高效化、法制化的管理体制机制,进而解决现有管理体制存在的各类管理问题和机制问题。

四 积极构建市场化运营体系,对接国际规则和国际市场

自《国家知识产权战略纲要》发布以来,大力推进知识产权支撑创新发展成为国家建设创新型国家的战略要点。特别是《深入实施国家知识产权战略行动计划(2014—2020年)》《国务院关于新形势下加快知识产权强国建设的若干意见》《〈国务院关于新形势下加快知识产权强国建设的若干意见〉重点任务分工方案》以及《中共中央 国务院关于完善产权保护制度依法保护产权的意见》等政策文件陆续发布,知识产权管理改革成为政策的热点和国民关注的焦点。目前,中国已经是知识产权大国,但以知识产权为核心的科技成果转化率远低于发达国家水平,专利密集型产业增加值仅占GDP的11%,也远低于美国的35%和欧盟的39%,显然还不是知识产权强国。创造、获得知识产权并不是创新的目的,知识产权的转化和应用才是创新的最终价值体现。构建以企业为主体的市场化转化运用体系是打通知识产权创造、整合、交易、转化、投资、保护等产业链条,激励创新、激活市场、提升知识产权质量和转化率的核心。与此同时,中国分部门分散管理的模式与国际统一部门管理的模式及规则存在错位问

题，造成国际对接成本较高。因而，在构建市场化运营体系的同时要加快与国际规则和国际市场对接，加快为市场主体提供包括法律、评估、金融、维权、交易等既与国际规则对接又有中国特色的市场服务体系。积极推进坚持市场化运营体系构建，推进一部门负责综合管理模式，对接国际规则和国际市场是中国知识产权管理试点改革的关键核心。

五 坚持符合条件区域先行试点推进、总结可复制推广经验

知识产权强国和创新发展是中国的既定发展战略，知识产权综合管理改革的总体思路是要按照党中央、国务院决策部署，深化知识产权领域改革，依法严格保护知识产权，打通知识产权创造、运用、保护、管理、服务全链条，构建便民利民的知识产权公共服务体系，探索支撑创新发展的知识产权运行机制，有效发挥知识产权制度激励创新的基本保障作用，保障和激励大众创业、万众创新，助推经济发展提质增效和产业结构转型升级。在改革总体思路的基础上，根据国家实施创新驱动发展战略总体部署和重点区域发展战略布局，结合地方知识产权事业发展水平和创新驱动发展对知识产权综合管理改革的需求，选择若干个创新成果多、经济转型步伐快、发挥知识产权引领作用和推动供需结构升级成效显著的地方，进行先行试点，并及时总结提炼，形成可复制经验，适时推广。

改革试点地方选择条件有如下几个：（1）经济发展步入创新驱动转型窗口期，创新资源和创新活动集聚度高，专利、商标、版权等知识产权数量质量居于全国前列；（2）设有或纳入国家统筹的国家自主创新示范区、国家综合配套改革试验区、全面创新

改革试验区、自由贸易试验区等各类国家级改革创新试验区和国家战略规划重点区域，或设有知识产权法院的地方；（3）知识产权战略推动地区经济发展成效显著，知识产权管理体制和市场监管体制机制改革走在前面，知识产权行政执法力量较强，知识产权行政执法效能突出。

第四节　中国知识产权综合管理改革试点的运营模式

为了深入贯彻《国家知识产权战略纲要》《国家创新驱动发展战略纲要》战略精神和《加快知识产权强国意见》的精神，落实《知识产权综合管理改革方案》的任务和要求，知识产权综合管理改革试点应基于知识产权创造、转化、运用、保护和服务等全链条需求，遵循市场化和法制化的改革方向和思路，针对中国知识产权管理运营存在的问题，积极谨慎探索行政综合管理、市场化运营、法制化保障、国际化对接的综合管理运营模式；通过各环节管理运营模式的调整和改善，实现提升行政管理效率、激励创新主体、提升创新质量、提高转化效率，增强创新对经济转型升级的支撑功能。中国知识产权综合管理改革试点运营模式的基本思路有以下几个方面。

一　构建综合一体化的行政管理模式

围绕"精简、统一、高效"的原则和要求，针对中国知识产权管理领域存在部门分散、规则不一、协调成本高的问题，构建综合一体化的行政管理调控模式、提升管理体制效率是中国知识产权综合管理改革试点的基本任务和必然要求。

（一）中国知识产权行政管理存在的问题

在国家层面，中国知识产权局负责专利、集成电路布图设计的管理和审批；工商总局商标局负责商标（包括地理标志）的注册和管理；新闻出版广电总局（国家版权局）负责版权相关管理；农业部负责草本的植物新品种及农产品地理标志相关管理；林业局负责木本的植物新品种相关管理；质检总局负责地理标志产品相关管理。除此之外，海关总署、文化部、科技部、商务部等分别承担与其业务相关的知识产权管理工作。中国知识产权管理在国家层面存在严重的涉及部门多、职能分散、协调成本高、管理效率低下的问题。

在地方层面，地方知识产权管理机构在性质、职能配置、隶属关系等方面也较为复杂：有的是行政单位，有的是事业单位；省一级知识产权管理机构，有的是正厅级，有的是副厅级，甚至是处级；有的是独立机构，有的是地方科技厅（局）内设机构等。地方专利、商标、版权等管理部门各自都有执法队伍，版权执法由文化大队执行，专利有单独执法队伍，商标执法由工商行政管理机构负责。可见，由于国家层面的职能分散，致使在地方层面管理体系多样，地方不同部门间协调难度更大，且执法力量散乱，执法效力弱化、执法威慑力不足问题比较严重。

（二）行政管理问题的不利影响

在知识产权行政管理领域，涉及部门众多、职能分散、管理体系多样是中国知识产权行政管理面临的突出问题。这些问题的存在是中国知识产权管理效率和管理质量提升的重要体制性制约，其产生的不利影响主要表现在以下几个方面。一是增加协调成本，管理效率低下。在缺乏统一协调主管部门的情况下，职能分散的多部委管理必然增加部门之间的协调项目、协调次数以及协调难度，增加协调等待成本，致使管理效率低下。二是制约知识产权转化运用，与实际需求和战略导向相矛盾。知识产权转化运用具有集成一体性和很强的保护时效性，多头分散的管理模式造成协调时间长、内容衔接不充分，与产权主体对知识产权集成运用、高效转化需求不一致的矛盾，影响中国知识产权强国战略和创新战略的推进。三是分散管理增加了知识产权主体维权成本和负担，抑制了创新热情和维权意愿。知识产权主体面对分散的管理部门，不得不将一件事分成几件事来办，不得不将一次可以办完的事分成几次来办，不得不往返于多个政府部门之间。这无形中对知识产权主体的创新热情和维权意愿产生了抑制效应。四是不利于国际对接。在知识产权国际事务中，国际组织或其他国家需要与中国多个部门进行对接，多部门的对接容易产生不一致问题，造成对方困惑不解，甚至造成对中方不利的局面。

（三）推进行政管理体制改革，构建综合一体化的行政管理模式

当前，中国在知识产权行政管理的现状是涉及部门多、职能分散，地方更是复杂多样体制性约束，这也是中国知识产权管理效率不高、积极性不够，影响知识产权主体创造、使用热情和保护意愿的重要体制性根源。针对中国知识产权行政管理领域存在的问题以及改革的方向和思路要求，推进行政管理体制改革、构建综合一体化的行政管理模式思路有三：一是按照强化知识产权综合管理的要求，在现有分散管理模式的基础上，参照国际惯例，借鉴地方实践经验，对知识产权管理职能进行整合调整，将

分散的知识产权管理职能统一起来划归知识产权局,由知识产权局对知识产权进行统一综合管理。二是按照转变职能、提升管理效率的要求,保持现有的分散管理模式,借助信息技术和网络技术,在部级联席会议的统一指导下搭建知识产权综合管理服务平台,以信息化、网络化、数字化、智能化统一管理,提升管理效率。三是管理部门统一整合与职能平台整合同时推进,构建实体管理体制综合一体化与职能综合管理平台一体化相融合的线上线下同步的高效知识产权综合管理模式。

立足实情,三种综合行政管理一体化模式构建方式中,第一种涉及的部门多、调整的范围广,存在机构、人员变动幅度大的现实,推进起来难度比较大。第二种思路尽管也存在第一种思路存在的问题,但在部门间只是存在信息化协调问题,并不存在机构、人员调整问题,并且符合信息化、网络化、在线管理服务的发展方向。这种模式不但有利于职能整合还有利于提升管理服务效率,推进难度和改革压力相对较小。第三种思路不但触及部门、机构、人员的调整和变动,还关系到职能的整合和效率的提升,理论上是一种最理想的模式,但也是推进和实现难度最大的模式。基于现实,按照改革调整的难度和信息技术支撑的力度及可实现程度,笔者认为三种综合管理模式可以分阶段逐步推进实施。也就是说,基于中国知识产权行政管理分散模式的现状,第一步,我们应在不改变现有管理格局的情况下,借助网络信息技术构建知识产权综合管理一体化平台,将分散的部门职能统一到管理平台上来,推进行政管理职能综合化,提升管理效率。然后,在适当的时机启动第二步,即在知识产权行政管理职能基于网络平台基本实现一体化和管理服务标准顺利对接实现的基础上,再推进部门、机构和人员的改革和调整,进而推进职能和部门机构的统一。在实体行政管理部门的机构、人员调整到位后,在依据线上和线下的职能对应情况和问题,进一步启动第三步的线上线下融合同步的高效综合管理改革。按照这样逐步推进的行政管理改革调整的思路,自然水到渠成,衔接有序;同时也是阻力、压力造成的改革成本最小,效果也最好的构建行政综合管理一体化运营的模式。

二 构建政府引导、激励创新、市场化主体型的发展模式

(一)中国知识产权管理存在问题

从政府层面来看,在中国现有的知识产权管理模式下,各相关管理部门都存在重管理、重权力,轻服务、轻效率的问题。例如,知识产权管理局的主要职责是组织协调知识产权保护工作,建设知识产权保护体系;承担专利管理规范秩序责任,拟定相关规划计划及审批和统计工作;制定管理确权机构等。相比欧洲专利局的使命(通过提供高质和高效的服务,在欧洲范围内支持创新、竞争力并促进经济增长)、日本特许厅的目标(致力于实现"世界上最快速、最优质的专利审查")、美国专利局的使命(为专利和商标申请提供优质及时的审查,引导世界知识产权政策),中国的知识产权管理存在明显的效率缺失或偏低、服务质量不高和创新引导能力不足、市场化导向不强的问题。管理效率职责缺失或偏低,致使积压专利申请较多,且从申请受理到经过审查授权的周期比较长。2015年中国发明专利审查周期为21.9个月,日本一通周期为11个月,韩国一通为10个月。相比之下,中国知识产权检索、审查效率和服务质量明显偏低。

（二）中国知识产权市场主体发展存在的问题

从市场层面来看，无论是知识产权市场主体、市场交易平台，还是市场交易环境都还处在发育阶段，都需要政府出台政策引导、激励和市场化培育。从知识产权市场供给的角度看，研发主体是主要的潜在知识产权供给主体，其研发模式对知识产权市场供给有着决定性的影响。目前，中国的研发主体可以分为企业、高校、科研机构和个人。国家专利局的《2015年专利数据调查报告》显示，中国88.1%的企业专利权人倾向于自行完成从发明创造、产品开发到销售的全过程；高校和科研单位倾向于基础研究，专利数量不多，对外许可较少；个人以自行研发为主，合伙合作研发比例较低。在研发费用上，96.4%的企业主体靠自筹，81.3%的个人靠积蓄。企业作为知识产权的主要需求主体，有33.2%的企业选择的是公司研发部门提出创意，委托专门研发机构（设计院、高校等）进行产品设计；只有12.6%的企业选择在市场上随机寻找，有合适的技术就购买；还有13.1%的企业选择进行模块化设计，将研发、产品设计、开发与销售分别外包。在专利许可转让方面，2014年，成功许可他人使用专利占所拥有的有效专利比率方面，总体仅为9.9%；成功转让给他人专利占有效专利比率更低，总体只有5.5%，其中，企业、个人的专利转让率相对较高，均在5.0%以上，而高校的专利转让率整体偏低，该比例为1.5%。在专利实施率上，中国有效专利实施率为57.9%，从专利权人类型来看，企业的专利实施率相对较高，为68.6%，高校仅有9.9%，科研单位和个人分别是41.6%和40.0%。可见，中国知识产权市场的主体，无论是需求方还是供给方都还很不成熟，面对市场的意愿和能力都有待在政府的引导下培育提升。

（三）构建政府引导、市场化主体型的运营模式

在知识产权管理领域，中国不但存在多部门职责分散、职能交叉问题，而且更为严重的是相关行政管理部门依然存在严重的重管理、轻服务，重权力、轻效率，重数量管理、轻质量管理的管理质量不高、服务能力不强以及市场引导功能不足的问题。同时，中国知识产权的市场主体也处于待培育的发展阶段。这主要表现为，企业研发机构的内部化、高校和科研机构高质量应用研究成果不多以及个人研究力量较弱，各知识产权主体的创新成果特许和转让率不高，市场化意愿不强等。针对中国知识产权管理职能和市场化方面存在的这些问题，需要在行政管理综合一体化模式的基础上，进一步构建政府引导、激励创新，促进知识产权市场化的运营模式。

要构建政府引导、激励创新，促进市场化的运营模式，需要政府部门在厘清政府和市场关系的基础上逐步做好以下几个方面的改善和调整工作。

首先，转变行政管理理念，倡导和践行服务理念。管理理念的核心基础是权力，管理者拥有权力，被管理者服从权力；管理者和被管理者的关系是约束和被约束的关系，是制约和被制约的关系。在管理理念的行政模式下，拥有权力并具有约束和制约的能力的管理者，更注重的规则，效率意识淡薄，更谈不上服务意识和服务质量。服务理念的核心基础是客户需求，服务者和被服务者遵守需求规律，是以满足服务对象需求、提升被服务满意度为主要目标的行为。服务者拥有服务资源和服务能力，被服务者拥有服务需求。服务者应围绕被服务者的需求不断优化自身的服

务资源和服务能力，不断改善和提升服务的水平，提升被服务者的满意度。在知识产权管理方面，为了提升政府的引导、激励知识产权拥有主体的创新和市场化意愿和能力，政府应积极转变行政理念，推行服务主导的知识产权综合管理和服务理念，提升行政效率和服务质量。

其次，在知识产权综合管理服务理念确立的基础上要进一步推进积极、主动的服务能力，更好地把握创新主体的需求，为创新和知识产权创造者提供激励服务。在倡导激励创新的基础上，培育和发展知识产权市场主体。

再次，搭建知识产权综合服务平台，为知识产权市场主体提供全方位一体化的行政服务，提高服务的可得性和便利性，增强知识产权主体服务需求响应的及时性，从而节约知识产权主体的时间和精力成本，将更多的有效时间应用在创新发明方面，激励创新主体的积极性。

最后，中国的知识产权供给主体和需求主体均处于待培育的发展阶段或者说是处于市场化的起步阶段，需要政府政策的培植和抚育。具体来讲，政府应为知识产权交易搭建市场交易平台，出台知识产权交易的税收、补助、风险防控等方面的优惠政策以及对创新主体的支持和引导市场交易的相关政策。

这样，在行政管理模式转变的基础上，通过管理理念向服务理念的调整、提升服务的积极性和主动性的同时搭建政府主导的知识产权交易平台，向市场传递明确的知识产权市场化导向的信号，激励各市场交易主体参与交易，实现加快市场化的改革推进目标。

三 构建和完善双轨制法制化治理模式

（一）中国知识产权法制化治理存在的问题

产权制度是社会主义市场经济的基石，保护产权是坚持社会主义基本经济制度的必然要求。改革开放以来，通过大力推进产权制度改革，中国基本形成了归属清晰、权责明确、保护严格、流转顺畅的现代产权制度和产权保护法律框架，全社会产权保护意识不断增强，保护力度不断加大。但知识产权保护依然是中国产权保护的薄弱环节，致使知识产权保护领域的问题频现，如法律上对知识产权侵权行为的惩治力度不够、法定侵权赔偿认定不够充分、缺乏惩罚性赔偿规定等致使知识产权领域侵权成本低、维权成本高等；在市场化运行机制下，目前中国还没有完善信用公开机制，致使失信主体缺乏市场惩戒机制；中国知识产权法院刚成立不久，运行时间较短，知识产权审判的威慑力及其与行政执法和刑事司法衔接密度不够，致使行政处罚信息、司法审判信息和刑事处罚信息对接不畅，在知识产权涉外执法方面，与国际机构合作对接不够紧密，致使涉外执法维权难。

（二）中国知识产权法制化治理缺陷引致的市场化问题

中国在知识产权法制化治理方面的不足，对知识产权市场中的市场主体产生了很多不良的影响，直接影响着知识产权的创造和市场转化应用效率。换句话说，由于知识产权的法律保护不力，保护强度不够，致使知识产权创造供给主体和需求使用主体的市场化动力较弱，市场分工合作意愿不强的问题长期存在。知识产权的供给主体和需求主体均没有通过市场化交易进行转移或应用知识产权的动力。就知识产权供给方而言，由于知识产权一旦进入市场，如果法律保护不到位，就很容易被竞争方模仿，失去其在市场竞争中独特优势和价值，造成研发的投入成本和应得预期收益无法实现。就知识产权的需求方而言，如果能够通过低成本模仿而不受惩罚或者惩罚成本低于其模仿收益，其自身也没有通过市场高成本获得独特知识产权价值的动力。可见，知识产权作为一种独特的产权形式，更需要法律的严格保护。

事实上，国家知识产权局的《2015年专利数据调查报告》也在一定程度上揭示了这个问题。例如，成功许可他人使用专利仅占拥有有效专利的9.9%，其中发明专利许可率最低只有8.2%；外观设计专利许可率最高，也只有12.1%。在专利成功转让方面，成功转让专利占有效专利的比率更低，整体只有5.5%，其中，发明和实用新型的比例都只有5.2%，外观设计最高，也只有6.4%。从专利主体类型来看，企业和个人许可和转让率相对较高，高校和科研单位的许可和转让率均较低，高校的专利转让比率仅为1.5%。进一步的调查则揭示了各类专利主体许可和转让率较低的原因：62.1%的知识产权主体认为"不能有效地阻止其他市场主体模仿自己的技术创新"，这是阻碍个人从创新中收益的重要原因。事实上，对于需求方来说，如果能够通过模仿来低成本获得相关专利的实际使用，就没有动力通过合法的许可和转让程序来获得相关专利的使用权。这也是需求方从使用成本的角度不去采用合法途径获取专利使用权的重要原因。

在专利对企业的法律保护方面，58%的企业类型专利权人认为"专利要求保护范围过于局限，容易被人合法绕过"是专利保护存在的风险主要集中点；其次是"专利申请周期长，赶不上技术发展的速度"和"专利保护效果不好，不足以为此公开技术信息，从而被竞争对手获悉"，比例分别为50.1%和47.5%。绝大部分专利主体对当前的专利保护水平不满，认为需要提升法律对专利的保护强度。有近七成的专利权人认为当前国内知识产权的保护水平需要逐步强化，有24.4%的专利权人认为需要大幅强化。在遭受侵权方面，专利权人遭受侵权的比例为14.5%；但遭受侵权后，38.2%的专利权人没有采取任何维权措施，向法院提起诉讼的比例仅为13.2%，而高达62.4%的专利权人希望专利管理机关主动执法、查处侵权行为。可见，当前条件下，由于法律法规对知识产权的保护力度不够，知识产权的市场主体面临依法主动维权的意愿不强、手段不够、能力不足的境况。

（三）构建法制化为主、行政治理为辅的法制化治理模式

针对中国知识产权法制化治理存在的问题及其引致的不良效应，为了提高知识产权保护水平，规范知识产权法制化治理能力，实现激励创新和知识产权强国的目标，我们需要构建法制化治理为主、行政执法治理为辅的法制化的治理模式。基于中国当前行政和司法双轨制治理且事实上是行政执法治理为主的模式现状，要实现向法制化治理为主、行政执法为辅的治理模式转变，需要在两种模式转变过程中按照有序推进的原则做好立法、修法、司法和行政执法的调整和改善工作。

首先，针对知识产权保护领域的法律法规漏洞、保护水平不高、惩罚力度不够、缺乏惩戒威慑问题的现状，需要对知识产权法律、法规、司法解释进行完善和修订；同时推动知识产权司法体制改革，构建包括司法诉讼、审判、刑事司法、行政执法、快速维权公正高效的知识产权司法保护体系，进而形成资源优化、高效权威的知识产权综合审判体系和审理机制，努力为知识产权

权利人提供全方位和系统有效的合理司法保护，维护法律法规的稳定性、导向性、终局性和权威性。在知识产权法律、法规逐步完善的同时以充分实现知识产权的市场价值、激励创新为指引，积极推进诉讼诚信建设，加大侵权损害的赔偿力度和惩戒力度，依法严厉打击侵犯知识产权犯罪，提升知识产权法律法规的威慑力。

其次，在强化知识产权司法保护的同时，要构建充分发挥全国打击侵犯知识产权和制售假冒伪劣商品工作领导小组作用，统一各行业知识产权执法标准，完善执法程序，提升行政执法专业化、信息化、规范化水平，调动各方行政执法的积极性，强化行政一体化综合执法力量，提高行政执法效率。完善打击侵权假冒商品的举报投诉机制，加大对制假源头、重复侵权、恶意侵权、群体侵权的查处力度，为创新者提供更便利的行政维权渠道，提升权利人的维权意愿。

最后，依法健全知识产权纠纷的争议仲裁及快速调解制度和调节机制；依法加强商标品牌保护，提高消费品商标公共服务水平；依法规范有效保护商业秘密。在健全行业组织的基础上，充分发挥行业组织的自律作用，通过行业诚信自律引导企业强化市场主体责任，培育知识产权主体依法维权的意识和能力，对侵权主体形成全社会全方位的威慑覆盖。另外，还要健全知识产权司法救济机制，以便提供及时、有效的知识产权司法救济，形成知识产权领域司法维权的法制治理模式。

总之，中国的知识产权治理要在坚持"双轨制"保护模式基础上，通过法律法规的完善、司法体制改革和行政执法的统一规范以及行业组织的健全和自律，实现由现有行政执法为主、司法治理为辅向司法治理为主、行政执法为辅、行业自律为主导的法制化治理的综合多方位的保护模式转变。知识产权领域的法制化治理既是知识产权市场化的强力保障，也是改善创新环境、促进创新发展的基石；行政执法是在法制的框架下维护市场公平、规范市场竞争环境的重要保障；行业自律是行业自我规范、自我治理的重要举措。

四 构建全产业链产业化的运行模式

（一）中国知识产权产业化存在的问题

知识产权产业化不仅是知识产权成果的市场许可和转让，还涉及上游的研发和下游的转化使用以及投产后的生产、开发和市场营销环节等是否有效。当前，中国在知识产权产业化方面存在研发、需求主体内部化，研发经费来源自筹化，成果质量不高，实施转化率偏低，许可和转让比率较低，产生实际效益的比例不高等问题。下面以质量相对较高的知识产权为例分别对知识产权内部化、研发模式、实施与产业化和专利许可与转让方面为例分别展示问题所在。

在知识产权内部化方面，作为专利转化使用的主体，企业多倾向于自主研发。作为创新主体的科研单位和高校多是从事基础研究，专利成果少，且倾向于利用已有专利设立企业或合作生产。知识产权的创造和使用的供需主体都呈现研发和使用的内部化态势，而通过市场分工的产业化趋势尚不明显。具体来看，截至 2014 年年底，国内有效发明专利 708690 件，其中，企业拥有量为 438221 件，占 61.8%；高校拥有量为 136613 件，占 19.3%；个人拥有量为 70542 件，占 10.0%；科研单位拥有量为

56274 件，占 7.9%；机关团体拥有量为 7040 件，占 1.0%。这一方面显示企业以应用性较强的专利创造为代表的创新能力不断提高，研发和运用知识产权的能力不断增强；另一方面也体现出中国高校和科研部门对应用性较强的专利研发的创新能力相对较弱，无法满足企业对创新的需求。因而，在科研单位无法满足企业实际创新需求的情况下，企业自身加大了研发投入。这样使得使用主体也成了研发主体，造成研发供给与转化使用需求内部化的问题。

在研发模式方面，由于知识产权成果的特殊性和较高保密性要求，无论是企业、高校、科研单位还是个人研发者，多是选择自主研发模式，研发经费多是自筹资金或储蓄存款或者贷款，进行市场化融资或者引入种子孵化资金的比例很低，政府的支持资金比例也很低。中国 88.1% 的专利权人选择的是"自行提出创意进行研发立项、融资投资、产品开发、销售"的全过程研发模式。33.2% 的企业会选择由研发部门提出创意，委托专门研发机构（研究机构、高校）进行研发工作。只有 12.6% 的企业会选择在市场上寻找、购买合适的技术。也只有 13.1% 的企业会进行模块化设计后将研发、产品设计、开发和市场营销分别外包，进行市场化运作。全过程的研发模式是当前企业选择的主要模式，这在一定程度上制约了中国知识产权市场化和产业化进程的推进。

在专利实施与产业化方面，中国有效专利实施和产业化转化率都不高。2014 年，中国有效专利实施率仅为 57.9%。从专利权人类型来看，企业的专利实施率相对较高，为 68.6%；科研单位其次，为 41.6%；个人为 40%；高校最低，只有 9.9%。在用于生产出产品并投放市场的专利占有效专利比率方面，总体比例为

42.9%。不同专利权人该比例存在差别,企业产业化转化率最高,为52.3%;科研单位和个分别为20.6%和27.6%;高校最低,仅有1.7%。从专利类型来看,有效发明专利产业化比例最低,仅为35.6%,实用新型和有效外观均在40%以上。

在促进专利转移和产业化的主要措施方面,专利权人转移和产业化的渠道有限。例如,为促进专利转移和产业化,超过五成的高校和科研单位都是选择"积极参与有关技术展会或交易会,帮助联系技术交易平台",近四成选择"鼓励本校教师和学生利用技术成果创业,并给予各类支持"。其中,80.8%的高校采取"鼓励本校教师和学生利用技术成果创业,并给予各类支持";21.3%的科研单位选择"成立专门的孵化器公司,选择有良好市场前景的专利进行产业化推广"。高校和科研机构选择委托外部知识产权服务机构推进专利转移和产业化的比例都不高,高校为35.5%,科研单位仅为19.3%。可见,在知识产权转移和产业化促进方面,中国知识产权主体的外部市场化渠道有限,且外部化的动力和意愿都不强。

在专利许可与转让方面,在市场上成功许可他人使用的比例仅为9.9%;企业和个人的专利许可率相对较高,也只有10%左右;科研单位只有5.9%;高校最低,仅为2.1%。成功转让给他人使用的专利占有效专利的比率更低,只有5.5%;企业和个人专利转让率比较高,也分别只有5.9%和5.4%;高校最低,只有1.5%。

(二)中国知识产权产业化的阻碍因素

中国知识产权在产业化方面存在的研发、需求主体内部化、研发经费来源自筹化、成果质量不高、实施转化率偏低、许可和转让比率较低等问题对知识产权产业化产生了很强的阻碍作用。究其原因，这与中国知识产权领域法制化、市场化的体制和机制尚不成熟，致使法律和政策保障的市场环境还不到位，市场保护强度偏弱；再加上市场主体也不成熟，保护意愿和保护能力均不足密切相关。同时，也与知识产权的特殊属性和保密要求以及市场风险太大紧密相连。国家知识产权局连续五年的调查数据显示，"专利保护增强，企业的研发投入意愿随之增强"。这证实了知识产权保护强度的高低是市场风险大小的重要影响因素，对知识产权研发有着关键性的影响。

在研发内部化还是市场化选择方面，企业会在考虑成本和风险损失的基础上做出内部化还是市场化的选择。如果外部市场化的风险损失超过内部化的成本投入，那么，企业会倾向于内部化研发；否则，就会做出外部市场化的选择。在科研成果质量方面，成果质量直接受研发投入成本的制约，在高比例自筹资金的研发投入模式下，受研发资金的限制，研发周期受限，必然影响成果的质量。如能改变自筹资金的研发投入模式，拓展资金来源，打破研发资金的约束，成果质量自然会提升。

产业化转化率不高的阻碍因素主要来自三个方面：一是无法有效阻止其他市场主体模仿自己的技术；二是缺乏有效的融资渠道，无法支持后续的产业化生产；三是缺乏配套技术和设备，无法及时量化生产。因为从专利到真正的产业化生产还需要生产场地、配备设备、培训技术人员和工人以及批量生产调试等大量的工作要做，因而还需要继续投入资金，甚至是大量资金。因资金缺乏和融资渠道的匮乏很多有效的专利无法实现生产化转化，是中国知识产权产业化的主要约束和阻碍因素。另外，在专利运用和产业化中遇到的主要问题,高校和科研单位都有"具有市场前景的专利处于闲置状态"和"申请专利前以发表论文等形式公开技术成果导致无法获得专利保护"情形,分别占比为67.7%和50.0%。

(三) 构建全产业链的产业化运营模式

知识产权产业化的核心是加大研发投入、提高研发质量,进而研发出高质量的创新成果及其转化为生产技术投入生产后能够带来额外技术收益。事实上,只有具备转化潜力和收益潜力的创新成果才具有产业化运营的基础和价值;因而,要构建知识产权全产业链的产业化运营模式需要做好以下几个方面的工作:第一,在法制化的基础上做好加强知识产权保护的法制和行政综合执法工作,打造良好的研发创新环境,降低外部市场风险,提高创新主体的创新意愿。第二,搭建知识产权金融服务平台、拓展知识产权产业化的融资渠道,提升金融对创新的支持能力和力度。在完善金融政策、创新金融服务的基础上,在政府政策的引导下,依法组建知识产权金融服务平台,提高金融对知识产权产业化过程中的研发、交易、转化、生产等各环节的支持能力和支撑作用。第三,打建研发平台、聚集研发专业人才、打造培育专业化的研发组织团队,提升研发创新成果质量。在加强知识产权保护、降低外部市场风险的基础上,通过政府引导的研发平台组建,打造出专业化的研发服务团队,降低研发成本,提升研发成果质量,促进研发环节由内部一体化向外部市场化的分工合作转变。第四,搭建知识产权交易平台,聚集知识产权市场主体,培育并激活知识产权交易市场,进一步促进知识产权研发和应用主体的专业化分工,提高知识产权产业化的转化率。第五，搭建知识产权交易服务平台，组建知识产权价值评估组织，设立知识产权转化为生产技术能力的评估指标体系，为知识产权交易提供第三方保障估值服务，提升交易的效率和交易的客观性、公平性。

总之，通过法制化和行政执法加强知识产权保护是知识产权产业化的前提；通过金融服务创新，拓展研发、交易、转化环节的渠道，是克服知识产权资金制约瓶颈、提高研发成果质量和提升产业化转化的基础和关键。知识产权研发平台、交易平台以及交易服务平台和组织的搭建和组建，都是促进知识产权内部分工、提高研发效率和转化应用效率的有效促进和保障机制。

五 构建开放包容、合作共赢的国际化模式

(一) 中国知识产权国际化存在的主要问题

知识产权是由特定的国家机关，依据特定的法律，对特定人的符合特定条件的特定的发明创造和可识别性标记，经过特定的程序而授予的受特定保护的有特定激励效果的特定权利。知识产权在权力获得和使用上具有明显的区域性特征，但伴随经济的跨区域、国际化甚至全球化的现实，知识产权的国际化也是大势所趋。知识产权国际化包括法律法规和政策协调的国际化、知识产权申请获得保护的国际化和知识产权转化使用的国际化等几个方面。从知识产权主体的角度看，知识产权国际化包括引进来和走出去两个方面。目前，中国已经建立健全了符合国际通行规则、门类较为齐全的法律法规体系、知识产权工作体系和执法机制，而且注意与已加入的国际条约相衔接，积极履行国际义务，积极

参与知识产权五局①的相关组织活动,实现了从本土化向国际化的转变。中国知识产权局作为重要合作方的五局合作取得了较大的进展,目前超过45个专利局采用联合专利分类;在开发和拓展专利审查高速路(PPH)方面,五局也起了关键性的推动作用,其推出的 IP5 PPH 项目帮助申请人更快、更有效地获得专利。但是,由于中国知识产权制度建立的时间较短,无论是知识产权制度还是制度运用能力相比发达国家都还存在一些不足。对于知识产权主体企业而言,面对知识产权制度和来自国际企业的竞争,缺乏应对措施和经验;特别是在"一带一路"倡议的背景下,走出去如何保护好自己的知识产权更是存在很多空白;而在引进来方面,如何公正合理地取得外来知识产权的使用权也经验不够,往往面临的是需要付出很大的不必要的费用和成本支出问题。

(二) 中国知识产权国际化程度偏低,处于弱势失衡状态

当前,中国知识产权国际化在法律法规和政策衔接方面已经取得了较大的进展,但在知识产权来源及其主体国际化方面存在较为严重的不对称性,即源自外部的知识产权远远大于内部走出去的知识产权。以知识产权中的专利为例来说明中国知识产权国际化程度偏低的问题。在知识产权申请来源地方面,中国专利申请来自本国的比例高达95%;远远高于第二位的韩国(73%),美国、日本及欧盟国家的比例更低。这说明中国的专利申请目前主要来自国内,源自外部国家的比例较低。在全球专利申请来看,源自中国的专利申请数为1008743项,占比为12.21%,远

---

① 即欧洲专利局、日本特许厅、中国知识产权、韩国知识产权局和美国专利商标局。

远低于美国、欧盟的国际占比，也低于日本。相对中国专利申请第一大国的地位，中国国际化的专利申请数量和比例都大幅偏低。从五大局间的专利活动相互关系来看，美国在中国的专利申请为33963项，而中国在美国的申请只有18040项；日本在中国的专利申请超过4万项，而中国在日本的专利申请仅有2531项；同样，中国对欧盟和韩国都处于弱势失衡状态。在提交的专利申请来源地构成上，中国提交的专利申请4%来自日本、3%来自欧盟、3%来自美国，88%来自内部；在结构上与日韩比较相近。美国和欧盟来自内部的提交专利申请都不到50%，国际化程度较高。另外，中国PCT国际申请占总申请的比例最低，仅为3%，远低于其他国家。这说明中国知识产权申请主体利用国际合作条约的能力偏低。总之，中国的知识产权国际化整体上处于程度不高的弱势平衡状态。

（三）构建开放包容、合作共赢的国际化协调模式

尽管在知识产权国际化的过程中，中国处于弱势失衡状态；但近几年中国知识产权走出去的步伐在加快，2016年WIPO国际商标申请服务即马德里体系的需求增长了7.2%，中国增速最快，高达68.6%。这说明伴随经济技术的进步，在国际上，中国创造的进程已经启动。我们需要准确判断中国经济技术的发展阶段，为中国经济转型和知识产权走出去创造更好的国际环境。依据中国知识产权强国、创新发展的战略布局，按照加强知识产权国际合作交流、支持知识产权主体走出去，推进知识产权国际化的思路和要求，中国知识产权综合管理改革试点需要构建开放包容、合作共赢的国际化协调模式。

构建国际化的知识产权协作模式，在政府层面需要进一步加

强涉外知识产权事务的统筹协调,加强双边知识产权对外谈判、双边知识产权合作磋商机制。积极参与知识产权国际规则的制定和修订;推动落实《视听表演北京条约》尽快生效;做好批准《马拉喀什条约》的相关准备工作;拓宽知识产权公共外交渠道;加强与"一带一路"沿线国家、金砖国家的知识产权交流合作;做好中国驻国际组织、主要国家和地区外交机构中涉外知识产权人才储备工作。

在知识产权涉外服务和支持机制上,要加快健全企业海外知识产权维权援助体系;鼓励设立中国企业海外知识产权维权援助服务基金。尽快制定并实施应对海外产业重大知识产权纠纷的政策;完善海外知识产权信息服务平台,发布相关国家和地区知识产权制度环境等信息。对外向型企业开展知识产权保护及纠纷应对实务培训,支持有实力的知识产权企业主体走出去,走向国际市场。

在运作机制上,在中国知识产权产业化市场运作平台下设立国际化的运作模块,该模块应包括知识产权引进交易和知识产权输出交易两个子模块。在国际化模块内应提供相关国家和地区的专利申请实务、跨国转让、许可知识服务及相应市场需求和供给信息,以及相关的法律保护、金融服务和技术转化支持服务。总之,构建开放包容、合作共赢的国际化协作模式是中国由知识产权大国走向知识产权强国、利用国内国外两个市场资源实现创新发展的必然要求。

第五章　上海知识产权产业化综合改革试验区建设思路

第一节　知识产权产业化的内涵及范围

一　知识产权产业化的内涵

知识产权是关于人类在社会实践中创造的智力劳动成果的专有权利，其本质上是一种无形财产权，它的客体是智力成果或是知识产品，是一种无形财产或者一种没有形体的精神财富，是创造性的智力劳动所创造的劳动成果。知识产权具有无形性、创新性和独占性，因其研发、创造成本高、模仿成本低，为了更好激励知识创造和创新，人们在制度上对知识产权赋予了一定的独占性，因而具有专有性、时间性和区域性的特点。

知识产权产业是指基于知识形成及转化的创意、研发、确权、交易、孵化、推广及相关服务的行业集合。构成知识产权产业的这些行业分工明确、利益相连，尽管各自的经营主体、运营模式、存在形态各不相同，但它们都围绕知识产品开展各自经营活动，并在行业内实现各自经营目标，共同推动着知识产业的循环发展。

知识产权产业化是指知识产权产业的形成和发展的过程，是提高知识产权价值实现和转化效率的有效途径。知识产权产业的内涵是在知识产权主体权利明晰的基础上，以知识产权市场需求为导向，以实现知识产权价值为目标，基于市场经济价格运行调节机制，在符合政策法规的范围内实现优化知识产权要素配置，整合知识产权产业链资源，形成专业化、一体化、规模化、社会化、系列化、市场化的组织方式和运营形式的过程。可见，知识产权产业化的基础是产权明晰、机制是市场调节、动力是利益激励、保障是政策激励及法制规范，其本质是市场化。

知识产权产业化在发展阶段上包括产业孕育、产业形成、产业发展、产业成熟四个阶段，是一个动态的发展过程。衡量知识产权产业化是否实现的标准是市场运作机制是否形成和有效、产业是否达到一定规模、龙头行业是否产生、产权交易市场是否活跃、投融资体系是否高效便捷以及产业内各行业主体的营利性和可持续性如何。知识产权产业化将推动知识产权的创意、研发、交易、转化、培育孵化、规模化生产以及需求再生传导等环节的自我发展、自我约束、自我调节的良性动态发展，是促进知识产权保护、创造、应用、价值实现以及产业提升的良性机制。

知识产权产业化是知识产权创造运用由弱到强、由模仿跟进到创新引领发展的必然路径，也是平衡保护知识产权、应用知识产权和创造知识产权良性循环发展的必然路径。知识产权产业化既是知识产权转化应用的需要，也是知识产权研发创造的需要；既是知识产权拥有主体利益权利的需要，也是知识产权需求主体采用新知识应用生产的需要；既是产业提升的需要，也是国家创新发展的需要。

二 知识产权产业化的范围

知识产权既是智力创新成果，又是经济社会发展的重要驱动力，属于提升经济社会发展的重要生产要素。知识产权产业化的关键是知识产权交易的市场机制建设，核心是知识产权交易和转化，主驱动力是创新利益实现和分享。知识产权产业化的本质是知识要素产权的市场化、产业形成和发展的过程，即知识产权研发创造、交易转化、生产应用、需求创造的知识产业全产业链形成和完善的过程；因而，其产业化的范围包括知识产权所有分类内容的产业化、知识产权创造应用过程及各类服务的产业化。

在内容分类上，知识产权产业化应包括专利、商标、著作权、软件著作权、植物新品种、原产地地理标志、集成电路布图设计等知识产权涵盖的所有内容，即专利产业化、商标产业化、著作权产业化等都是知识产权产业化的应有之意。

在过程阶段划分上，知识产权产业化应涵盖创意、研发、评估确认、传播、交易、转化应用、扩散等全产业链各阶段的所有相关运营活动。知识产权全产业链的各类活动，可以归纳为导入、交易、转化、发展四个基本阶段。导入阶段主要涉及创意、研发、产品化及商品化，需要人力、物力和财力的大量投入，是知识产权形成阶段。交易阶段主要涉及知识产权的认定、产权确认、价值评估、产权交易转让，需要政府、法律、评估、市场平台等各方的综合服务，是产权市场转让阶段。转化阶段主要是获得知识产权的主体将其应用于生产、提高生产技术水平和服务水平的成果转化时期，是知识产权要素应用于生产的产权使用阶段。发展阶段主要是知识产权获得主体，大规模应用知识产权扩大生产，提高经济效益的知识产权大规模使用阶段。

在知识产权产业化过程中，围绕各类知识产权的创意、研发、成果、转化、应用的各环节衍生出各类知识产权服务行业；因而知识产权服务业市场化也是其产业化理应涵盖的重要内容。

综上所述，知识产权产业化实际上是所有分类知识产权的创造、转化、应用的市场化过程，因而，知识产权产业化应涵盖知识产权所有分类内容及知识产权全产业链的所有环节，以及具体体现各环节产业化的主体。

三 知识产权产业化与科技成果转化的区别

在学术及应用领域，很多人容易将知识产权产业化与科技成果转化相混淆。事实上，二者既有区别，又密不可分。一般来讲，科技成果是指人们在科学技术活动中通过复杂的智力劳动所得出的具有某种被公认的学术或经济价值的知识产品。知识产权是指人们就其智力劳动成果所依法享有的专有权利，通常是国家赋予创造者对其智力成果在一定时期内享有的专有权或独占权。二者的共同点是都基于智力成果，不同点是知识产权强调的是依法享受的权力，科技成果强调的是学术或经济价值成果。可见，科技成果强调的是技术知识成果，且忽略了成果与所有者的关系；而知识产权强调的是知识所有者的权利，包括科技专利权、知识创意出版权、商标权、地理标识权以及植物新品权等诸多领域知识所有者的所属权利，且关注知识创造、知识交易、知识转化、知识使用者等各环节的权利属性关系。因而，科技成果是知识产权的权利载体之一，是从技术的角度强调成果的学术性、经济性及应用性；知识产权是各类知识研发、创造、交易、转化、应用者对知识所拥有的权利，是从权利的角度强调所有者及相关者的相互关系。

"产业"这个概念是属居于经济微观主体与宏观经济之间的一个中观"集合概念"，是具有某种同一属性的企业或组织的集合，又是国民经济以某一标准划分的部分的总和。知识产权产业化是指集合知识产权行业的企业、组织等元素，以知识产权行业市场的需求为导向，以实现经济效益为目标，依靠专业知识产权服务和管理，形成的市场化、体系集成化、品牌化的经营方式和组织形式。而科技成果转化是指为提高生产力水平而对科学研究与技术开发所产生的具有实用价值的科技成果所进行的后续试验、开发、应用、推广直至形成新产品、新工艺、新材料，发展新产业等活动。

科技成果转化是知识产权产业化的组成部分，是从技术的角度强调科技成果向生产应用及经济价值创造的延伸。知识产权包括但不限于科技成果，是从权利的角度强调智力成果的权利专属性；知识产权产业化包括技术层面的、微观的科技成果转化，但知识产权产业化的内涵更加丰富，既有成果转化的要求，也有权利转移和转让的法定要求。因而，科技成果转化属于知识产权产业化的部分内容，但与知识产权产业化有着本质的层次性的区别：科技成果转化属于微观层面技术性表述，知识产权产业化属于中观层面、内涵更加丰富的行业市场化表述。

四　政府引导及知识产权产业化实施主体

知识产权产业化是一个知识产权与市场需求相结合并创造财

富的过程，但归根结底是构建一个以市场为导向的知识产权运营体系。对政府而言，知识产权产业化就是通过技术、人才、财政、金融、税收、政府采购、知识产权保护、贸易和外国直接投资等政策调整，营造有利于引导创新和知识产权产业化的生态环境，促进产学研结合、推进创新发展、培育市场需求、加强知识产权运用和保护等。在知识产权领域，因进行的是创新，面临的不确定性高、风险大，失败概率较大，如果单纯依靠市场机制，很多研发项目很难推进，甚至不得不搁浅；知识产权产业化推进需要政府政策在财政、税收、融资等多方面政策的大力支持和引导。因而，知识产权产业化的前提和条件是政府的引导和政策支持，政府应是知识产权产业化的引导者和守护者，是规则制定者和保护者，但不是市场主体参与者。

在知识产权产业化主体方面，因知识产权产业化涵盖知识产权创造、交易、投资、保护等各环节，并涉及众多利益相关者，因而在推进过程中，明确各利益相关者的定位，正确处理各利益相关者间的复杂利益关系是推进知识产权产业化的关键。在产业化过程中，依据产业化的市场化本质以及中国对市场配置资源的主导型定位要求，知识产权密集型企业及知识产权服务型企业都应是知识产权产业化的核心主体，当然，拥有知识产权且有交易意愿的个人也是知识产权市场主体的构成部分；非独立性科研院所以及独立性的科研院所也是知识产权市场化、产业化的重要构成主体；有运营能力、有管理基础的搭建知识产权交易平台、信息服务平台、管理服务平台等平台运营方也是知识产权产业化的重要主体部分。金融服务和投融资服务是知识产权产业化的重要推动力和支撑力，其服务贯穿知识产权全产业链，也是知识产权产业化的重要推力主体。其他中介服务机构是连接产业资源与市场的纽带，促进产业化链条中资源的合理配置和有效流动，也是知识产权产业化推进的构成主体。

第二节　设立上海知识产权产业化综合改革试验区的必要性

知识产权产业化是指将以商标、专利、版权等为代表的知识产权进行市场运用，生产出产品与服务，满足消费者需求，进而创造价值、创造财富的过程。对于微观主体而言，知识产权产业化表现为产权所有人对于知识产权的现实运用，以期为其带来市场收益；对于整体宏观经济而言，知识产权产业化旨在将知识产权运转起来，转化为生产力，提高全要素生产率，创造社会财富。

从知识产权产业化所带来的产品、服务内容来看，其一方面体现在利用知识产权来生产、提供产品与服务，并主要以知识产权密集型产业为主要载体；另一方面表现为包括专利、商标、著作权、软件著作权、植物新品种、原产地地理标志等在内的知识产权的产业化运用提供各类服务的经济活动。从知识产权产业化的形式来看，其表现出多元形态，包括自我实施知识产权、通过许可和转让的方式实施知识产权的传统形式，同时包括通过将知识产权纳入标准，将知识产权折资入股及通过知识产权进行质押贷款等方式盘活知识产权，促进知识产权的产业化运用。

经过多年的发展，中国的知识产权产业化水平有了明显提升。

以专利为例，根据国家知识产权局 2017 年公布的专利调查结果[①]，中国有效专利实施率达到 61.8%，其中企业的专利实施率达到 67.8%；专利产业化率达到 46.0%，其中企业的专利产业化率达到 51.5%；成功许可他人使用专利占所拥有的有效专利比率为 8.1%，其中企业的专利许可率达到 8.2%。另外，根据《2016 年中国专利运营状况研究报告》[②]，2016 年中国专利运营次数（包括专利转移、专利实施许可和专利质押）为 17.3013 万次，较 2015 年上涨 19.72%；2016 年运营涉及专利件数达 16.3375 万件，较 2015 年增加 19.49%。中国知识产权产业化事业日益得到重视，并获得快速发展。

（一）知识产权产业化是知识转化、激励创新的需要

在市场环境下，经济主体进行知识、技术生产，需要相应的经济回报，这一方面源自经济主体的盈利动机，另一方面构成进行持续知识、技术投入的基础。当经济主体为其知识、技术申请知识产权保护，并进一步从知识产权的产业化使用中获得相应收益时，将从如下两个方面激励创新。其一，对于事后较为顺畅、有效的知识产权产业化预期，能够有力地促进经济主体事前的创新技术投入，进而有利于经济主体生产并持有高质量的知识产权成果；其二，知识产权产业化通过将知识产权转化为实际的生产力，产生现金流，有利于经济主体进行持续的、更大规模的创新活动。上述两个机制将有利于实现知识产权投入、知识产权价值

---

① 详见国家知识产权局发布的《2016 年中国专利调查数据报告》，http://www.gov.cn/xinwen/2017-07/01/content_5207170.htm。

② 自 2014 年始，知识产权出版社 i 智库每年向公众发布《中国专利运营状况研究报告》。

创造的良性互动、相互促进。

(二) 知识产权产业化是供需对接、引导创新的需要

目前中国面临着结构性矛盾，产品的供应结构与需求结构存在较为严重的不适配性。这种不适配性同时也体现在知识产权及创新领域。中国目前的知识产权申请量已高居世界前列，但知识产权的实际运用比例偏低，技术市场需求不足，高端技术供应不足，体现出知识产权的供应与需求在总量及结构上存在严重脱节。事实上，这种脱节受到诸多制度体制的影响，如高校与科研院所研究人员申请知识产权，更多地出于职称评定考虑，而不是以使用为目的，因此其专利维持时间相对较短，产业化比率较低。又如，目前中国高新技术企业认定要求申报企业拥有知识产权，一些企业申请知识产权的目标在于获得高新企业资质认证，获得税收减免，而非对知识产权进行产业化使用；这种制度性安排束缚了知识产权的产业化使用。相反，如果以知识产权产业化为目标，则相关经济主体在申请知识产权时，会更加注重考虑市场对于技术的真实需求，会更加注重知识产权的实际市场价值及运用，甚至根据市场需求定制知识产权，通过这些方式能够有效地实现创新市场的供需平衡。

(三) 知识产权产业化是产业提升、转型升级的需要

产业升级的本质是提高产品质量、提高生产效率、降低生产成本；产业升级体现在两个维度：一是传统产业的转型升级；二是新产业、新业态的产生。无论是传统产业的转型升级，还是新兴产业的涌现，均与知识、技术紧密相关。在知识与技术日益取得产权保护形式的现代经济，知识产权及其产业化使用构成产业提升、转型升级的核心要素。从中国的产业升级演进的历程来

看，中国已经从农业大国演变成工业大国，并向服务业大国演进。在这一产业升级演进过程中，劳动、资本及知识技术的重要性依次凸显。中国产业演进的历史趋势充分表明，知识产权产业化将有利于推动中国的产业由劳动密集型为主转向以资本密集型为主，并进一步向以知识技术密集型产业为主转换。知识产权产业化的高度发展，势必引致知识产权密集型产业的快速发展，经由知识密集型产业所产生的前向效应、后向效应、旁侧效应带动其他产业、地区经济的发展，从而强有力地推动中国的产业提升及转型升级。

（四）知识产权产业化是新动能培育、发展动能转换的需要

经济新常态下，驱动中国经济稳定、持续增长的动力源泉不在于低成本的劳动力，或由市场、政策推动的资本投资，而是知识技术创新。新常态下中国经济发展的新动能具体表现为各种形式的创新，主要包括技术创新、管理创新、运营模式创新。各类创新的成果突出地表现为知识产权，而只有将知识产权付诸市场化、产业化实践，知识产权才能成为实实在在的生产力，提升全要素生产率，进而实现经济稳健增长。知识产业化是激励创新的基本机制，推动知识产权产业化是培育新动能的重要抓手，是经济发展实现动能转换的基本保障。

（五）知识产权产业化是推进综合改革试点、落地政策的需要

知识产权产业化是知识产权综合改革试点的重要内容，是改革政策落地的重要抓手，是管理体制改革重要推动力。如果只是将现有管理部门职能进行简单的职能整合，不会带来本质性的变化。只有依托知识产权产业化才能实实在在地推进知

产权综合管理改革的实质性变化。综合改革试点区域的建立将有利于集成知识产权产业化链条，发挥知识产权的集聚效应；建立综合改革试点有利于解决知识产权产业化过程中的瓶颈问题，包括实现各类知识产权数据的互联互通，形成统一的知识产权信息服务平台；有利于形成集中知识产权供需方、促进知识产权流转的交易平台；有利于形成完善的知识产权评估体系、知识产权融资质押体系，从而实现知识产权的多维度使用。综合改革试点区域的建立亦有利于实施更为完善的知识产权保护，有效协调司法保护与行政保护，建立多元的纠纷解决机制，有效实现知识产权的严格保护，从而为知识产权产业化提供良好的市场环境；同时，国家针对知识产权产业化的鼓励性政策，如政府采购、财政支持、金融支持、产业支持政策，亦可以在综合改革区先行先试。

（六）知识产权产业化是促进创新、保障知识产权强国战略的需要

基于知识产权产业化促创新的内在运行机制，推进知识产权产业化是中国创新战略和知识产权强国战略的重要保障。国务院于2014年颁布《深入实施国家知识产权战略行动计划（2014—2020年）》，明确提出建设知识产权强国战略目标。知识产权强国的核心在于以知识产权制度支撑并保障创新发展，其发展程度包括一系列的测度指标，包括制度建设、产业发展、环境治理、文化养成等，其中，核心指标包括知识产权密集型产业的GDP占比及增速、知识产业密集型产业对于就业增长的贡献率。要在知识产权强国方面"达标"，加强知识产权产业化发展水平，大力发展知识产权密集型产业，是一个重要抓手，也符合各国产业发展

的历史趋势。

（七）知识产权产业化是提升中国知识产权国际竞争力的重要手段

中国目前的专利申请、授权量已经居世界前列，但在知识产权质量、知识产权产业化方面还较为落后。只有提升知识产权质量及产业化水平，才能够从真正意义上树立中国在世界上的知识产权优势。从国际发展趋势来看，美欧一些知识产权强国均高度重视知识产权的产业化。以知识产权密集型行业为例，根据2010年的可比数据，知识产权密集型产业在美国、欧盟的GDP贡献率分别达到35%和39%，而在中国仅为27%，差距明显；从亚洲地区来看，各国亦在着力提升知识产权产业化水平。例如，2014年新加坡发布了建立"亚洲知识产权中心"的战略规划，并就知识产权产业化制定了一系列的推进政策。中国庞大的知识产权存量及对于知识产权运营的日益重视，已经具备成为"亚洲知识产权中心"的潜力，需要在知识产权产业化方面补齐短板，提升知识产权的国际竞争力。

（八）设立知识产权试验区是聚集效应与降低交易成本的需要

近一二十年来，随着改革的深化和发展，各地包括上海，都已经设立了一批知识产权交易场所，也取得了一定成效，但总起来看，对知识产权产业化的推进都还处于探索阶段，推进速度不是太快。其中一个重要原因，就是改革政策不系统、不衔接，呈现碎片化；各地各交易所的经验难以系统集成。在上海设立知识产权产业化综合改革试验区有助于将各地的改革经验系统集成，并总结、加工和提高；同时知识产权产业化各环节的运行系统集中化，也助于降低各种交易成本，首先是可以降低政策落地和制度交易的成本，其次是其他各种成本，如知识产权的创造成本、评估成本、产业化对接的搜寻成本，以及资产价格发现和定价成本、融资成本，最后包括形成产业投资和新企业设立的成本。

第三节 设立上海知识产权产业化综合改革试验区的可能性

一 上海知识产权产业化综合改革试验区建设的政策基础

中国知识产权产业化综合改革试验区筹划及建设总部设立在上海，具有中央和上海市两个层面的政策基础，为知识产权产业化综合改革试验区建设提供了良好的政策支撑。

在国家层面，知识产权已经上升到了国家战略层面，成为中国产业升级、经济转型、供给侧改革、经济发展动能转换以及国际竞争力提升的重要发力点。大力培育知识产权，探索知识产权转化运用，促进向知识产权强国迈进是中国的发展战略方向。为此，国务院自2008年以来出台了系列的知识产权政策、规划和指导意见。2008年6月5日，国务院发布的《国家知识产权战略纲要》（国发〔2008〕18号）明确提出"必须把知识产权战略作为国家重要战略，切实加强知识产权工作"；并将"促进自主创新成果的知识产权化、商品化、产业化，引导企业采取知识产权转让、许可、质押等方式实现知识产权的市场价值"列为战略重点的内容。2014年12月10日，国务院办公厅转发的《深入实施国家知识产权战略行动计划（2014—2020年）》（国办发〔2014

64号)中提出了知识产权创造水平明显提高、保护状况明显改善、管理能力显著增强、基础能力全面提升的四大目标。为了实现这四大目标,在主要行动中提出了"大力发展知识产权服务业,扩大服务规模、完善服务标准、提高服务质量,推动服务业向高端发展。培育知识产权服务市场,形成一批知识产权服务业集聚区"的要求。2015年12月18日,国务院发布《国务院关于新形势下加快知识产权强国建设的若干意见》(国发〔2015〕71号)明确提出要"建成一批知识产权强省、强市,知识产权大国地位得到全方位巩固,为建成中国特色、世界水平的知识产权强国奠定坚实基础"的发展目标和"推进知识产权管理体制机制改革、实行严格知识产权保护、促进知识产权运用等"指导性要求。同时明确由国家知识产权局牵头组织落实"鼓励有条件的地方开展综合管理改革试点"的重点任务。2016年年初,十三五规划纲要发布,实施创新驱动发展战略位居首位,创新战略的重要性、紧迫性突显。2016年12月30日,国务院印发《国务院关于印发"十三五"国家知识产权保护和运用规划的通知》(国发〔2016〕86号)明确提出"以供给侧结构性改革为主线,深入实施国家知识产权战略,深化知识产权领域改革,打通知识产权创造、运用、保护、管理和服务的全链条,严格知识产权保护,加强知识产权运用"的指导思想以及"知识产权运用效益充分显现"的发展目标。2016年12月30日,国务院办公厅印发的《国务院办公厅关于印发知识产权综合管理改革试点总体方案的通知》(国办发〔2016〕106号)也以"深化知识产权领域改革,依法严格保护知识产权,打通知识产权创造、运用、保护、管理、服务全链条,构建便民利民的知识产权公共服务体系,探索支撑创新发展的知识产权运行机制,有效发挥知识产权制度激励创新的基本保障作用"作为指导思想;提出探索支撑创新发展的知识产权运行机制,构建促进市场主体创新发展的知识产权服务体系。国家层面的这一系列战略、规划、行动计划、指导意见和试点方案为上海知识产权产业化综合改革试验区的建设提供了建设方向,奠定了国家政策基础。

在上海市层面,上海市的经济社会发展一直处于国内引领地位,也是率先重视经济转型和知识产权工作的城市。为了推进知识产权的发展和提升知识产权工作的地位,2004年9月,上海在全国出台了第一部《上海知识产权战略纲要（2004—2010）》（以下简称《纲要》）,《纲要》基于国际知识产权制度的重要性、国内知识产权面临的问题以及上海提升国际竞争力的现实需求,提出了"以实现知识产权的市场价值为核心,突破制约知识产权创造、运用、保护和管理的全局性、体制性、机制性、政策性瓶颈问题,积极营造有利于知识产权创造的创新环境、有利于知识产权应用的市场环境、有利于保护知识产权的法制环境、有利于知识产权人才培养的教育环境等"指导思想,提出了到2010年上海知识产权工作的发展目标,为上海未来几年知识产权工作确定了发展方向。《纲要》实施中期,《国家知识产权战略纲要》颁布,为保证上海知识产权战略与国家知识产权战略进行有效对接,上海市政府又于2008年9月出台了《关于上海实施〈国家知识产权战略纲要〉的若干意见》,从建立知识产权交易市场、加强知识产权保护工作等8个方面提出了25项举措,使上海地方知识产权战略实现了与国家知识产权战略全方位、全覆盖、全过程的有机衔接。2012年7月,基于上海正处于"创新驱动、转型发展"的关键时期，做好知识产权工作已经成为新一轮发展中抢占科技发展制高点、参与国际竞争的关键的判断及为了深入实施《国家知识产权战略纲要》，上海市政府发布了第二部《上海知识产权战略纲要（2011—2020年）》，提出到2020年，力争把上海建设成"创新要素集聚、保护制度完备、服务体系健全、高端人才汇聚"的亚洲太平洋地区知识产权中心的目标，战略重点任务是"激发创新活力、促进转化应用、完善服务体系、优化保护环境"，知识产权产业园区产学结合，知识产权价值实现、知识产权交易中心、服务体系等成为推进知识产权战略主要政策举措。上海通过两部《上海知识产权战略纲要》及系列配套政策措施的实施，已经取得了很好的政策效果，这也为上海知识产权产业化综合改革试验区进一步实施的建设提供了有力的地方政策支撑。

二 设立上海知识产权产业化综合改革试验区的实践依据

在《国家知识产权战略纲要》和《深入实施国家知识产权战略行动计划（2014—2020年）》的指导下，《国家创新驱动发展战略纲要》在十三五规划中得以凸显。此后，在国家层面，关于知识产权的相关文件和规划密集出台。国务院陆续发布了《国务院关于新形势下加快知识产权强国建设的若干意见》（国发〔2015〕71号）、《国务院办公厅关于印发2016年全国打击侵犯知识产权和制售假冒伪劣商品工作要点的通知》（国办发〔2016〕25号）、《国务院办公厅印发〈国务院关于新形势下加快知识产权强国建设的若干意见〉重点任务分工方案的通知》（国办函〔2016〕66号）、《中共中央 国务院关于完善产权保护制度依法保护产权的意见》（2016年11月4日）、《国务院关于印发"十三五"国家知识产权保护和运用规划的通知》（国发〔2016〕86号）、《国务院办公厅关于印发知识产权综合管理改革试点总体方案的通知》（国办发〔2016〕106号）以及《国务院关于强化实施创新驱动发展战略进一步推进大众创业万众创新深入发展的意见》（国发〔2017〕37号）。各部委及地方政府也随之出台了相应的推进和加快知识产权战略和发展战略的相关文件和规划，《国家知识产权战略纲要》和《国家创新驱动发展战略纲要》在实施实践上进入了关键期；一些发展条件较好、理念先进的地方政府在知识产权管理方面也加快了改革，积极推进知识产权综合管理体制改革，设立了一些综合管理改革试验区。国家层面的重视和地方政府的行政管理改革为知识产权产业化综合改革试验区的建设奠定了政策和行政管理的政策实践基础。

上海市在两部《上海知识产权战略纲要》的指导下，抓住"世博会""迪士尼"等国际机遇和"国家知识产权强国"及"自贸区"建设等战略机遇，围绕"四个率先"和"四个中心"建设的要求，按照法制化、市场化和高效化、产业化的要求积极推进知识产权管理体制机制改革，为激励创新、促进知识产权产业化转化效率提供良好的运营环境做出了不懈的努力。在管理体制上，上海在自贸区和浦东积极实践"三合一"管理创新，成立了知识产权法院，设立了知识产权运营平台、知识产权信息服务平台、上海知识产权研发中心，成立了上海知识产权专家咨询委员会，设立了上海产业知识产权运营基金等，为知识产权的创造、交易、转化打造了一个国内创新性的环境，有力地激发了上海知识产权的创造和运用。

经过多年的不懈努力，上海市知识产权创造的数量与质量均有了稳步提升，并逐步由传统的偏重知识产权创造数量的数量型战略向注重知识产权申请量与授权质量的并举战略转变。2016年上海专利申请量为119937件，同比增长19.9%；发明、实用新型、外观设计三类专利申请量占申请总量的比例为45∶43∶12，专利质量有了很大的提升。截至2016年12月底，上海有效发明专利拥有量为85049件，同比增长21.5%，每万人口发明专利拥有量为35.2件。

在要素市场建立方面，上海基本形成了知识产权创造、转移与转化、管理、交易、质押融资、评估、咨询、担保、法律服务等全方位、多层次、宽领域的市场要素体系。在转化渠道建设方面，上海市知识产权试点园区、上海市知识产权交易中心、上海市版权交易中心、国家专利技术上海展示交易中心、上海文化产权交易所等众多机构与机制逐步建立。在知识产权保护方面，上海已经形成了立法、司法、行政、法律服务等较为全面完整的知识产权保护体系，高质量的知识产权法治环境与投资环境初步显现。在人才培养和人才集聚方面，通过高校培养、中小学普及、社会培训、专家咨询等形式，上海初步形成了较为完整的知识产权人才培养与集聚体系；在运作体制完善方面，上海市不断推进政府职能改革，知识产权工作"管理型"政府不断向"服务型"政府转变，上海市知识产权联席会议工作机制及其作用不断得以发挥。

政府在加快知识产权产业化体系建设的同时，还依法加大了对知识产权侵权打击力度，提高了知识产权的保护水平。专利管理部门立案处理专利案件258件，工商和市场监管部门立案查处商标侵权违法案件1253件，文化执法部门立案处罚329件。上海海关查获侵犯知识产权案件237件，案值4850万元。公安机关共立侵犯知识产权犯罪案件 373 件，破案 281 件，抓获犯罪嫌疑人 498 人。检察机关共受理涉嫌侵犯知识产权审查逮捕案件 133 件 231 人，批准逮捕 76 件 103 人。全市法院受理各类知识产权案件 12171 件，审结 12255 件。

上海知识产权管理改革多年实践及其成果为知识产权产业化奠定了坚实的实践基础，为上海知识产权产业化综合改革试验区的建设积累了大量的可借鉴经验，无论是管理体制机制还是知识产权创造激励，还是知识产权交易转化、还是知识产权保护，还是知识产权综合服务的发展实践都为知识产权产业化综合改革试验区建设积累了经验，是试验区建设成功的保障。

三 设立上海知识产权产业化综合改革试验区的组织保障

在国家知识产权局、中国市场学会、中国发展研究院的指引和推动下，经过四年多的精心论证和准备，2017 年 3 月中国知识产权产业化综合改革试验区筹备工作委员会在北京成立。筹备工作委员会各成员机构的职责明确，落实了项目建设资金来源并下设秘书处，负责日常管理和协调工作。这样，中国知识产权产业化综合改革试验区建设有了筹备工作委员会的组织协调机构，为中国知识产权综合改革先行先试的项目落地实施奠定了建设和运行的组织保障基础。

试验区筹备委员会的成立经过了严密的论证，简要过程如下：2012 年 8 月 31 日，时任国家知识产权局局长的田力普同志在国家知识产权局与上海市人民政府第二次部市合作会议上提出了以"创新要素聚集、保护制度完备、服务体系健全、高端人才聚集"为目标，共同推进上海亚太知识产权中心城市建设的主题。同年，中国市场学会成立知识产权产业化发展研究中心，并授权副会长单位东亿投资公司对"推进我国知识产权产业化发展"和上海国际知识产权商务区规划建设进行项目调研。2015年8月，中国国际经济交流中心副理事长张晓强等领导知识产权产业化研究中心的专题汇报；10月31日，中国知识产权产业化召开开题会议，国家知识产权局、发改委、科技部、国家行政学院、中国社会科学院、中国市场学会上海东亿公司等多位代表做了发言。张晓强同志评价说："知识产权产业化"项目是集合知识产权"创造、保护、管理、运营"为一体的集成平台，规划设计宏伟，思路独具特色，是利国利民的百年大计，是具有国家战略意义的重大项目。2016年1月，中国经济交流中心向国务院呈报了"以知识产权产业化推动创新发展"的《要情》，得到了国务委员王勇的批示，国家知识产权局局长申长雨也做了批语。同年12月，国家知识产权局局长和相关司局领导听取了筹备工作情况汇报后，表示"全力支持、尽快推进"，并安排国家知识产权公共服务平台给予有效的指导和支持。此后，在国家知识产权局的支持下，在中国社会科学院和中国市场学会牵头指导下，知识产权产业化研究中心对项目选址、运营管理等方面进行了深化研究和综合协调。2017年3月，中国知识产权产业化综合改革试验区筹备工作委员成立，其发起单位均是国内产、学、研领域的知名单位，其共同目标是致力于国家知识产权战略和创新发展战略，全面推进中国知识产权产业化综合改革试验区的筹备、规划、建设和运营管理等工作。它们分别是国家知识产权运营公共服务平台、中国市场学会、中国社会科学院财经战略研究院、中国世界贸易组织研究会、中国国际工程咨询公司、中融国际信托有限公司、远东宏信有限公司、上海东亿投资有限公司。

(一) 国家知识产权运营公共服务平台

国家知识产权运营公共服务平台是根据"深入贯彻落实党中央、国务院关于加强知识产权运用指示精神和国家十三五规划关于建设知识产权运营交易和服务平台部署",由国家知识产权局牵头,会同财政部共同发起成立的国家平台。

国家平台是构建中国"1+N"知识产权运营体系的核心和基础,具有主导性、资源性和统筹协调性职能,发挥着资源有效对接、信息统一汇聚、服务集中供给的枢纽作用,向社会集中供给优质知识产权运营公共服务。

国家平台汇聚国内外顶尖专业人才,以最权威、最全面的知识产权全生命周期数据为载体,以知识产权流转全流程的证据存留为保障,借助"互联网+""大数据"等新技术手段,提供差异化、多样性、定制化的高质量知识产权运营服务。

(二) 中国市场学会

中国市场学会 (Chinese Association of Market Development, CAMD) 是经国家民政部批准于1991年3月在北京成立。它是由国内从事市场流通、市场营销、信用管理、法学等理论与实务研究的著名专家学者、企业及经济管理部门的高层人士联合成立的全国性社会团体。学会上级主管部门是中国社会科学院。

学会的宗旨是发挥自身的跨学科人才优势和中介作用,配合有关政府部门和企业,为加强中国社会主义市场体系建设、提高中国的社会信用体系建设水平、改善中国市场营销环境、维护企业合法权益、提高企业经营管理水平和开拓市场服务;为促进中国市场与营销学科发展服务。

学会会长由中国社科院经济所原所长、研究员、博士生导师、全国政协委员裴长洪担任,秘书长由中国社科院财经战略研究院正处级调研员朱小惠担任。

(三) 中国社会科学院财经战略研究院

中国社会科学院财经战略研究院(National Academy of Economic Strategy, CASS)简称"财经院",成立于1978年6月,前身为中国社会科学院经济研究所财政金融研究组和商业研究组。1994年更名为"中国社会科学院财贸经济研究所",2003年更名为"中国社会科学院财政与贸易经济研究所"。2011年12月29日,作为中国社会科学院实施哲学社会科学创新工程的一个重大举措,也是在创新工程后成立的首批跨学科、综合性、创新型学术思想库和新型研究机构,以财政与贸易经济研究所为基础,一个综合性、创新型国家财经战略研究机构——财经战略研究院正式成立。

自成立以来,财经院始终以天下为己任。经过30多年的努力,今天的财经院已经发展成为拥有财政经济、贸易经济和服务经济等主干学科板块,覆盖多个经济学科领域的中国财经科学的学术重镇。

财经院始终提倡"研以致用",坚持"将思想付诸实践——以自己的研究成果报效祖国和人民"作为立院的根本。从党和国家的工作大局出发,财经院以"国家级学术型智库"为定位,致力于为党中央、国务院的经济决策服务,就国家经济改革和发展中的重大现实问题提供战略咨询与对策建议;致力于长期学术研究的积累,进一步强化学术研究对于经济决策的基础支撑作用;致力于全局性、战略性、前瞻性、应急性、综合性和长期性经济问题的研究，提供科学、及时、系统、可持续的研究成果。

（四）中国世界贸易组织研究会

中国世界贸易组织研究会（China Society for World Trade Organization Studies，CWTO）由中华人民共和国商务部直属管理，是从事世界贸易组织（WTO）及相关经济和贸易问题研究的全国性社团组织。研究会由全国长期致力于世贸组织相关事务的政府官员、权威专家学者和机构自愿组成，是国内进行世贸组织有关事务研究、咨询、培训、编辑、出版、国际交流与合作的权威机构之一。

研究会的宗旨是服务国家、面向企业、依托智库院校、开展国际合作。其主要职能包括研究世界贸易组织相关理论和实际问题；组织国内外学术成果、工作经验和信息交流；向中国政府部门、企业提供培训、咨询和法律服务；国内外信息采编，编辑出版书籍、报刊、音像资料，宣传普及世界贸易组织知识；促进中国与包括广大发展中国家在内的所有世贸组织成员的自由、公平贸易和经济技术合作；推动中国企业参与国际竞争；促进和推动中国与其他国家和地区包括自贸区在内的区域性经济合作；协助中国政府部门在完善多边贸易体制进程中发挥积极和建设性作用。

（五）中国国际工程咨询公司

中国国际工程咨询公司（中咨公司，CIECC）是国务院国资委管理的中央骨干企业，是顺应中国投资体制改革，贯彻决策民主化、科学化而成立的国内规模最大的综合性工程咨询机构，在中国投资建设领域具有较大影响。

中咨公司的业务领域覆盖国民经济主要行业，具有甲级工程咨询、工程设计、工程监理、工程招标、工程造价等专业资质，通过了 ISO9000、ISO14000、OHSAS18000 等体系认证，建立了覆盖全部业务范围、较为健全的质量管理体系，并在世界银行、亚洲开发银行等国际金融组织注册登记。

中咨公司历来是国内工程咨询行业的人才高地，拥有一大批高水平的专家学者队伍，构建了工程咨询理论方法及服务体系，形成了具有中咨特色的研究领域。自 1982 年成立以来，中咨公司完成了一大批关系国计民生、体现综合国力的建设项目和发展规划，在促进中国投资决策科学化与民主化、优化重大布局、调整产业结构、提高投资效益、规避投资风险、确保工程质量等方面，为国家经济建设和社会发展做出了重要贡献。

（六）中融国际信托有限公司

中融国际信托有限公司是经中国银监会批准设立的金融机构，成立于 1987 年，前身为哈尔滨国际信托投资公司。公司目前注册资本 80 亿元，截至 2016 年年底，公司管理资产规模约 8300 亿元（含子公司）。

20 多年来，公司秉持诚信、包容、创新、高效的价值理念，不断提升资产管理能力，提高金融服务水平，已经发展成为公司治理完善、风险管控有效、业务创新积极、人员覆盖全国的大型金融机构。近年银信合作、私募股权投资、证券投资、房地产投资等业务快速发展，为高端客户财富管理开拓了广泛的空间。

中融信托拥有一支具有成熟投资理念和丰富经验的专业团队，公司骨干业务团队具有在国内金融市场从事证券、期货等金融产品的具体操作经验，在有价证券、金融衍生产品、房地产投资、风险投资等领域均有丰富经验，形成了公司发展的中坚力量。

多年来，中融信托以严谨务实的管理态度及稳健的运营态势赢得行业内外的认可,并多次获得"年度卓越信托公司""年度中国诚信托卓越公司奖""年度最佳综合实力信托公司"等奖项。

(七)上海东亿投资有限公司

上海东亿投资有限公司成立于 2012 年 9 月。公司在国家加快发展高科技创新型产业政策的感召和指引下,以"聚焦国际趋势、聚焦国家战略、聚焦上海发展、聚焦产业需求"为使命,在中国发展研究院历无畏等领导、专家的指导下,发起建设"上海知识产权产业化集成港"主题项目。

经三年多来的努力耕耘,公司励志以"国家战略推进、政府政策支持、社会力量投资、市场体系运作"为宗旨,全力打造中国知识产权产业化运营大平台,激发和释放其蕴藏的中国知识产权产业化的巨大价值,使之成为中国经济发展百年不止的伟大事业。

(八)远东宏信有限公司

远东宏信有限公司(远东宏信,Far Eastern Horizon)是一家以体量庞大、高速发展的中国经济为依托,专注于中国基础产业,并以金融及产业相结合的模式服务于产业中最具活力的企业的中国领先创新金融公司。总部设在香港,在上海和天津设业务运营中心。2011 年 3 月 30 日,远东宏信正式在香港联交所主板挂牌上市。

远东宏信致力通过不断创新产品与服务为客户提供量身定制的产业综合运营服务,为实现"汇聚全球资源、助力中国产业"的企业愿景努力前行。在海内外,远东宏信设立了金融服务、产业投资、医院投资及运营、设备运营服务、高端教育、贸易经纪、管理咨询、工程服务等多个专业化的经营平台。

成立20多年来，远东宏信已由一家单一金融服务机构逐步发展成为立足中国、放眼全球、致力于推动国民经济及社会可持续发展的产业综合运营服务机构。远东宏信在多个基础领域开展金融、投资、贸易、咨询和工程等一体化产业运营服务，创造性地将产业服务和金融资本融为一体，形成了具有自身特色的以资源组织能力和资源增值能力相互匹配、协调发展为特征的企业运作优势。

四 设立上海知识产权产业化综合改革试验区的建设规划

（一）选址标准的确立

中国知识产权产业化发展项目立项后，项目组在中国社会科学院和中国市场学会的指导及国家知识产权局的支持下进行了大量的调研和协调工作，先后得到中国世界贸易组织研究会、中国国际工程咨询公司、中融国际信托有限公司、远东宏信有限公司等单位和组织的认可和大力支持，并将其吸收为筹备成员单位。项目调研期间，得到了上海市人民政府、浦东新区人民政府、闵行区人民政府、徐汇区人民政府等部门就项目沟通和选址等方面论证的支持。项目调研论证还得到了国防科技大学、上海交通大学、上海大学、上海政法大学、上海产业发展研究中心、全国中小企业协会、中建集团、上海建工、南方电网、格力空调、远东宏信等高校和企业的大力支持。以上机构组织的支持对知识产权产业化综合改革试验区项目的研究、推进和选址及建设规划给予了有力的支撑。项目组在调研的基础上，提出了"中国知识产权产业化综合改革试验区是我国实践知识产权强国、创新发展战略，落实知识产权综合管理改革方案的试验田，是我国知识产权产业化、市场化、法制化、管理综合化、产业高效集成化的先导区和示范区，对推进知识产权产业化发展具有引领、示范、辐射和推广效应"。基于此，在经过严格论证和专家意见征询的基础上，提出了改革试点地方选址条件和试验区落地的选址标准。

1. 改革试点地方选址条件

（1）经济发展步入创新驱动转型窗口期，创新资源和创新活动集聚度高，专利、商标、版权等知识产权数量质量居于全国前列。

（2）设有或纳入国家统筹的国家自主创新示范区、国家综合配套改革试验区、全面创新改革试验区、自由贸易试验区等各类国家级改革创新试验区和国家战略规划重点区域，或设有知识产权法院的地方。

（3）知识产权战略推动地区经济发展成效显著，知识产权管理体制和市场监管体制机制改革走在前面，知识产权行政执法力量较强，知识产权行政执法效能突出。

2. 落地区域选择标准

（1）区域位置：位于重点城市群中且属于城市群的核心城市。(2）区域政策：属于国家战略城市，享受政策优势。（3）区域经济：经济发达、市场活跃、产业繁荣。（4）区域开放：开放度高、国际化程度高，属于国际中心城市。（5）区域科技：创新能力、科技应用国内领先，属于国家科技创新中心城市。（6）区域金融：金融业发达、金融市场活跃，是国内金融中心城市。(7）区域市场：市场化程度高，市场化意识强，知识产权市场国内领先。（8）区域人才：创新人才集聚，高科技人才聚集，科研教育机构集聚。(9）区域辐射：政治和经济辐射能力较强、影响较大的中心城市。选址标准的确立为中国知识产权产业化综合改革试验区的落地划定了基本区域范围，也得到了符合条件区域各政府的大力支持。这为知识产权产业化综合改革试验区推进奠定了很好的落地推进的保障。

(二) 试验区建设规划

在确立选址标准的基础上，项目组进一步提出了中国知识产权产业化综合改革试验区的建设规划。依据知识产权产业的智力性、无形性、创造性、引领性的诸多优势特性，提出聚集人才、培育创新、市场化交易、产业化转化、投融资服务、综合管理的建设规划理念；目标是打造出促进产业升级、推动经济转型升级和创新发展的新动能。对落地区域形成拉动经济，创造就业，打造宜居环境，提升城市能级，发挥辐射效应，形成多层次、立体化的产城融合发展的新格局型魅力城市。试验区的核心功能板块分为以下三个部分。

1. 产业核心区

产业核心区是中国知识产权产业化综合改革试验区的引擎和发动机，驱动整个知识产权产业链的有效运作，并向港外辐射。产业核心区除设立知识产权产业化促进中心、知识产权教育基地、孵化中心、保护中心、知识产权法院、知识产权交易所、知识产权银行、知识产权研究院和人才服务中心等机构外，还将集聚亚太500强企业知识产权研发中心、科研院所重点实验室、知识产权交易机构、知识产权金融投资机构、知识产权服务及运营机构、知识产权产业化相关联的孵化器/加速器企业、科技创新型企业、初创企业、政府机构、国际组织、社会组织、知名企业总部或地区总部、各类培训机构、衍生服务机构等。

2. 中心展示区

以独具特色的展览馆为主，展馆设有国际会议中心、新闻中心、新技术发布体验中心以及各类各具特色的中小型演出场馆。中心展示区是集成港的"形象代言人"。每天，知识产权和科技创新领域的前沿信息从这里传遍世界，大大小小的各类展会和演出云集四方来客。它也是青少年科技启蒙和教育基地，各类科技夏令营和科普活动为培育下一代科技创新人才提供环境和氛围。

3. 配套服务区

服务配套区由国际专家人才公寓、酒店以及商业配套构成，为工作和生活在集成港的科技和知识产权人才、企业管理者、政府人员、商旅人士提供高品质的生活保障。

试验区建设规划构建了试验区功能板块的发展方向，是试验区建设推进和功能有效实现和发展的根本。这为试验区的建设提供了方向和功能性的导向，是试验区成功建设的保障。

(三) 上海作为试验区选址的优势

依据知识产权产业化综合改革试验区建设的选址条件和建设规划的相关内容，上海、北京、深圳、天津均在选址标准的范围内。相比之下，上海的优势更为突出。

第一，党和国家对上海的发展寄予厚望，希望上海立足全局，突出重点，当好全国改革开放的排头兵、科学发展的先行者。

第二，上海作为国际化的大都市，拥有构建"国际知识产权服务综合体"得天独厚的国际背景、人文元素、氛围环境，以及丰沛的通路资源。

第三，上海作为建设国内外四个"中心""国家自由贸易区"和知识产权发展的国内示范城市，有着雄厚的经济、金融和科技实力与基础，在国家产业升级、创新转型的新一轮战略时期拥有突出的比较优势。

第四，《国家知识产权局与上海政府新一轮部市合作框架协议》已确立合力在上海"建设亚洲太平洋地区知识产权中心城市"。时任国家知识产权局局长田力普明确提出："把推动知识产权要素资源在上海集聚，作为上海市建设亚太知识产权中心城市的关键环节。"

第五，上海作为国内探索知识产权制度运行机制、交易模式、市场化道路先行先试的城市，多年来已取得了具有示范性的成果，彰显"上海经验"的知识产权服务体系全国瞩目。

第六，上海作为"长三角"的龙头，率先构建"国际知识产权服务综合体"，对"长三角16个城市乃至全国各大城市，具有不可估量的影响力和辐射力"；同时，对上海履行"服务长三角、服务长江流域、服务全球"的担当将具有积极的促进作用。

而且，中国知识产权产业化综合改革试验区选择上海基于国务院办公厅印发的《关于知识产权综合管理改革试点方案》中试点区域的条件及上海经济社会发展和上海知识产权管理改革的实际等几个方面的综合考虑，具体理由如下。

第一，上海经济已经步入创新驱动转型窗口期，创新资源和创新活动集聚度高，专利、商标、版权等知识产权存量大、质量高，无论数量还是质量均居于全国前列，具备转化的存量基础和发展的潜力基础。

第二，上海设有中国（上海）自由贸易试验区和高新技术企业聚集、创新能力领先的张江高科技园区。

第三，上海知识产权法院在2014年12月揭牌，2015年1月起开始履行法定职责。

第四，上海市委市政府一直比较重视知识产权建设，是国内率先提出知识产权战略的城市。在2004年就已经制定了《上海知识产权战略纲要（2004—2010年）》，并在2012年第二次制定发布了《上海知识产权战略纲要（2011—2020年）》。上海知识产权战略对上海市的产业升级和经济发展成效比较显著。

第五，上海是国家知识产权局知识产权管理改革的示范城市，知识产权管理体制和市场监管体制机制改革都走在全国的前面，成立了综合执法队伍，知识产权执法能力较强，执法效能突出。

第六，上海已经提出了建设亚太知识产权中心的发展目标，该目标需要产业化试验区的支撑，也许试验区以后会发展成为亚太知识产权中心的核心区。

第七，上海人才多、素质高，大企业、创新型企业多，创新能力强，创新需求强劲，且上海是全国的金融中心，投融资支持能力强。

第八，上海自贸区和张江高科技园区已在管理体制和组织形式上进行了初步的探索，取得了初步的经验，以上海人的进取精神去建设知识产权转化试验区具有可行性。

一旦试验区启动，也会与自贸区和高科技园区形成合力，共同推进上海亚太知识产权中心目标的实现，以及国家知识产权综合改革目标的实现。

综上所述，在上海推进知识产权产业化综合改革试点既是国家及上海经济社会发展阶段的要求，也是国家知识产权发展战略和上海知识产权发展战略的共同要求；既是国际国内形势的必然选择，也是上海建设亚太知识产权中心城市的核心载体之一。知识产权产业化综合改革试验区落地上海必将进一步激励上海在知识产权综合管理改革方面进行积极探索、进一步发挥表率和引领作用，为落实《国家知识产权强国战略纲要》做出更大的贡献。

第四节　上海知识产权产业化综合改革试验区建设思路及运行模式

一　综合改革试验区建设的总体思路

应坚持《国家知识产权战略纲要》和《国家创新驱动发展战略纲要》的方向指引，贯彻执行《国务院关于新形势下加快知识产权强国建设的若干意见》和《国务院关于强化实施创新驱动发展战略进一步推进大众创业万众创新深入发展的意见》的要求，积极落实《关于知识产权综合管理改革试点总体方案》的任务和要求，基于知识产权创造、转化、运用、保护和服务等全链条需求，按照市场化、法制化、国际化的要求，积极谨慎探索行政综合管理、市场化运营、法制化保障、国际化对接的综合管理运营模式，努力打造具有国内引领性、示范性及辐射性的政府引导、市场化运作模式的知识产权产业化示范试验区。

二　创新管理体制机制、建综合行政管理体系模式

围绕"精简、统一、高效"的原则和要求，针对中国知识产权管理领域存在部门分散、规则不一、协调成本高，以及相关行政管理部门重管理、轻服务，重数量、轻质量的管理水平不高、服务能力不强以及市场引导功能不足的问题，借鉴国外和自贸区及张江高科技园区实践经验，在知识产权产业化综合改革试验区

内进行管理体制机制创新，构建知识产权综合行政管理体系，具体思路及模式要求如下。

针对中国知识产权行政管理领域存在的问题和改革的方向及思路要求，创新管理体制机制、推进行政管理体制综合一体化改革的思路有以下三点。

一是进行部门机构整合。按照强化知识产权综合管理的要求，在现有分散管理模式的基础上，参照国际惯例，借鉴地方实践经验，对知识产权管理职能进行整合、调整、创新，将分散的知识产权管理职能统一起来划归知识产权局，由知识产权局对知识产权进行统一综合管理，同时提升知识产权管理局在政府部门中的层级和地位。

二是进行职能创新整合。按照转变职能、提升管理效率的要求，保持现有的分散管理模式，借助信息技术和网络技术，借鉴部级联席会议模式设立地方部门知识产权会商制度，并在会商制度常设机构的指导下搭建知识产权综合管理、会商服务平台，以信息化、网络化、数字化、智能化统一管理，提升管理效率。

三是部门与职能整合一体推进。管理部门统一整合与职能平台整合同时推进，构建实体管理体制综合一体化与职能综合管理平台一体化相融合的线上线下同步的高效知识产权综合管理模式。

立足实情，三种创新整合模式各有利弊，难度不一。第一种模式涉及的部门多、调整的范围广，存在机构、人员的变动幅度大的现实，推进起来难度比较大。第二种思路，尽管也存在第一种思路存在的问题，但在部门间只是存在信息化协调问题，并不存在机构、人员调整问题，并且符合信息化、网络化、在线管理服务的发展方向。这种模式比较有利于职能整合和管理服务效率提升，推进难度和改革压力相对较小。第三种思路在理论上是一种最理想的模式，但触及部门、机构、人员的调整和变动，还关系到职能的整合和效率的提升，是推进和实现难度最大的模式。基于现实，按照改革调整的难度和信息技术支撑的力度及可实现程度，在管理体制机制创新方面，我们建议在试验区内可以进行分阶段逐步推进实施。即在第一阶段，在不改变现有管理格局的情况下，借助网络信息技术构建知识产权综合管理一体化平台，将分散的部门职能统一到管理平台上来，推进行政管理职能综合化，提升管理效率。在第二阶段，在知识产权行政管理职能基于网络平台基本实现一体化和管理服务标准顺利对接实现的基础上，再推进部门、机构和人员的改革和调整，进而推进职能和部门机构的统一。在第三阶段，即在实体行政管理部门的机构、人员调整到位后，在依据线上和线下的职能对应情况和问题，进一步启动第三步的线上线下融合同步的高效综合管理改革。按照这样逐步推进的行政管理改革调整的思路，自然水到渠成，衔接有序；同时也是阻力、压力造成的改革成本最小、效果最好的构建行政综合管理一体化运营的模式。

三 创新产业化运营机制，建政府引导、市场主导的运营模式

当前，中国知识产权运营体系存在的主要问题是创新主体自主性、独立性不强，知识产权归属不清，创新成果特许和转让率不高，产业化水平较低、市场化意愿不强以及政府引导能力不足等。针对中国知识产权产业化运营水平较低、市场化运营机制动力较弱的现实，试验区需要创新产业化运营机制，构建政府引

导、激励创新、市场主导的运营模式。

要构建政府引导、激励创新，促进市场化的运营模式，需要政府部门在厘清政府和市场关系的基础上逐步做好以下几个方面的改善和调整工作。

第一，转变行政管理理念，倡导和践行服务理念。管理理念的核心基础是权力，管理者拥有权力，被管理者服从权力；管理者和被管理者的关系是约束和被约束的关系，是制约和被制约的关系。在管理理念的行政模式下，拥有权力并具有约束和制约能力的管理者，更注重规制，效率意识淡薄，更谈不上服务意识和服务质量。服务理念的核心基础是客户需求，服务者和被服务者遵守需求规律，是以满足服务对象需求、提升被服务满意度为主要目标的行为。服务者拥有服务资源和服务能力，被服务者拥有服务需求。服务者围绕被服务者的需求不断优化自身的服务资源和服务能力，不断改善和提升服务的水平，提升被服务者的满意度。在知识产权管理方面，为了提升政府的引导、激励知识产权拥有主体的创新和市场化意愿及能力，政府应积极转变行政理念，推行服务主导的知识产权综合管理和服务理念，提升行政效率和服务质量。

第二，在服务理念确立的基础上进一步推进积极、主动服务能力，更好地把握创新主体的需求，为创新和知识产权创造者提供激励服务。在倡导激励创新的基础上，培育和发展知识产权市场主体。

第三，要明确知识产权是基于智力成果的产权权利，是产权的一种表现形式，具有不可侵犯性，在法律上要予以明确、严格的保护。同时，在对知识产权是智力成果认识的基础上，要进一步承认知识产权对创造者的依附性特征，承认和尊重创造者对知识产权创造的贡献和相应的权利实现。对于知识产权创造者，无论是职务创造还是个人发明创造，无论是接受国家、单位资助取得的研发成果，还是个人自筹资金取得的研发成果，对成果都应拥有一定比例的交易权、使用权、收益权及处理权。换句话说，在试验区范围内，在政策上需要加大对知识产权创造者的赋权力度或比例，以此提高知识产权创造者的研发热情、激励创新成果涌现，提高创新成果质量和可转化成果的比例及应用价值。事实上，也许对知识产权的权力进行变革就是撬动知识产权产业化、市场化以及实现知识产权强国和国家创新战略的激发点。

第四，为发挥市场的主体功能和主导作用，在试验区内搭建知识产权综合服务平台（包括孵化平台，交易平台，信息平台，投融资平台，法律、财务、咨询等综合服务平台、研究中心平台以及产业化落地产略合作平台等），为知识产权市场主体提供全方位一体化的行政及市场综合服务，提高服务的可得性和便利性，增强知识产权主体服务需求的响应及时性，提高知识产权产业化、市场化的运作效率。

第五，鉴于中国的知识产权供给主体和需求主体均处于待培育的发展阶段，或者说是处于市场化的起步阶段，需要政府政策的培植和抚育。具体来讲，政府应为知识产权交易搭建市场交易平台，出台知识产权交易的税收、补助、风险防控等方面的优惠政策以及对创新主体的支持和引导市场交易的相关政策。

这样，在厘清知识产权的产权属性及其对创造者的依附性的基础上，通过行政管服务理念的转变，提供积极性、主动性的政府服务，再加上试验区相应的扶持优惠政策，向创新主体传递明确的知识产权产业化、市场化导向的信号，激发各创新主体的创新、交易积极性及使用主体参与交易、转化落地的积极性。这将有力推动中国知识产权产业化和市场化的实现，也是中国创新战略和知识产权强国战略的导向和要求。

四 创新组织体系，构建集成化组织系统模式

知识产权产业化不仅是知识产权成果的市场许可和转让，还涉及上游的研发和下游的转化使用以及投产后的生产、开发和市场营销环节等是否有效。当前，中国在知识产权产业化方面存在研发、需求主体内部化，研发经费来源自筹化，成果质量不高，实施转化率偏低，许可和转让比率较低，产生实际效益的比例不高等问题。对于这些阻碍知识产权产业化的组织问题，试验区要针对知识产权全产业链的各环节进行相应组织体系创新，打造专业化、集成化、高效化的知识产权研发、交易、转化孵化，以及政策、评估、法律、投融资服务等组织集成体系。创新组织体系就是对知识产权全产业链各环节的组织功能进行系统集成，以克服目前各环节组织分散、创新主体处于散兵游勇状态的局面，具体而言，试验区要对以下几个关键环节进行组织集成。

(一) 研发体系集成（研发组织创新）

当前，中国的研发创新主体主要分散在各大型企业研发部门、科研机构、高校及个体创新者，科研活动呈现内部化、学术化、兴趣化的局面，以致科研成果的转化及产业化、市场化不足。究其原因，一是知识产权保护力度不够，知识产权权利主体不愿公开交易；二是知识产权成果质量不高，缺乏市场交易价值和市场产业化转化价值。第一个原因是法律法规问题，需要通过法规的

完善来逐步解决。第二个问题的根源则是研发主体内部化、学术化及个体兴趣化的问题,其本质是组织问题,应该通过组织创新来弥补。因而,研发体系集成成为试验区内组织创新的首要任务。具体而言,就是在试验区内搭建研发体系功能模块,在模块内引入大型企业、高校、科研机构的研发部门或与其合作,建立研发基地;同时,建立小型企业及个人研发基地中心,吸引有创新意愿和创新能力的小微企业或个人入住。研发组织基地的研发组织集中能够产生研发规模创新协同效应和范围创新效应,不但能够快速提升创新成果数量和质量,还能够吸引国内外投融资机构进行大量资金注入,打破原来依靠自筹资金带来的捉襟见肘的尴尬局面,有利于激励研发者进行创新的积极性,为形成国内、东南亚,甚至全球有影响力研发创新中心奠定组织基础。

(二)交易体系集成(交易组织创新)

在当前的管理体制下,知识产权创造、供需、管理均比较分散,交易体系的价值评估、价格形成、产权转移、主体信用等环节的规范、公开、公正、透明度不够,以致交易市场对知识产权的集散能力不强,交易规模偏小,甚至有的交易市场处于几乎没有交易的尴尬状态。为了改变国内知识产权交易偏冷的现状,试验区将在交易组织体系方面进行创新,构建交易体系集成体系,该体系主要包括知识产权价值评估平台、价格形成平台(内部、海外)、产权交割平台、交易综合管理服务平台、交易纠纷调解处理平台以及法律咨询服务平台等。具体而言,就是将这些平台进行组织和功能整合,形成完善一体化的交易服务集成体系,提高知识产权交易效率,保障交易公平,激发知识产权主体交易的积极性,进而激活知识产权交易市场,带动创新主体进一步的创新，提升创新质量；促进知识产权成果有效转化，为产业升级和提质增效提供技术和智力支撑。

（三）转化体系集成（转化组织创新）

知识产权转化在类别上，一般包括无交易转化、交易转化和合作转化，其中交易转化又包括完全交易转化、不完全交易转化及股权合作转化等。在传统知识产权转化模式下，一般是无交易转化，即无论是研发企业的内部转化、科研机构独立转化、高校的自我转化，还是个体的合作转化，基本都属于无交易转化。在无交易转化模式下，除了大型企业的内部转化外，科研机构、高校和个人的知识产权成果转化率都偏低，融资难度大，转化应用速度慢，经济效益有限。为了克服传统知识产权在无交易转化过程中的种种弊端，提升知识产权的转化率和经济效益，试验区将在研发体系集成和交易体系集成，同时对转化体系进行集成，构建知识产权转化集成体系，推进知识产权转化由无交易转化向交易转化和合作转化及股权合作转化转变。具体而言，转化集成体系包括转化（孵化）基地、转化融资平台、转化服务政策支持、转化市场保护等分系统。这样，通过转化体系的集成，可以促进知识产权转化的组织创新，提高知识产权转化效率和经济效益，为知识产权转化提供示范效应，鼓励更多、更高质量的知识产权加快转化进程；同时，也通过转化收益激励知识产权创新主体的创新热情，加大研发创新力度，为国家创新战略和知识产权强国战略提供有力的支撑。

（四）中心扩散体系集成（组织开放创新）

一般认为试验区是一个既定的规定地理空间，在划定的地理空间内才能享受试验区的各项优惠政策，进行相应组织突破。鉴于知识产权自身无形性、智力性以及人才依附性的特性，知识产权产业化试验区设想打破传统，构建中心扩散或内区外点的辐射集成体系，借助网络信息技术推进组织开放创新。换句话说，就是在试验区研发、交易、转化、孵化基地的基础上，对区外知识产权入区交易可以选择区外转化、孵化，但提供区内的融资、管理、优惠、转化保护等政策和服务支持，形成内区外点集中发散的开放创新的组织集成体系。这样，既可以发挥试验区的区内聚集效应，又可以发挥其扩散辐射效应；既能促进试验区的快速成熟，又能发挥试验区的引领和导向功能。

五 创新执法体系，优化产业化环境模式

在知识产权研发是内部化还是市场化方面，知识产权研发主体通常会衡量成本和风险损失。如果外部市场化的风险损失超过内部化的成本投入，那么，企业会倾向于内部化研发；否则，就会做出外部市场化的选择。在知识产权转化方面，知识产权主体同样面临内部化还是市场化的问题，其衡量的基点依然是转化成本、资金需求以及外部市场化的风险问题。如果外部市场化的风险损失较大，知识产权主体将会选择内部转化或闲置；否则，就会选择外部市场化获取转化收益。

中国在知识产权法制化治理方面的不足，对知识产权市场中的市场主体产生了很多不良的影响，直接影响着知识产权的创造和市场转化应用效率。换句话说，由于知识产权的法律保护不力、保护强度不够，致使知识产权创造供给主体和需求使用主体的市场化动力较弱、市场分工合作意愿不强的问题长期存在。知识产权的供给主体和需求主体均没有通过市场化交易进行转移或

应用知识产权的动力。就知识产权供给方而言，由于知识产权一旦进入市场，如果法律保护不到位，就很容易被竞争对手模仿，失去其在市场竞争中的独特优势和价值，造成研发的投入成本和应得预期收益无法实现。就知识产权的需求方而言，如果能够通过低成本模仿而不受惩罚或者惩罚成本低于其模仿收益，其自身也没有通过市场高成本获得独特知识产权价值的动力。事实上，中国知识产权产业化转化率不高的重要阻碍因素之一就是无法有效阻止其他市场主体模仿自己的技术。可见，知识产权作为一种独特的产权形式，更需要法律的严格保护。

在研发和转化都倾向于内部化以及创新成果闲置的情况下，知识产权产业化就很难推进，也很难实现创新收益。当前，中国知识产权领域基本上处于研发和转化都处于内部化，甚至知识产权成果闲置的局面。为了扭转研发和转化环节的不利局面，试验区将基于中国当前行政和司法双轨制治理且事实上是行政执法治理为主的模式现状，创新执法体系，构建法制化为主、行政治理为辅的法制化治理模式。试验区内知识产权领域的法制化治理既是知识产权市场化的强力保障，也是改善创新环境、促进创新发展的基石；行政执法是在法制的框架下维护市场公平、规范市场竞争环境的重要保障；行业自律是行业自我规范、自我治理的重要举措。

六 创新政策体系，优化创新创业环境模式

创新创业都是高风险、高智力、高回报的行为，也是引领经济技术发展方向的行为；但具有很大的不确定性，很多创新主体都面临自筹资金不足、融资困难、创新支持力度不够的问题。即

使是风险偏好很强的个人和企业也难以独自承担，因而需要社会组织及政府政策的大力支持。为此，试验区将创新政策支持体系，优化创新创业环境。具体而言，创新政策主要包含以下几个方面。

（一）中小创新企业经费投入政策

以创新基金为主导，重点向种子期、初创期早期企业投入，填补"投资空白"。建立针对种子期、初创期企业的政策性股权融资机制。重点鼓励知识产权向中小企业转移。

（二）中小企业信用担保政策

政府财政支持组建中小创新型企业知识产权融资担保公司，对于民间的中小企业信用担保机构在创办初期给予一定的引导，以调动社会资金的积极性；逐步建立担保机构的资本金补充和多层次风险分担机制，从政策上扶持中小企业信用担保机构的发展。

（三）国家财税支持政策

建议在国家财政预算中增加知识产权产业化的投入，用于支持从初始化到产出的知识产权产业化全产业链，以及采取贴息、担保等方式引导社会资金投向知识产权产业化。对具有重要战略意义和产业化价值或已进入产业化初期阶段的知识产权，加大在申请和保护阶段给予资金补助力度，特别是在海外市场布局以及维权的资金补助。研究完善促进科技进步和知识产权产业化的税收政策。加快落实科技中长期发展规划配套税收政策。支持企业自主创新能力建设，鼓励企业加大科技投入，支持创业风险投资企业的发展，扶持科技中介服务机构。

在上述基础上，针对知识产权产业化，研究更加优惠的税收政策。将企业是否拥有自主知识产权作为能否被认定为高新技术企业、享受税收政策的标准。对个人转让知识产权，研究相应的税收优惠政策。

（四）政府引导、社会资金参与的多元、多层次产业化投融资政策

第一，运用政策性融资支持自主创新。一是政策性金融机构要充分发挥其政策导向功能，对自主创新项目及产品尤其是国家重大科技专项、国家重大科技项目产业化项目的规模化融资和科技成果转化、高新技术产业化、引进技术消化吸收、高新技术产品出口等在贷款上给予重点扶持；二是运用财政贴息方式，引导各类商业金融机构支持自主创新与产业化。

第二，加快发展知识产权创业风险投资。在试验区内设立知识产权创业风险投资引导基金，引导社会资金流向创业风险投资企业，引导创业风险投资企业投资处于种子期和起步期的创业企业。探索保险公司投资知识产权创业风险投资企业及证券公司开展知识产权证券化投资业务的可行性。探索风险投资企业通过债权融资方式增强投资能力的可行性。

第三，建立支持知识产权产业化的多层次资本市场。争取出台试验区自主知识产权的企业上市政策；逐步允许具备条件的高技术企业进入代办系统进行股份转让；扶持发展区域性产权交易市场，拓宽创业风险投资退出渠道；支持试验区符合条件的自主创新企业发行公司债券等。

（五）试验区知识产权产业化人才队伍建设政策

试验区将加强专利主管（总监）、知识产权经纪人、知识产权评估师等方面的人才培养与研修，以适应未来自主知识产权产

业化的需要。实施"试验区人才工程",引导人才向试验区内流动。鼓励大学、科研院所的专家教授到试验区企业技术中心挂职或兼职。制定试验区知识产权收益分配激励机制。制定国有企业知识产权参与分配的办法,允许对骨干科研人员给予持股奖励。对股份制改造比较彻底的企业,要采取股权激励等措施,最大限度地激励科研人员的创新积极性。设立留学人员回国创业专项基金,鼓励海外留学人员、华人华侨回国以知识产权进行创新创业。

第六章 上海知识产权产业化综合改革试验区建设路径与主要内容

第一节 综合执法:知识产权行政管理整合

知识产权管理包括知识产权立法管理、司法管理和知识产权行政管理三部分。知识产权行政管理是知识产权管理的重要组成部分。知识产权行政管理体制建立最终目的是促进知识产权创造和运用。知识产权创造和运用的主体是企业,而非政府,因此知识产权行政管理事权的核心是知识产权保护、管理和服务[①]。知识产权行政管理事权内容就是国家为实现知识产权战略目标和促进知识产权发展,设置知识产权行政机构,为全面提升中国知识产权创造和运用能力而履行的有关知识产权保护、管理和服务的职责和权力。

---

① 李超:《基于事权视角的我国知识产权行政管理体制完善研究》,《经济研究参考》2015年第70期。

一 知识产权行政管理模式及中国的现状

综观世界主要国家知识产权行政管理体制，主要包括三种模式：（1）集中统一的管理模式，集商标、专利和著作权为一体的"三合一"模式（英国、加拿大、德国、俄罗斯等）；（2）相对集中管理模式，商标和专利为一体，著作权属于单独的行政管理机构的"二合一"管理模式（美国、法国、韩国、日本等）；（3）分散的管理模式，商标、专利和著作权都分属于不同的行政管理机构的模式（阿联酋、沙特、希腊、埃及、中国等）。从三种模式的数量占比来看，采用二合一模式的国家（地区）占半数以上，而采用分散管理模式的国家相对较少，不到10个国家。

（一）"三合一"模式：以英国为例

英国的知识产权行政管理模式是典型的"三合一"集中管理模式，英国知识产权局（IPO）是英国知识产权的主要管理机构，隶属于英国贸易工业部。英国知识产权局下设商标与外观设计部、著作权与知识产权执行部、专利与辅助审查部、创新与战略沟通部国际政策部、信息部、人力资源与行政管理部、财务部[1]。英国知识产权局的主要职责包括：商标和工业设计、集成电路布图设计、发明专利审查、登记；版权政策制定及管理；知识产权普及、培训、宣传、教育；法律咨询、纠纷调解；推动科技创新和知识产权商业化。植物品种权局和农业渔业食品部管理植物品种权登记。同法国、德国一样，英国知识产权

---

[1] 易继明：《构建集中统一的知识产权行政管理体制》，《清华法学》2015年第6期。

行政管理机关只参与解决相关法律问题或纠纷，不承担直接行政执法，只是在力所能及的范围内参与解决法律问题或冲突①。

（二）"二合一"模式：以美国为例

世界上过半数的国家在知识产权行政管理方面采用"二合一"的相对集中管理模式，美国是这种模式的代表。专利商标局和版权局是美国知识产权主要的行政管理部门。美国专利商标局职能包括：专利授权和商标注册；为商务部和其他机构提供相关建议和帮助；帮助、支持创新和科技发展，具体负责版权的管理与对外交流。版权局隶属于美国国会图书馆，主要负责作品的版权登记、版本交存和政策法律的制定。美国专利商标局和版权局没有行政执法职能。此外，特别设立的、与科技法律有关的机构，如国会研究服务署、会计署、科技评估室、国会预算室也在履行部分知识产权管理职能。不容忽视的是，美国目前全国大概有3000多专利代理人，约占美国人口的万分之一，他们对新技术进行认证并在潜在的买卖双方之间充当桥梁，以促进技术转让。

二 中国现行的知识产权管理模式存在的问题

中国采取了分散的管理模式，版权、商标、专利的管理职能，分别由国家版权局、国家工商总局、国家知识产权局等部门实施，农业部、林业部、质检总局、海关总署、商务部、科技部等

---

① 陈书成：《我国知识产权行政管理及执法体制的现状、问题及思考》，《河南司法警官职业学院学报》2012年第2期。

也承担相应管理工作,管理分散、职能交叉。

由表6—1可以看出,中国知识产权行政管理和执法体制具有机构设置上"条块化""多层级",管理和执法"一体化"等特点。"条块化"是指不同的行政主体分别管理和保护相应类别的知识产权;"多层级"是指所有类别的知识产权管理主体均自上而下分别设立中央和地方多层级保护体系,上下级关系上一部分实行垂直管理,一部分实行同级人民政府和上级业务主管部门双重管理;"一体化"是指管理与执法不分,一体属于同一行政主体。

表6—1　　　　　中国知识产权行政管理机构

序号	知识产权门类	行政管理部门
1	专利权、集成电路布图设计专有权	国家知识产权局(及其所属专利局)
2	商标权	国家工商行政管理总局商标局
3	著作权	国家版权局(挂靠在新闻出版署)
4	原产地标记	国家质量监督检验检疫总局
5	农业植物品种权	国家农业部
6	林业植物品种权	国家林业局
7	国际贸易中的知识产权	国家商务部
8	与科技有关的知识产权	国家科技部
9	与进出境货物有关的边境知识产权	国家海关总署
10	互联网域名	信息产业部

资料来源:依据相关公开资料整理而成。

（一）部门繁多，设置分散

目前中国涉及知识产权行政管理和执法的主体有十数家单位，形成了管理和执法机关部门繁多、称谓复杂、"多龙治水"的局面，表面上看是队伍强大，齐抓共管，实际上往往"齐抓共不管"，出现大量管理漏洞，既浪费行政资源和行政成本，也不利于知识产权的行政保护。

（二）职能划分不清，权力和职能交错重叠

在目前体制下，各部门执法依据不能统一，"铁路警察，各管一段"，但又很难做到"无缝对接"。源于权力的天然自我扩张性，各机关均倾向于不断扩张自己的权力范围，甚至出现权力冲突，部门利益化现象越来越严重。比如地理标志由国家质量技术监督检验检疫总局管，而作为集体商标和证明商标，商标局也可以管，这样极易造成重复管理和权力冲突。

（三）效率低下，服务质量和水平不高

受人事编制制度制约，各知识产权行政管理和执法机关的专业管理人员均显不足，造成授权与后续的权利效力确认程序过长，管理和执法难以及时到位，活力不足，效率低下，严重影响了相关制度的效率与应有的社会效果。另外，当遇到知识产权问题时，行政管理相对人必须求助于多个知识产权行政管理和执法机关，给他们造成不必要的困扰，因此，被社会公众形象地比喻为"钻行政迷宫"。

（四）管理与执法一体化，管理部门执法负担和压力较大

知识产权行政管理机关负责直接行政执法，需要动用大量的社会公共资源为少数知识产权权利人提供保护。另外，这种做法也容易给其他国家传递一个错误的信号，让他们在遇到问

题时直接向中国政府施加压力，从而使中国政府承担了过重的负担。

中国尚未形成覆盖知识产权产业链（包括创造、申请、整合、评估、展示、保护、交易、投融资、孵化和产业化等）的一体化顶层政策设计，尚未将知识产权市场化运营作为知识产权产业化发展的核心。部门之间协调机制不够，政府部门条块分割、分散，重复研究、重复计划，"重立项、轻监管"等问题仍然比较突出。

三　中国相关地区知识产权行政管理模式探索

回顾知识产权行政管理和执法体制改革历程，国内部分省市进行了相应的探索，其中一些有益经验值得我们汲取。

2004年，深圳市政府首次在中国地方知识产权机构设置方面进行改革尝试，成立了深圳市知识产权局（挂深圳市版权局牌子），将专利和版权的行政管理和行政执法工作划入其职能范畴。同时，深圳市政府撤销了文化局加挂的深圳市版权局牌子，以及原深圳市科学技术局加挂的深圳市知识产权局牌子。2009年，深圳市实行大部制改革，新设市场监督管理局，原来独立的知识产权局被并入市场监督管理局，知识产权、版权、商标管理在全国率先实现统一，但知识产权局实际上被撤销。2012年2月8日，深圳市市场监督管理局加挂市知识产权局牌子，把深圳市监督管理局的知识产权管理职能凸显了出来，也标志着深圳知识产权集中管理体制的正式确立。"深圳模式"强化了知识产权行政管理中与工商行政管理有关的内容，集中力量进行与知识产权有关的市场监管，与质量监管、市场稽查等工商行政管理内容进行高度整合，实现了包括知识产权在内的集中管理模式。

2009年，苏州市在成为国家知识产权工作示范城市后，2010年年初，国家发改委将苏州列为创建国家创新型城市试点，国家知识产权局正式批准苏州市为国家知识产权示范城市。2010年4月，《苏州市知识产权局（苏州市版权局）主要职责、内设机构和人员编制规定》（以下简称"三定"方案）出台，设立苏州市知识产权局，为市政府工作部门，挂"苏州市版权局"牌子，正处级建制。国家知识产权局在转发苏州市知识产权局"三定"方案的通知中提到，苏州市知识产权机构已成为独树一帜、全国特有的"苏州模式"：一是职能整合，是全国唯一实现了专利、版权职能二合一的地方知识产权局；二是地位重要，苏州市知识产权局为市政府工作部门，主要领导由市人大任命；三是职责加强，负责组织建立市知识产权保护工作体系，组织协调知识产权战略实施，建立市知识产权风险预警机制，审核市级财政资金支持的重大科研项目、经济活动和文化创作中的知识产权状况等。

2015年年初，湖南省长沙市市委、市政府在总结2010年机构改革经验的基础上，即将著作权职能划转市知识产权局，实行专利与著作权"二合一"，出台政策，再次将商标权管理职责划转市知识产权局，以建立专利、商标、著作权"三合一"的集中统一的知识产权行政管理体制。短短几年时间内知识产权综合实力得到提升，产权预警、专利产业导航、转化平台构建等均取得巨大成效，研发创新综合实力跃居全国省会城市第6位，推动着长沙经济逆势而上，2015年，高新技术产业产值增长25%。湖南知识产权的良性发展引起了国家知识产权局的高度关注,以多项利好措施惠及湖南"科技富矿区",并已成为湖南省推进知识产权管理体制改革创新先行先试的坚强后盾。

2014年11月16日,上海市浦东新区知识产权局成立,实现版权、商标、专利行政管理的"三合一"管理模式。上海市浦东新区探索知识产权行政管理和执法模式改革,不是在现有制度框架下进行归并整合,而是设想在一个全新的环境下,对涉及知识产权工作的全部要素进行重新构架,建立集专利、商标、版权的统筹规划、行政管理、综合执法和公共服务为一体的知识产权行政管理部门,不断优化区域知识产权体制环境、保护环境、政策环境、服务环境和文化环境,实现监管和执法的统一、培育和促进的统一、交易和运用的统一[①]。

四 中国知识产权行政管理体制完善

知识产权行政管理体制改革就是要顺应各类知识产权成果集聚、集成利用、互利互补的趋势,实行"三合一"乃至"统一"的知识产权集中管理模式,主动融入世界知识产权话语体系,营造与国际接轨的、统一高效的知识产权保护环境。

在机构设置上,通过部门合并、职能转移等措施,缩减知识产权管理部门数量。建议设立国家知识产权总局省级知识产权局,统一行使各类知识产权的行政管理职能。将专利局系统、商标局系统、版权局系统整合为一个系统,统一处理知识产权事

---

① 叶宗雄等:《上海浦东知识产权综合行政管理体制探索与实践》,《中国发明与专利》2015年第3期。

务，这样可以提高行政效率，节约行政成本。

国家知识产权总局下可分设工业产权局和版权局。借鉴先进国家的经验，将专利、商标的管理机关集中设置，可称为工业产权局或专利商标局，主要负责管理全国的专利、商标、原产地标志等工业产权事项。

鉴于版权具有意识形态和非授权性的特点，建议版权局应和工业产权局分设，使其保留专门的、独立的版权管理行政机关局面。考虑到工作的便利和国家行政成本的节约，版权局与新闻出版管理部门合署办公的现状可以维持不变。

建议取消国家质量监督检验检疫部门的原产地标志管理权，划入工业产权局管理。取消国家科技管理部门对与科技有关的知识产权的管理，划入工业产权局管理。取消国家商务部门对国际贸易中知识产权的管理，划入海关管理。

五 综合改革试验区知识产权行政管理设想

上海城市建设发展的一个目标是成为全球影响力的科技创新中心城市。为了实现这一目标，上海市在知识产权相关领域的改革已经做出了实质性的进展。上海浦东知识产权综合行政管理体制的探索和实践就是一个成功的范例。中国知识产权产业化综合改革试验区落户上海。

首先，综合改革试验区知识产权局要整合原区科委的专利行政管理职责和原区市场监管局的商标行政管理和执法职责，并增加市知识产权局委托的专利管理和执法、市版权局委托的版权相关管理职能，增加对违反著作权方面法律、法规、规章的违法行为的行政处罚职责。其次，加强知识产权保护、促进知识产权创造和运用等方面的职能。这样，从原来三个不同部门分别行使职能，改为由一个局综合行使专利、商标、版权相关管理职能，有利于建立权责统一、权威高效的行政执法体制。再次，管理体制变化。专利行政执法事权、版权行政管理和执法事权从原来由市局管理变为由区政府"属地管理"，有利于进一步发挥地方政府的综合协调功能。从原专利、商标、版权分别由不同部门处理申诉、举报变为"诉求处置一体化"[①]。

第二节 知识产权技术评估体系建设思路

知识产权评估是评估机构考虑相关因素并依据一定的计算方法对知识产权价值所做的评价、估计或预测，也就是对依法取得的专利权、商标权、版权等进行知识产权商业性使用的支配或控制权的价值进行评估。知识产权评估是促进知识产权成果产业化的关键环节。中国知识产权长期面临统筹难、评估难、转化难、保护难、交易难、管理难、融资难等多难局面，特别是专利评估技术难上加难，这为专利技术推动创新和经济发展增加了难度。如果不能科学合理地评估知识产权的资产价值，就难以在知识产权交易的过程中建立价格发现机制，从而导致知识产权的交易很难实现，知识产权的产业化发展也就无法顺利完成。目前中国专利成果转化率不高的一个主要因素就是包括知识产权评估在内的知识产权交易中介体系的不完善。只有不断完善中国知识产权评

---

① 李超：《基于事权视角的我国知识产权行政管理体制完善研究》，《经济研究参考》2015 年第 70 期。

估体系，才能逐步克服知识产权交易的障碍，促进知识产权的产业法发展。以评估为主导的知识产权评估定价行为有利于形成市场要素，规范包括技术在内的无形商品交易，促进形成归属清晰、流转顺畅的现代产权制度，促进市场知识产权资源的优化配置。

在市场经济当中，作为知识产权与经济相结合，在市场交易中带来经济利益，产生一种能够体现财产的新的形态，即为知识产权资产。知识产权评估是用来确定知识产权现在的价值和通过未来的效应所得到的价值。知识产权价值强调未来利益，随着知识产权价值越来越被认知，知识产权收益能力现已成为企业、科研机构等利用所有资源寻求收益最大化的途径。

一　知识产权评估的目的

知识产权评估的最终目的是充分认知和发现知识产权的价值，并将其价值加以利用发挥，为知识产权的成果转化乃至产业化发展提供基础（见表6—2）。知识产权价值的评估是合理确定知识产权许可、转让、投资等价格的基础，同时是获取管理信息，实施知识产权价值管理，进行知识产权价值战略规划、资源配置及拓展性利用知识产权的要求[1]。从总体上看，知识产权评估能力不强，评估方法单一，评估手段滞后，远不能适应创新驱动发展的市场要求，直接制约了知识产权运营产业的壮大发展。

---

[1]　刘春：《知识产权价值评估探讨》，《中国商界》2010年第7期。

表 6—2　　　　　　　　　知识产权评估的目的

序号	目的	详细说明
1	企业重组与收购及合资前价值评估	企业的知识产权是收购目标运作或战略发展中的重要组成部分，相应地知识产权的评估和分析就更是其中的核心。知识产权评估的结果还可能被买方用来申请、协商并最终完成与企业收购有关的融资工作；知识产权的评估还可以用来作为协商交易价格以及其他交易安排的参考数据
2	知识产权贸易中的直接转让和购买	知识产权贸易如专利技术的贸易已经成为世界贸易中的一个重要组成部分。在知识产权贸易中涉及特定知识产权，比如产品设计、专利权、版权、商标等的转让和购买。这种情况下，知识产权的评估可以成为一种必要的有效的分析手段，以量化知识产权购买的预期增值作用和其他经济效益。在评估不同的价值标准如公平市场价值、投资价值时，这样的分析颇有益处。它可以用于量化购买者购买目标知识产权、出售者出售目标知识产权的合理的最低价格和最高价格，以使双方达成公平交易
3	通过债务融资获取资本构成	很多金融机构希望它们的借贷决定中，考虑产生现金流量的诸如知识产权类的无形资产的具体价值。这些金融机构通常会要求对以资产为基础的融资，或为贷款承诺或信用额度提供抵押的知识产权进行独立的评估
4	确定知识产权许可证的合理使用费率	在协商有关专利权、技术发明、商标权、音乐或文学创作（版权）等的许可证合理使用费率时，进行知识产权分析和评估可以有效帮助了解与目标知识产权相联系的预期收益能力，产生现金流量能力，以及剩余的功能、技术或经济寿命
5	知识产权侵权诉讼支持及争议的解决	从知识产权的使用者和创造者的角度来说，他们对目标知识产权所拥有的权利应该受到保护。知识产权的评估过程将有助于确认目标知识产权的预期使用及应用范围。实施知识产权评估之后，可以更好地了解和辨明知识产权注册及其他法律保护所涉及的成果

资料来源：围绕研究内容，在王清丽的基础上结合相关公开资料整理而成。参见王清丽《知识产权评估及其变现》，硕士论文，对外经济贸易大学，2002年。

二 知识产权的评估方法及评价指标

中国现行的知识产权评估方法（成本法、收益法和市场法）基本上是在吸收国外无形资产评估的理论和方法基础上，借用和移植了部分固定资产评估的理论与方法。在不少方面尚需进行深入分析研究，进一步结合中国知识产权评估实践，建立基于知识经济运行和全球经济一体化的知识产权评估理论和方法体系。

（一）成本法

成本法是重置成本法的简称，这种方法的核心是评估对象的价值等价于评估对象的全部成本减去评估对象的实体陈旧贬值、功能性陈旧贬值和经济性陈旧贬值后的差额。成本法的基本表达公式可以表达为：

评估价值＝重置成本－实体性贬值－功能性贬值－经济性贬值

该方法的试用条件包括：被评估的知识产权的实体特征及其功能效用必须与假设重置的全新的知识产权具有可比性；评估对象必须具有可复制性；评估对象必须是随着时间的推移，具有陈旧贬值性的资产，否则就不适宜用成本法。

（二）收益法

收益法是指通过估算被评估知识产权的未来预期收益并折算成现值，借以确定被评估的知识产权价值的一种常用的评估方法。知识产权评估是通过估算被评估对象在未来期间的预期收益，选择使用一定的折现率，将未来收益一一折成评估基准日的现值，用各期未来收益现值累加之和作为评估对象重估价值的一种方法。

其适用条件要求是，评估对象使用时间较长且具有连续性，能在未来相当年内取得一定收益；评估对象的未来收益和评估对象的所有者所承担的风险能用货币来衡量。显然地，资产评估的收益法涉及预期收益额、未来收益期、折现率这三个基本参数。收益法的核心问题就是确定预期收益额、未来收益期、折现率。

(三) 市场法

市场法也称市场价格比较法，是指通过比较被评估知识产权与最近售出类似资产的异同，并将类似的市场价格进行调整，从而确定被评估知识产权价值的一种资产评估方法。

市场法是一种最简单、有效的方法，因为评估过程中的资料直接来源于市场，同时又为即将发生的知识产权评估。但是，市场法的应用与市场经济的建立和发展、资产的市场化程度密切相关。指参照市场上已经发生的、与被评估对象相同或类似资产的交易价格确定重估资产价值的方法。

市场法应用的前提条件是需要有一个充分发育、活跃的资产市场。市场经济条件下，市场交易的商品种类很多，资产作为商品，是市场发育的重要方面。资产市场上，资产交易越频繁，与被评估资产相类似资产的价格越容易获得；参照物及其与被评估资产可比较的指标、技术参数等资料是可搜集到的。运用市场法，重要的是能够找到与被评估资产相同或相类似的参照物。但与被评估资产完全相同的资产是很难找到的，这就要求对类似资产参照物进行调整，有关调整的指标、技术参数能否获取是决定市场法运用与否的关键。

由于知识产权本身具有的时效性、无形性、专有性及权利的有限性等固有特征，知识产权价值存在着较大的不确定性因素。

比起有形资产，知识产权价值评估更为复杂。尤其在知识产权的评估过程中具有诸多的影响价值的因素，主观随意性较大，科学合理性尚待进一步研究。

在资产引进、转让、许可、投资的价值评估中，仍缺乏规范性管理，对知识产权的预测、评估、定价等方面，不同评估机构处理方式各异，常使评估结果形成较严重的分离，于是知识产权评估中难免存在价值偏离，因此应酌情应用不同的评估方法。但是不管对于知识产权的评估采用何种评估方法，对于知识产权评估的基本指标体系都是应该建立并酌情赋予相应的权重并加以考虑的。

三 当前中国知识产权评估存在的问题

随着知识产权意识的提高，中国知识产权评估的状况与前几年相比有很大改善，越来越多的企业、科研机构等部门对开始重视知识产权评估，并将评估结果作为知识产权产业化，以知识产权参股、投资等活动的依据。但是在企业知识产权评估中仍然存在一些问题，影响到了评估结果的客观性和公正性。

（一）知识产权资产的评估规则尚不完善

《资产评估准则——无形资产》和《专利资产评估指导意见》的出台尽管在一定程度上解决公司知识产权评估标准缺失的问题，但是相对于知识产权资产评估的复杂性来讲，这些规定显然是不够的。这主要体现在法律规范不完善以及执业准则不完善两个方面。

尽管目前中国已经初步建立了知识产权资产评估的规则，但是深入研究便会发现这些评估规则的条块分割比较严重，规则的统一性与权威性比较欠缺。由于中国对资产评估采用多头管理的做法,各个主管部门都从本部门的利益出发制定规则,这不仅使得中国知识产权资产评估的规则很不统一,而且还造成规则之间彼此冲突的情况。尽管《资产评估法》的立法已经被提上历史日程,但是这一法律何时能够出台还是一个未知数。需要注意的是,中国资产评估行业规则的建成并不是一部《资产评估法》能够完成的,还需要大量的配套规则。

在执业准则方面,中国知识产权资产评估执业准则体系建设滞后的问题仍然比较严重,执业准则还不能满足日益增长的复杂多样的经济行为对知识产权资产评估的迫切要求,这在一定程度上影响了知识产权资产评估行业的健康发展。在实践中,这就容易导致知识产权资产的价值虚高、评估价值与上市公司拥有的资产以及市场占有率不匹配的现象,这样的报告一旦用于金融机构放贷的依据很容易引发金融风险。美国次贷危机的发生可谓前车之鉴。

(二)知识产权评估方法不当,难以客观公正地反映企业知识产权的价值

目前,企业评估知识产权主要是借用重置成本法、现行市价法和收益现值法等有形资产的评估方法。由于无形资产与有形资产的本质差别,这些方法在进行知识产权评估时存在一定的局限性。此外,一方面,企业知识产权评估方法选择单一,往往采用操作简单、成本低的方法进行评估。但是由于知识产权的开发成本与收益水平往往不对应,分别采用成本法和收益法进行评估,得出的结论大相径庭。另一方面,企业知识产权评估方法选择不当也影响评估结果。评估方法的选择必须符合评估对象的基本要求和评估目标,也受到评估条件的制约。但是有些企业选择知识

产权方法时，往往忽略这些条件。如企业专利技术的评估，如果未使用该专利技术生产新产品，就无法提供该产品的确切数据和市场资料，就无法采用收益现值法评估，只能采用重置成本法加投资的最低收益来评估。但实际评估中，有些企业专利技术的评估还没有实现产业化，就采用收益法评估其预期收益。

（三）在评估管理方面也面临困境

在行政管理方面，多头管理和部门垄断的现象较为严重。正如前文所述，中国公司知识产权资产评估的行政管理由多个部门来负责，固然，这是有其历史原因的，但是时至今日这种多头管理方式的不足已经充分显现。这一方面造成了各个行业主管部门各自为政，建立各自的资产评估体系和资格认证，甚至形成行业垄断；另一方面这也造成了中国资产评估协会独立性与创新性的丧失，很难真正实现行业自律。由此造成的最终后果便是中国资产评估业的发展受到极大的制约。

与此同时，评估协会自律管理能力不足，地位不独立也是知识产权评估管理体制不健全的重要因素。中国资产评估协会的产生并非行业发展的必然产物，而大多是适应行政管理部门要求成立的，这就决定了中国资产评估协会与行政机构存在千丝万缕的联系。尽管近年来这一现状有所改观，但是受制于整个社会环境的影响，评估协会真正实现独立还需要一段时日。

尽管经过近几年的努力在中国已经初步培养了一部分无形资产评估人才，但总体来说，中国评估机构中的评估师知识结构还欠合理。通过统一考试获得的资质认证书并不能代表评估师的实际水平，且中国目前实行的是综合性的资产评估执业资格，只要取得了注册资产评估师的执业资格，其执业范围就不受资产类型的限制,处于这种状况下的评估师很难保证有足够的经验和技巧从事专业的知识产权评估业务。同时,评估师的继续教育滞后也是影响评估结果客观性的重要因素,这对于知识产权来说尤其明显。众所周知,知识产权的专业性非常强,知识产权的更新速度更是非常快,这就需要评估师不断加强学习,才能实现与时俱进。现阶段,多数评估师只要通过资格考试以后便很少参加继续教育,这对于评估师队伍的可持续发展来说是非常不利的。

四 知识产权评估指标体系建设

知识产权价值评估可以通过设计评估指标来进行。指标的设计要在遵照指标确立原则的基础上,结合中国企业、科研院校的特点,准确反映企业知识产权价值的信息,具有系统性、科学性、客观性、可行性、全面性,使企业知识产权价值评估有章可循(见表6—3)。

表6—3　　　　　知识产权评估主要涉及的指标

序号	指标	具体表述
1	知识产权形成前期投入:研发总经费、研发周期	这两个指标并不能直接反映出知识产权的价值,但从一个侧面可以反映出技术研发的难易程度,也即技术复杂程度,技术实施过程中的关键技术诀窍是体现知识产权竞争优势的重要方面,技术复杂程度越高,技术诀窍越难被分析、试验、模拟,知识产权的价值也就越大
3	知识产权的创新性:该知识产权的创新度	专利的创新性即技术的先进程度。新技术的出现会对知识产权的创新性产生显著性影响。创新性越大,技术的获利能力就越强,其价值就越高
4	知识产权的成熟度	知识产权由于所处知识的寿命阶段不同,对知识产权受让方开发的周期、投资及风险的影响也不同,直接关系到开发知识产权的效益,影响知识产权的价值

续表

序号	指标	具体表述
5	知识产权的市场应用性：知识产权及其产品是否适合市场的需求	市场越需要的产品，其中技术所体现的价值就越大。又可分解为应用范围和应用程度。应用的范围越广，应用程度越大，其价值发挥的程度也就越大
6	知识产权的市场实施能力：知识产权商品化、产业化的实现能力	市场实施能力越强，实施的可能性就越大，其价值也越大。又可分解为市场实施条件和政策适应性。市场实施条件越容易，与国家政策的一致性越高，其价值也就越大
7	知识产权的市场垄断性：知识产权本身在市场上的竞争状况	市场垄断性越强，知识产权价值就越高。又可分解为保密程度与替代产品等。保密程度指专有技术的保密措施，国防专利和专有技术的国家政策、法律允许使用的范围等。保密程度越高，实施范围越小，市场推广价值相应也会受到影响；替代产品指功能与性质相似和相近的产品，替代产品越少，知识产权价值越高
8	知识产权的权属状况指标：权属的类型	知识产权权属的类型分为专利、商标、著作权、商业秘密四种，专利又分为发明专利、实用新型专利与外观设计专利。权属的类型不同，其价值也不一样。如发明专利相对于其他两类专利而言，因其技术含量较高，申请周期较长，权利人承担的风险也较大，故价值相对较高。权属的有效保护期限指法律规定的知识产权的有效保护期限。知识产权价值随着保护期呈正态分布状，黄金期的价值高，初期和末期的价值会相对低一些，或直接受保护年限影响
9	知识产权的数量：量变达到一定程度就会产生质变	开发一项新产品往往涉及多项技术，因此，持有的知识产权数量越多，涵盖技术范围越全面，知识产权的价值也就越高。而在实务操作中，也是"捆绑销售"者居多
10	知识产权的战略价值：知识产权对企业战略的作用是影响知识产权价值的另一重要因素	有的知识产权虽然不能立即为企业带来盈利，但其所拥有的选择与机会对企业的未来发展有可能做出贡献。例如开发新产品的机会：利用知识产权（专利权）在专利期限内享有排他的独占权允许公司有开发和制造某种新产品的权利带来的机会。开拓新市场的能力：开发未来可能给投资者带来超额利润的专有技术和专利权等知识产权来占有某个市场，提高市场份额的能力

资料来源：结合刘春及相关资料整理而成。参见刘春《知识产权价值评估探讨》，《中国商界》2010年第7期。

知识产权资产评估是中国实施知识产权战略、建设创新型国家这一系统工程的重要一环，资产评估行业要顺应形势，抓住机遇，努力提高素质，积极服务于知识产权战略的实施，为建设创新型国家贡献智慧和力量。

五 完善综合改革试验区知识产权评估体系建设的对策

（一）增强知识产权战略实施的理念，营造综合改革试验区服务知识产权战略实施的良好环境

知识产权战略的实施，首先需要全体公民的了解和广泛支持。综合改革试验区在完善相应的法律对知识产权进行保护的同时，借助各种媒体宣传知识产权的相关知识；管理部门要严格执法，严厉打击侵权行为；企业要增强法律意识，加强对知识产权的管理；创造者要对自己创造的知识产权形成保护意识。

（二）完善知识产权资产评估准则体系，加强知识产权资产评估能力建设

知识产权资产评估准则是知识产权资产评估的技术规范和执业水平的衡量尺度，综合改革试验区要深入研究、加强管理和引导，借鉴国际经验，建立全国、全行业统一的知识产权资产评估技术规范和准则体系，指导、规范知识产权资产评估行为。综合改革试验区要加强国家知识产权局与财政部中国资产评估协会的交流合作，形成高效务实的联动机制。大力推动知识产权评估促进工程的实施，引导资产评估行业发展战略与知识产权战略的有机结合，借助（成立）评估服务机构、人员综合能力优势，推动知识产权管理水平的提高。同时，要建立知识产权资产流失预警机制，切实保护知识产权人的合法权益，完善企业知识产权资产评估项目管理制度，严格

评估报告管理体系,规范知识产权资产评估行为,积极构筑行业协会自律管理平台。

(三)改革现行知识产权资产评估管理制度,加强行业管理与行业自律

根据发达国家的经验和中国目前的实际情况,中国资产评估业应实行政府监督下的行业自律与行业自我管理模式。这需要综合改革试验区减少政府部门对评估机构的多头管理及行政干预,落实评估机构与行政管理部门彻底脱钩的要求,使之真正成为客观、公正、独立的社会中介机构,使评估在市场经济中发挥应有的作用。同时,行业协会应强化自身职能,改革管理方式,建立起具有高度权威和高超管理艺术的行业自律性管理机构。综合改革试验区资产评估机构应强化服务意识,明确自身职责,准确把握行业发展趋势,依托社会需要,高效开展行业服务与管理。政府机构应将其精力致力于建立便利的市场交易秩序,完善知识产权交易市场,以增强知识产权的流动性和变现能力,有效地解决知识产权价值的不易确定性。

(四)资产评估从业人员要提高执业水平,以实际行动服务知识产权战略的实施

资产评估业从业人员是知识产权评估的主体,在知识产权战略实施中发挥着关键作用。知识产权资产评估是依托科学技术、会计学、财务管理学、工程技术学、市场学、法学等相关学科,面向社会提供服务的中介行业,具有较强的专业性、综合性和创造性。这不仅要求执业人员有较高的职业道德水平,而且要具备扎实的专业知识、广阔的知识视野、丰富的实践经验和较强的工作能力。

中国目前当务之急是要培养大批专业的知识产权资产评估人

才，提高评估人员的思想政治素质、法律政策认知水平、专业水平、业务能力和办事能力。作为资产评估从业人员首先要诚实守信、恪守执业道德。资产评估作为智力性中介服务，是社会诚信的基础，评估从业人员更应该以诚实守信为执业灵魂，严守职业道德，秉承独立、客观、公正的执业理念，为实施知识产权战略提供客观有效的中介服务。其次，资产评估人员要勤于学习，提高服务能力。知识产权资产评估是一项前沿性的业务活动，需要较强的综合知识。资产评估从业人员不仅要认真学习评估知识，还要学习知识产权相关知识，不断研究评估理论，根据知识产权的特点和诸多影响因素科学选择评估方法，牢固树立质量意识和风险意识，提高评估质量，尽可能地减少评估误差。

第三节 知识产权有形市场建设构想

早在 2008 年 6 月，中国就颁布实施了《国家知识产权战略纲要》，其中就提出了要构建知识产权交易体系。构建知识产权交易体系，最重要的是建立知识产权的交易市场（有形的知识产权交易市场）。众所周知，促成知识产权交易的实现是实现知识产权价值的一个重要手段，也是知识产权交易市场必须承担的一个基本功能。目前，中国已经先后建立了几十家专利技术展示交易中心，很多省市也建立了相应的知识产权交易机构，如上海、北京、天津等。对于交易所来说，要想真正促进知识产权交易，需要提供一个平台，提供相应的交易撮合和服务，同时要把与知识产权交易有关的评估、审计、招标的中介服务机构进行集成，这样才能推动知识产权交易。

一 建立综合化的知识产权交易市场的必要性分析

（一）落实自主创新、为中小企业提高技术创新能力提供全方位服务

知识产权交易平台是一个公益平台，主要为研发主体、各类企业、中介机构以及政府提供全方位的服务。平台建设的一个主要目的是服务于企业的技术创新，促进企业之间、企业与大学和科研院所之间的知识流动和技术转移，支持企业大力开发具有自主知识产权的关键技术，形成自己的核心技术和专有技术，加快科技成果产业化步伐。

（二）促进知识产权交易体系的完善与发展

中国知识产权交易市场经过多年的发展，虽然已经初步形成了行政监督体系、法律保障体系、科技中介服务体系，但随着经济、科技全球化和信息化的发展，当前知识产权交易市场体系建设已经不能适应技术创新的要求。到目前为止还没有一套全国统一的指标体系，没有统一的运行规则，没有建立功能齐全、采用全程化服务模式、覆盖全国的知识产权市场信息和服务网络平台系统，远远跟不上形势发展的需要，制约了知识产权交易市场的快速发展。

中国知识产权产业化综合改革试验区知识产权交易平台的建设，可提供企业对知识产权市场的了解，通过对知识产权交易规则的完善，加强国家对知识产权市场的管理与指导，增强技术交易的规范性；推动建立全国统一的知识产权交易指标体系，全面提升知识产权交易公共信息管理和有效利用，提高知识产权交易效率，形成全国知识产权交易信息网络体系。

（三）促进知识产权交易全过程服务，降低交易成本、提高成交效率

整合知识产权交易资源，降低交易成本；起到协调交易服务的功能，逐步实现对技术交易全过程的服务；加强对现有技术交易服务队伍的培养，提高技术交易服务水平。全面整合技术交易信息资源和服务资源，实现资源共享。提高科技资源的有效利用率势在必行。因此，平台的建设是建立以企业为主体的技术创新体系、提高企业自主创新能力的重要突破口。

（四）促进与其他要素市场的结合

近年来国家层面将知识产权作为要素市场予以重视，更为重要的是要科学、合理地配置资源。中国的知识产权交易市场已从多年前的买方市场转移到今天的卖方市场，交易也已从单一技术交易转换到技术、资金、人才等相融合的综合交易上来。所以，当前知识产权市场可以促进技术、资本、人才等的有效结合。

二 国际知识产权交易市场的现状及发展趋势

（一）国际知识产权交易发展现状

目前，世界上发达国家都建立了迅捷广泛的技术交易信息网络，建立面向全国、有效运行的技术交易组织网络。为了提高技术交易的效率和成功率，让技术需求方或潜在的技术需求方尽快了解到他们能够获得技术的渠道和需要的技术，建立完善的、有效联通全国的技术交易信息网络，是发达国家技术交易运行的共同特点，如亚太地区技术转移中心、德国史太白基金会、欧盟技术转移中心、美国国家宇航局都建有各自的信息网络。发达国家

技术交易机构除了建立起广泛的技术交易信息网络外，还十分注意面向全国乃至全世界建立有效运行的技术交易组织网络。如德国的史太白基金会在全国建立了上百个技术转让中心，法国国家科研成果推广署在全国各大区建立了技术创新与技术转移中心。这与中国目前条块分割、技术中介独立运行状况不同。

（二）知识产权交易的发展趋势

从国外技术交易的现状来看，今后技术交易的发展趋势有以下几个明显的特征。

1. 注重"全程化、资本化和国际化"的服务方向

通过对德国、英国、美国、韩国等国家技术转移机构的考察分析，我们发现国际领先的技术交易中介服务机构的发展规律可以归纳为"以技术资源网络为依托，以专业能力和资本为基础，面向技术创新和转移全过程的国际化技术转移促进服务"。

其成功因素可以归纳为"一个基础、三个方向"，即广泛稳定的技术资源和技术服务网络基础；全程化方向——面向技术开发转移全过程提供专业服务；资本化方向——通过资本推动技术的开发和转移；国际化方向——技术来源和技术转移范围的国际化。

2. 市场化、专业化的服务模式

（1）面向市场，面向企业，有针对性地开展全方位服务。国外技术交易服务机构树立了面向市场、面向企业的经营思想，了解企业的需求，从供给推动模式转为市场需求拉动模式。

（2）完善的技术评估与咨询机制。发达而完善的技术评估与咨询体系，是国外技术市场得以顺利运行的重要因素。他们对技术评估主要包括三个方面，一是对技术先进性、可靠性、实用性的评估；二是对技术价格的评估；三是对技术商品前景和风险的

评估。咨询服务的范围包括了从项目筛选到生产管理的全过程。这些都有效地保证了技术交易的顺利进行。

（3）以人为本、专家参与技术交易。国外的技术贸易机构十分注意吸收各领域的专家参与技术交易工作。

市场经济发达国家，中介服务体系发育健全、社会信用程度高。对于专利技术交易活动除一些技术转移中心、投资银行等在进行外，政府还在公共服务建设方面给予积极推动（见图6—1）。

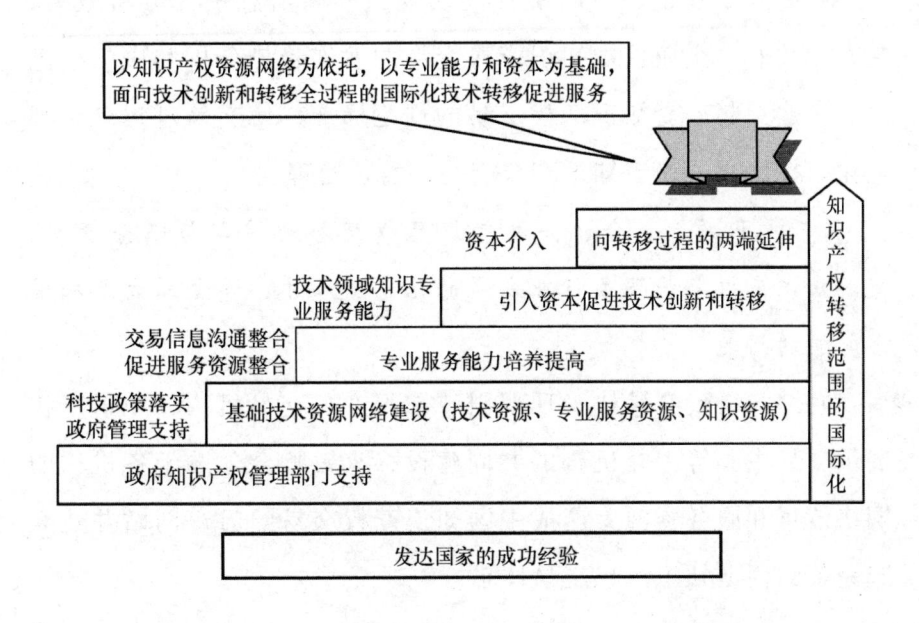

图6—1 发达国家知识产权交易平台成功经验

3. 高新技术成为技术交易热点，电子信息技术和先进制造技术快速发展，电子信息技术和先进制造技术成交显著

随着国家鼓励软件产业发展的一系列政策相继出台，极大地鼓舞了软件开发人员研究、创新的积极性，促进了电子信息产业

的发展,刺激了电子信息产业技术交易的快速增长,以电子信息技术为代表的高新技术突飞猛进,带动了技术市场技术交易的日趋活跃。

三 综合化知识产权交易市场平台的建立可以解决的问题

(一)加强技术交易环境与制度建设,促进技术交易行业管理水平的提高

通过网上登记、时时统计的实现,提高信息统计分析效率,及时为政府、企业提供知识产权交易的发展趋势分析和决策信息服务;建立起一套知识产权交易的规范标准,使交易过程趋于规范化、标准化,便于知识产权交易的监督管理。

(二)积聚、整合、共享知识产权交易的供需与服务资源,缓解知识产权交易服务行业发展的信息、人才、资金三大基础资源薄弱的问题

通过各级政府科技管理部门、知识产权交易机构、知识产权展示交易中心等中介机构的共同建设,有效整合分散于各机构的网络信息和服务资源,形成中国知识产权交易的门户网站并建立起完整的网上知识产权交易体系。

引导各类科技中介机构,结成知识产权交易服务联盟,通过合理分工、有效协作,通过扩大知识产权交易服务机构的服务范围,增加业务渠道,起到功能放大器的作用,达到为知识产权交易全程化服务的目标。

最终形成以网络为平台,网上网下互动的有效体系和供需交互机制,有助于解决当前资源分散、重复建设较多和知识产权交易信息流通不畅的问题。

（三）整合知识产权交易知识资源，解决平台专业化人才队伍培养的问题

借助社会智力资源，建立起平台的外部知识网络与知识联盟，创造国家知识产权交易信息服务平台的终身学习条件，通过知识产权交易服务知识的整理、创新、传播和应用，推动中国知识产权交易信息服务平台的前瞻性文化构筑，培育为平台可持续发展服务的专业化队伍。

（四）提供公共服务，缓解知识产权交易市场失灵的问题

对知识溢出效应大、外部性强、市场失灵程度高的领域给予扶持，克服市场失灵领域对知识产权创新的阻碍，纠正知识产权失衡，推动知识产权交易产业增长。

四 综合化知识产权交易市场平台需求分析

（一）信息服务需求，降低信息搜寻成本

通过建立国家级专利知识产权交易信息服务平台，整合知识产权交易信息资源，实现共享，为知识产权交易机构提供更多的有效信息，建立统一的信息标准，提高信息质量。

（二）提高面向知识产权交易全过程服务能力的需求

知识产权交易的全过程归纳为以下几个阶段：感知与初步判断→供需双方沟通信息→评估→谈判与协调→实施转移→经营。知识产权交易全生命过程中各个环节的中介服务需求不同，与之对应的中介类型不同，相应的工作方式和所需的能力资源也不相同。

因此，发展专业化、网络化、社会化的科技成果转化与知识产权交易公共服务平台，通过提供知识产权商品评估作价、统计

分析指标等知识产权交易手段，开展知识产权交易从业人员培训，有利于引导各类知识产权中介机构围绕知识产权交易全生命周期的链式服务需求，明确中介服务需求、完善工作方式、发展服务资源能力。

五 中国现有的知识产权交易平台分析

知识产权流转是实现智慧创新的重要方式，更是推进知识产权产业大发展大繁荣、打造文化软实力的必然要求。知识产权交易中心的建立，不仅为思想、智慧进入资本市场提供了可能，更是为整合市场资源、创新产业的融资模式、降低创意产业的投资风险做出了有益的实践。交易中心的建立将为知识产权供求双方搭建一个灵活高效的知识产权交易和知识产权投、融资活动的交易平台，促进将知识产权转换为财富，推动文化创意产业健康有序发展。

（一）上海知识产权交易中心

1. 中心背景

上海知识产权交易中心是上海联合产权交易所设立的全资子公司，成立于2009年10月11日，是一家服务全国、面向世界的国际化、综合性知识产权交易市场平台。交易中心是集专利权、版权、著作权、商标权等权益交易服务于一体，同时将企业、高校等知识产权研发机构，同银行、PE等资本实体联合在一起的专业化权益性资本市场服务平台。

在上海知识产权交易中心成立之初的一年中，共完成各类知识产权交易900余宗，累计金额42亿元人民币，涉及领域包括电子信息业、先进制造业、节能环保业、现代服务业、城市建设等方面。

2. 组织架构

上海知识产权交易中心由上海市金融办、知识产权局等九大政府部门组成的指导委员会和监管部共同领导，中心下设登记处、融资处、交易处、信息处、结算处等部门负责相应工作。

3. 运作模式

上海市知识产权交易中心的主要运作内容，包括知识产权的估价和流转两方面。交易中心以知识产权质押融资为业务重点，主要为知识产权确权评估、挂牌上市、转让报价、交易鉴证、结算清算、托管登记、项目融资、项目推介、政策咨询等提供相关服务。中心交易类型分为三类，分别是知识产权质押贷款业务交易、知识产权转让交易、中小企业融资服务交易。

4. 经验借鉴

上海知识产权交易中心为质押物提供权威的系统评估。对于企业和知识产权服务机构来说，知识产权质押融资的最大障碍在于评估。同一个知识产权，不同评估机构的评估结果可能大相径庭。上海知识产权交易中心联合知识产权评估机构、科研院所、专利事务所等专业机构，能够为质押物提供科学、权威的评估服务。

（二）香港知识产权交易所

1. 公司背景

香港知识产权交易所有限公司（HKIPX）是一家专门从事知识产权交易与注册的港资企业。2012年2月1日在香港正式开展业务，是香港首家知识产权交易所。

2. 组织架构

HKIPX 在"民间经营、市场运作、政府监管、社会福祉"的总体框架下，建立了一套符合国际惯例的企业组织框架。公司由股东领导，下设市场/会员部、评估风险部、交易发行部、结算部、客户服务部和信息与知识产权六大部门。

3. 业务模式

HKIPX 的交易产品范围主要涉及版权、商标、外观设计、专利、知识产权项目融资、打假维权等领域。交易平台包括竞价交易、协议交易和份额化交易三大平台。运营团队由来自香港、纽约、芝加哥和全球其他金融中心的优秀金融工程师和知识产权专家组成。

4. 经验借鉴

香港知识产权交易所与美中商业协会、美国芝加哥知识产权交易所等一些全球机构建立了良好的合作关系，同时聘请了国际金融界专家、学者组成顾问团，邀请了美国证监会前委员和 AIG 董事局前主席为首席顾问。拥有高端、专业、全球视野的金融资源是香港知识产权交易所的优势所在。

(三) 天津滨海国际知识产权交易所

1. 成立背景

2011 年 6 月 11 日，国内首家知识产权交易所——天津滨海国际知识产权交易所正式成立，交易所由北方技术交易市场、天津市知识产权服务中心联合国内外相关投资机构发起组建。天津滨海国际知识产权交易所对有需求的个人或机构开展全方位、高效率、专业化、国际化的知识产权投、融资及交易服务。

2. 经营范围

天津滨海国际知识产权交易所交易范围包括：专利权及/或相关权利、著作权及/或相关权利、商标权及/或相关权利、植物新品种权及/或相关权利、集成电路布图设计专有权及/或相关权利、基于知识产权的衍生品权益。

3. 经验借鉴

天津滨海国际知识产权交易所在政府主导下，借助天津滨海新区先行先试、金融创新试点的优势和政策，汇集了战略性新兴产业和文化创意产业的可交易知识产权项目及公司，联合了国内外有影响力的专业金融机构及中介服务机构。良好的政策氛围和政府扶持是天津滨海国际知识产权交易所的优势所在。

六 综合改革试验区知识产权交易平台的基本构想

综合改革试验区落实国家科技基础条件平台建设纲要，整合技术交易供需与服务资源，建立健全跨行业、跨部门、跨地域的技术交易全过程服务体系，形成全国共享的中国技术交易服务信息系统和技术交易行业人才培育基地，营造全国技术交易的法规政策、中介服务与标准规范环境，为技术交易的供需双方及中介方提供信息扩散和服务共享平台，降低交易成本和提高技术交易效率，促进科技成果转化。

推进知识产权交易市场的建立，是一项非常复杂的工程，而且是一个系统工程，上海目前正处在转型发展时期，综合改革试验区要继续完善知识产权的交易市场，努力为知识产权的转让、转化、运用以及最大化的实现知识产权的价值提供良好的政策环境和法制环境。在未来，综合改革试验区要在如下四个方面加大对知识产权交易市场的建设：第一，做大做强知识产权交易的市场；第二，继续推进知识产权交易市场的创新发展；第三，不断完善知识产权交易市场的环境；第四，健全知识产权交易市场的基础制度。

当前知识产权市场发展还有很多制约因素：第一，法律的缺位。知识产权交易市场是一个新生的事物，现在知识产权交易市场是在各地政府的支持下建立起来的，没有得到法律方面的支持。第二，知识产权交易商业运作模式不够充分，比如交易形式单一，知识产权资产评估也没有固定的标准。第三，中介服务还不能适应当前中国知识产权交易市场发育的需要，一些评估机构的评估资质也有问题。第四，社会的诚信文化还没有形成，如果这个社会不讲诚信，知识产权交易就很难完成。

促进知识产权交易市场的发展，应该从五个方面推进。第一，在知识产权交易市场管理体制机制上，应该逐步打破过去由政府包办的管理模式，政府主要就是出台政策引导，国家在法律上提供必要的支持，交易市场的发展依靠市场机制的运作，才能够形成一个良性的市场。第二，加强知识产权保护强度，促进知识产权交易市场发展。第三，提升中介服务机构的能力。第四，营造购买力和欲望构成的微观市场氛围。第五，全面倡导诚信文化。

第四节　知识产权产业化的金融服务支持

知识产权是国家发展的战略性资源和国际竞争力的核心要素，金融是现代经济的核心。加强知识产权金融服务是贯彻落实党中央国务院关于加强知识产权运用和保护战略部署的积极举措，是知识产权工作服务经济社会创新发展、支撑创新型国家建设的重要手段。促进知识产权与金融资源的有效融合，有助于拓宽中小微企业融资渠道，改善市场主体创新发展环境，促进创新资源良性循环；有助于建立基于知识产权价值实现的多元资本投入机制，通过增值的专业化金融服务扩散技术创新成果,全面促进知识产权转移转化;有助于引导金融资本向高新技术产业转移,促进传统产业的转型升级和战略性新兴产业的培育发展,提升经济质量和效益。

一 知识产权融资概况

中小企业资产规模小、授信评级低,一直受融资难、融资贵的困扰,严重制约了其发展。为解决中小微企业融资瓶颈,国家知识产权局自 2009 年起先后在全国 29 个地区开展知识产权质押融资试点、投融资服务试点及创建国家知识产权投融资综合试验(见图 6—2)。

图 6—2 知识产权融资类型

(一)知识产权质押担保

知识产权质押担保是指以专利权等知识产权作为监督债务人履行债务,保证债权人实现权利的一种担保行为。知识产权的质押与转让、许可不同。质押过程中,知识产权仍属于出质人所有,在质押合同生效后,质权人虽然能够限制出质人的知识产权,但质权人自己也不得实施该知识产权。只有当出质人到期不能偿还债务时,质权人才有权将出质的知识产权拍卖、变卖以实现其权利(见表 6—4 和图 6—3)。

表 6—4　　　　　　　　知识产权质押担保业务发展

年份	内容
2006 年以后，国内出现了很多知识产权质押融资成功案例	冯小刚 2007 年贺岁大片《集结号》，获招商银行 5000 万元无担保授信贷款
2006 年年底"浦东模式"	上海银行和浦东新区科委共同搭建科技型小企业融资平台，通过知识产权质押等方式，向科技企业提供贷款
2007 年 3 月	湖北荆门市格林美新材料公司以专利权抵押向国家开发银行湖北分行申请贷款，获得了 3000 万元贷款
2007 年年底	湖南老爹农业科技开发股份有限公司，以果王素生产技术专利作为抵押，向国家开发银行成功申请了 1500 万元贷款
2009 年	国家知识产权局先后在全国 29 个地区开展知识产权质押融资试点；各地也陆续出台了相关优惠政策，鼓励知识产权质押贷款的发放
2004 年	近年来知识产权质押融资高速发展，2014 年已突破千亿元大关

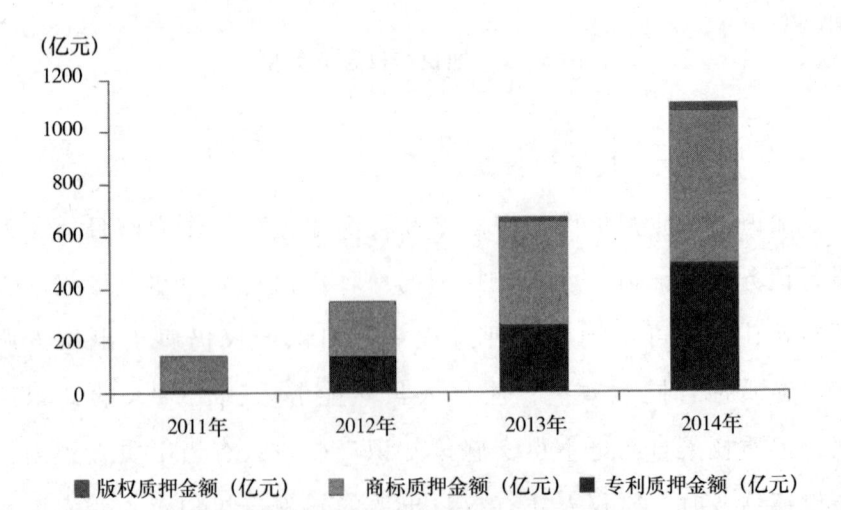

图 6—3　近年来中国知识产权质押规模

(二) 知识产权证券化和知识产权信托

证券化就是以知识产权的未来许可使用费（包括预期的知识产权许可使用费和已签署的合同中保证支付的使用费）为支撑，发行资产支持证券（ABS）进行融资的方式。

信托是指知识产权所有者将其所拥有的知识产权委托给信托机构，由信托机构进行管理或者处分，以实现知识产权价值的一种信托业务。信托机构可以通过使用许可、投资入股等手段对该知识产权进行管理，将取到的收益转移给受益人，这里的受益人是指知识产权权利人（委托人）自己（见表6—5）。

表6—5　　　　　知识产权证券化与信托的发展

时间	内容
2000年10月25日	武汉国际信托投资公司在中国率先尝试性推出了专利信托业务。作为受托人，武汉国际信托投资公司最终确定了8项专利参与专利信托，并向社会发行了一定数量的受益权证
2001年4月28日	出台了《信托法》。同年，中国人民银行颁布《信托投资公司管理办法》，明确将专利信托纳入信托投资公司的经营范围。以此为契机，中国一些信托公司，诸如金信信托、厦门国际信托、国联信托等公司，准备逐步开发专利信托业务
2002年12月20日	武汉国际信托投资公司首例专利信托案正式终止，最终未获得成功
2005年开始	中国多支资产证券化产品成功上市——为在中国实施知识产权证券化扫除了一定的障碍，创造了有利的条件
2013年2月26日	中国证券监督管理委员会发布《证券公司资产证券化业务管理规定》的公开征求意见稿，解决了知识产权证券化的合法性问题

二 知识产权质押融资模式及特点

（一）北京模式：直接质押融资

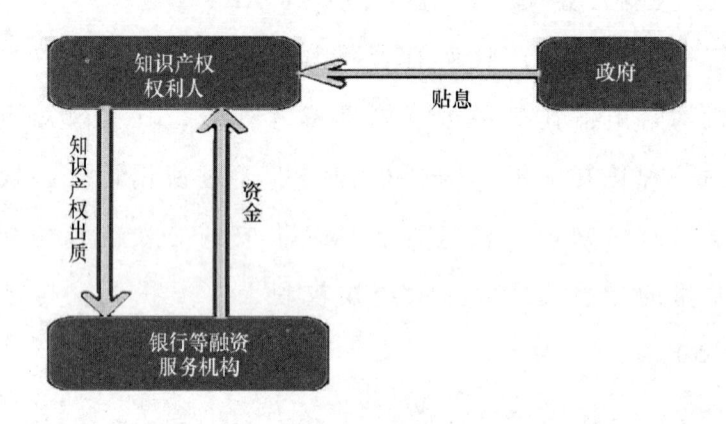

图6—4 北京模式

北京模式（见图6—4）的优势是结构简单，权利人与银行金融机构直接对接，省去中间环节。劣势如下：（1）贷款门槛高、风险大，贷款额度一般是1000万元，最高不超过3000万元，一旦发生坏账，银行、中介服务机构将承担巨大的损失；（2）贷款对象存在局限性，贷款客户群主要集中在处于成长期、有一定规模和还款能力的中型企业，基本上将小型和微型企业排除在外，这样使得资金短缺的种子期、初长期的科技型企业难以获得贷款。

（二）浦东模式：间接质押融资（政府担保）

浦东模式（见图6—5）的优势是由政府担保，提升融资额度。劣势如下：（1）贷款费用偏高，目前按1年期算，浦东知识产权质押贷款的总费用为贷款额的10.5%—11%，对于初创期科技型中小企业这一费用比例相对过高；（2）缺乏坏账准备，由于知识产权质押贷款的操作风险比较高，坏账主要由政府买单，政府将承担巨大的风险；（3）政府专业机构评估存在弊端，政府专业机构评估能力稍弱，评估结果可靠度不高。

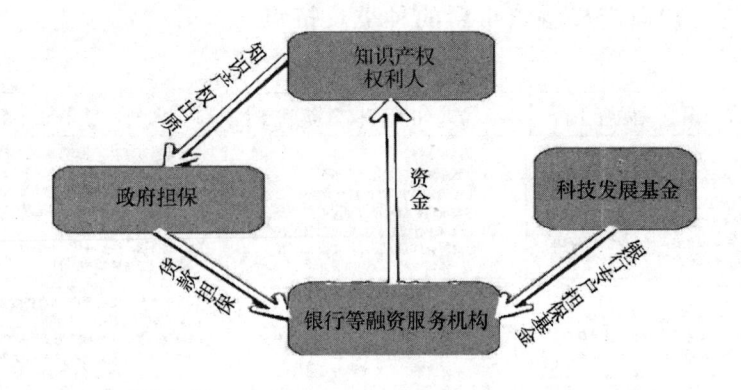

图6—5 浦东模式

（三）混合模式

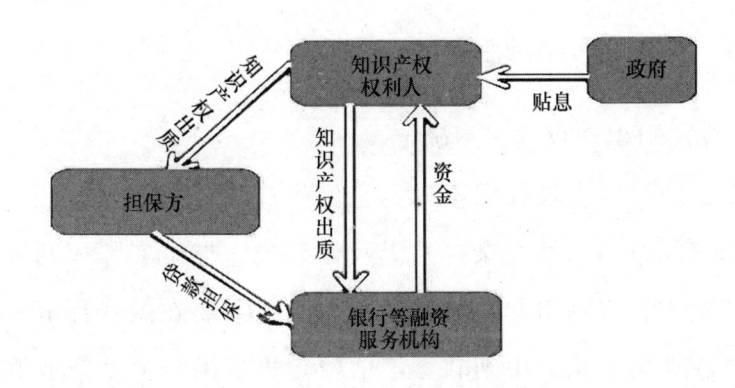

图6—6 混合模式

混合模式（见图6—6）优势是：（1）由公司或者专业担保机构来做担保，评估能力高，评估可靠度提升，融资额度变大；

（2）市场化运作，提升质押融资效率。其劣势为前资产评估机构服务水平与专利权质押融资工作的要求还存在一定的差距，普遍认为专利资产评估难度较高。

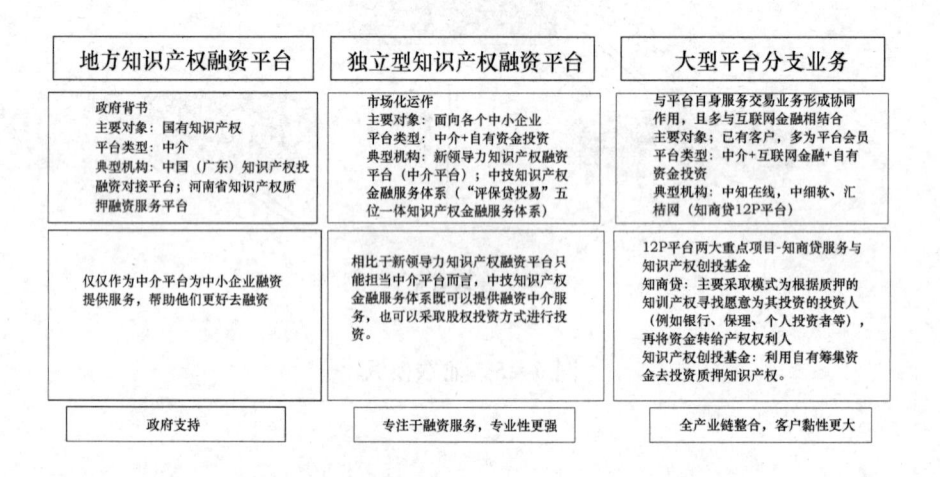

三　知识产权融资平台的种类及特点

地方知识产权融资平台	独立型知识产权融资平台	大型平台分支业务
政府背书 主要对象：国有知识产权 平台类型：中介 典型机构：中国（广东）知识产权投融资对接平台；河南省知识产权质押融资服务平台	市场化运作 主要对象：面向各个中小企业 平台类型：中介+自有资金投资 典型机构：新领导力知识产权融资平台（中介平台）；中技知识产权金融服务体系（"评保贷投易"五位一体知识产权金融服务体系）	与平台自身服务交易业务形成协同作用，且多与互联网金融相结合 主要对象：已有客户，多为平台会员 平台类型：中介+互联网金融+自有资金投资 典型机构：中知在线，中细软、汇桔网（知商贷12P平台）
仅仅作为中介平台为中小企业融资提供服务，帮助他们更好去融资	相比于新领导力知识产权融资平台只能担当中介平台而言，中技知识产权金融服务体系既可以提供融资中介服务，也可以采取股权投资方式进行投资。	12P平台两大重点项目-知商贷服务与知识产权创投基金 知商贷：主要采取模式为根据质押的知识产权寻找愿意为其投资的投资人（例如银行、保理、个人投资者等），再将资金转给产权权利人 知识产权创投基金：利用自有筹集资金去投资质押知识产权。
政府支持	专注于融资服务，专业性更强	全产业链整合，客户黏性更大

图6—7　知识产权融资平台的种类及特点

四　知识产权金融服务面临的困难

（一）知识产权权属不确定

知识产权所有权权属不确定，例如产权可能已被转让，但由于知识产权过户手续复杂，并未及时完成，导致实际权利人并非证书权利人，容易引起法律纷争，为此就需要在融资环节引入专业的产权评估机构。中细软、汇桔网等提供融资的全产业服务平台已可提供专业产权评估服务。

（二）知识产权较难准确估值

知识产权质押贷款的权利人大多为小微企业，用于质押的知识产权大多还没完全产业化，也没有许可费收入，因此较难确定估值基础。估值准确度随市场发展而提高。银行对知识产权估值认可度逐渐提高，单笔质押融资金额从早期20%—30%发展为如今40%以上（规定逐渐放开）。

（三）知识产权较难风控

风控依赖于征信机制，征信机制基于大数据平台发挥作用。许多产权价值并非通用，而取决于对使用者的价值，导致数据无法标准化应用，进而影响征信机制发挥作用。对风控的重视程度随与互联网金融的结合而提升。

（四）知识产权较难变现

当权利人无法履行还款义务时，银行等金融机构难以将被质押的知识产权变现，因为知识产权较难转让。知识产权的转让难度随交易平台的完善而降低。知识产权交易市场发展较快且潜力巨大，已出现汇桔网、高航网等大型平台。

五 综合改革试验区要打造基于互联网知识产权金融服务平台

（一）综合改革试验区知识产权金融服务的目标

推动完善落实知识产权金融扶持措施，优化知识产权金融发展环境，建立与投资、信贷、担保、典当、证券、保险等工作相结合的多元化多层次的知识产权金融服务机制，知识产权金融服务对促进企业创新发展的作用显著提升。综合改革试验区采用政府引导与市场化运作相结合方式。在充分发挥政府引导和组织协调作用的同时，强化知识产权金融服务与区域、产业政策相结合，鼓励和支持各类金融机构和中介机构参与综合改革试验区知识产权金融服务工作，通过市场化运作，构建知识产权金融服务工作机制和服务体系。

（二）综合改革试验区知识产权金融服务平台的重点任务

1. 深化和拓展知识产权质押融资工作

（1）综合改革试验区要加强对企业知识产权质押融资的指导和服务。引导企业通过提高知识产权质量，加强核心技术专利布局，提升知识产权质物价值的市场认可度；开展针对企业知识产权质押融资的政策宣讲和实务培训，使企业深入了解相关扶持政策、融资渠道、办理流程等信息；加强专利权质押登记业务培训，规范服务流程，为企业提供高效、便捷、优质的服务；建立质押项目审核及跟踪服务机制，对拟质押的知识产权项目，开展法律状态和专利与产品关联度审查，对在质押知识产权项目进行动态跟踪和管理，强化知识产权保护。

（2）鼓励和支持金融机构广泛开展知识产权质押融资业务。推动并支持银行业金融机构开发和完善知识产权质押融资产品，适当提高对中小微企业贷款不良率的容忍度；鼓励各类金融机构利用互联网等新技术、新工具，丰富和创新知识产权融资方式。

（3）完善知识产权质押融资风险管理机制。引导和支持各类担保机构为知识产权质押融资提供担保服务，鼓励开展同业担保、供应链担保等业务，探索建立多元化知识产权担保机制；利用专利执行保险加强质押项目风险保障，开展知识产权质押融资保证保险，缓释金融机构风险；促进银行与投资机构合作，建立投贷联动的服务模式，提升企业融资规模和效率。

（4）探索完善知识产权质物处置机制。结合知识产权质押融资产品和担保方式创新，研究采用质权转股权、反向许可等形式，或借助各类产权交易平台，通过定向推荐、对接洽谈、拍卖等形式进行质物处置，保障金融机构对质权的实现，提高知识产权使用效益。

2. 积极引导保险机构服务知识产权产业法发展

（1）加快培育和规范专利保险市场支持保险机构深入开展专利保险业务。推动保险机构规范服务流程，简化投保和理赔程序，重点推进专利执行保险、侵犯专利权责任保险、知识产权质押融资保险、知识产权综合责任保险等业务运营。

（2）鼓励和支持保险机构加强运营模式创新。探索专利保险与其他险种组合投保模式，实践以核心专利、专利包以及产品、企业、园区整体专利为投保对象的多种运营模式；支持保险机构开发设计符合企业需求且可市场化运作的专利保险险种，不断拓宽专利保险服务范围。

（3）加大对投保企业的服务保障。结合地区产业政策，联合有关部门，利用专利保险重点加强对出口企业和高新技术企业创新发展优势的服务和保障；加强对企业专利纠纷和维权事务的指导，对于投保专利发生法律纠纷的，要按照高效、便捷的原则及时调处。

（4）完善专利保险服务体系。加大工作力度，引导和支持专利代理、保险经纪、专利资产评估与价值分析、维权援助等机构参与专利保险工作，充分发挥中介机构在投保专利评估审核、保险方案设计、企业风险管理、保险产品宣传推广、保单维护和保险理赔服务等方面的重要作用。

3. 积极实践知识产权资本化新模式

（1）研究建立促进知识产权出资服务机制。开展本地区知识产权出资情况调查，了解有关知识产权和企业发展现状，会同工商等部门建立项目资料库；开展对出资知识产权的评估评价服务,对于出资比例高、金额大的知识产权项目加强跟踪和保护;将知识产权出资与本地区招商引资工作相结合,加强跨地区优质知识产权项目引进,加快提升地区经济发展质量。

(2)推动知识产权金融产品创新。鼓励各地建立知识产权金融服务研究基地,为产品及服务模式创新提供支持;鼓励金融机构开展知识产权资产证券化,发行企业知识产权集合债券,探索专利许可收益权质押融资模式等,为市场主体提供多样化的知识产权金融服务。

4. 加强知识产权金融服务能力建设

(1)推进开展专利应用效果检测及评价服务。依托企业建立专利应用效果检测分析服务平台,为拟投融资、转让、许可的项目提供检测分析支持;推进专利价值分析指标体系运用,结合知识产权资产评估方法,对专利项目进行科学合理评价,支持专利投融资工作有效开展。

(2)组织中介机构积极参与知识产权金融服务。引导知识产权评估、交易、担保、典当、拍卖、代理、法律及信息服务等机构进入知识产权金融服务市场,支持社会资本创办知识产权投融资经营和服务机构,加快形成多方参与的知识产权金融服务体系。

(3)完善企业和金融机构需求对接机制。开展知识产权金融服务需求调查,建立企业知识产权投融资项目数据库,搭建企业、金融机构和中介服务机构对接平台,定期举办知识产权项目推介会。

(4)加强知识产权金融服务专业机构及人才队伍建设。加大中介服务机构培育和人才培养工作力度,加快形成一批专业化、规范化、规模化的知识产权金融服务中介机构,造就一支具有较高专业素质的知识产权金融服务人才队伍，满足各地知识产权金融服务工作需求。

第五节 知识产权国际交易合作的制度建设

一 知识产权国际贸易的基本情况

现阶段，国际知识产权交易主要是通过知识产权贸易（Trade of Intellectual Property Rights）实现的。知识产权贸易有广义与狭义之分。狭义的知识产权贸易，是指以知识产权为标准的贸易，主要包括知识产权许可、知识产权转让等内容，即企业、经济组织或个人之间，按照一般商业条件，向对方出售或从对方购买知识产权使用权的一种贸易行为。广义的知识产权贸易，是指含有知识产权的产品（知识产权产品、知识产品），特别是附有高新技术的高附加值的高科技产品，如集成电路、计算机软件、多媒体产品、视听产品、音像制品、文学作品等的贸易行为。

二 国际知识产权贸易的主要形式

知识产权在国际流动可以采取两种方式。一种是间接方式，即借助货物或服务流动而流动。在国际贸易中表现为含有知识产权的产品贸易，主要指那些知识产权（尤其是版权）的价值占产品价值相当比例的产品贸易，如计算机软件、集成电路、影视作品、音像制品、出版物等，大多属于服务产品的物化形式。另一种是直接方式，即作为商品直接进入国际市场流动。这种方式涉及的知识产权可视为独立存在的知识产权，包括专利许可、商标许可、专利的转让、商标的转让、版权的许可、版权的转让、商业秘密的许可等。

国际知识产权保护的加强对于发展中国家整体来说具有两面性。一方面,发展中国家可以借鉴国际知识产权保护的经验,制定出更好的本国知识产权保护的法律,对促进技术进步和经济发展显然具有十分重要的作用;但另一方面,在目前的情况下,发达国家不仅掌握了世界上主要部门的多数核心知识产权,同时运用专利申请的防御技术,对以专利为代表的知识产权的使用设置了层层壁垒,也严重妨碍了发展中国家对技术的借鉴和学习,使其在知识产权领域的竞争中处于十分被动的局面。

三 综合改革试验区知识产权国际交易合作机制的建立

(一) 推动构建更加公平合理的国际知识产权规则

积极参与联合国框架下的发展议程,推动《TRIPS协议与公共健康多哈宣言》落实和《视听表演北京条约》生效,参与《专利合作条约》《世界知识产权组织保护广播组织条约》《生物多样性公约》等规则修订的国际谈判,推进加入《工业品外观设计国际注册海牙协定》和《马拉喀什条约》进程,推动知识产权国际规则向普惠包容、平衡有效的方向发展。

(二) 加强知识产权对外合作机制建设

加强与世界知识产权组织、世界贸易组织及相关国际组织的合作交流。深化同主要国家知识产权、经贸、海关等部门的合作,巩固与传统合作伙伴的友好关系。推动相关国际组织在中国设立知识产权仲裁和调解分中心。加强国内外知名地理标志产品的保护合作,促进地理标志产品国际化发展。积极推动区域全面经济伙伴关系和亚太经济合作组织框架下的知识产权合作,探索建立"一带一路"沿线国家和地区知识产权合作机制。

(三)加大对发展中国家知识产权援助力度

支持和援助发展中国家知识产权能力建设,鼓励向部分最不发达国家优惠许可其发展急需的专利技术。加强面向发展中国家的知识产权学历教育和短期培训。

(四)拓宽知识产权公共外交渠道

拓宽企业参与国际和区域性知识产权规则制订、修订途径。推动国内服务机构、产业联盟等加强与国外相关组织的合作交流。建立具有国际水平的知识产权智库,建立博鳌亚洲论坛知识产权研讨交流机制,积极开展具有国际影响力的知识产权研讨交流活动。

(五)加强重点产业知识产权海外布局规划

加大创新成果标准化和专利化工作力度,推动形成标准研制与专利布局有效衔接机制。研究制定标准必要专利布局指南。编制发布相关国家和地区专利申请实务指引。围绕战略性新兴产业等重点领域,建立专利导航产业发展工作机制,实施产业规划类和企业运营类专利导航项目,绘制服务中国产业发展的相关国家和地区专利导航图,推动中国产业深度融入全球产业链、价值链和创新链。

(六)拓展海外知识产权布局渠道

推动企业、科研机构、高等院校等联合开展海外专利布局工作。鼓励企业建立专利收储基金。加强企业知识产权布局指导,在产业园区和重点企业探索设立知识产权布局设计中心。分类制定知识产权跨国许可与转让指南,编制发布知识产权许可合同范本。

（七）完善海外知识产权风险预警体系

建立健全知识产权管理与服务等标准体系。支持行业协会、专业机构跟踪发布重点产业知识产权信息和竞争动态。制定完善与知识产权相关的贸易调查应对与风险防控国别指南。完善海外知识产权信息服务平台，发布相关国家和地区知识产权制度环境等信息。建立完善企业海外知识产权问题及案件信息提交机制，加强对重大知识产权案件的跟踪研究，及时发布风险提示。

（八）提升海外知识产权风险防控能力

研究完善技术进出口管理相关制度，优化简化技术进出口审批流程。完善财政资助科技计划项目形成的知识产权对外转让和独占许可管理制度。制定并推行知识产权尽职调查规范。支持法律服务机构为企业提供全方位、高品质知识产权法律服务。探索以公证方式保管。

第六节　知识产权司法保护与知识产权法院

知识产权作为重要的产权类型，通过转化应用，可以形成先进的生产力，这是当前和今后一个时期推动中国供给侧结构性改革、淘汰落后产能、提升国际竞争力的必然选择。因此，必须加强知识产权司法保护，充分实现知识产权价值，促进创新性成果的创造和转化应用，为建设知识产权强国和世界科技强国提供有力的司法保障。中国知识产权司法保护制度在改革开放的大潮中起步和发展，伴随着中国《商标法》《专利法》《著作权法》等法律的实施以及加入世界贸易组织而不断完善，逐步建立起了以司法保护为主导、民事审判为基础、行政审判和刑事审判并行发展的知识产权司法保护体制机制。这一模式，凝聚着知识产权保护的"中国智慧"和"中国经验"，反映了知识产权司法规律，是中国社会主义法律体系的重要组成部分，符合国际知识产权保护的通行规则和惯例。

一 中国知识产权司法保护的进展历程

中国知识产权司法保护用了30余年的时间，不断追赶西方发达国家近300年走过的路，走出了一条融合与创新、自主发展与自我完善的"中国道路"。

（一）中国知识产权案件数量显著增长

1985年2月，人民法院受理第一宗专利权纠纷案件。1985—2016年，人民法院受理知识产权民事一审案件792851件，审结766101件。知识产权行政案件从2002年开始单列统计，到2016年，人民法院受理知识产权行政一审案件44401件，审结39113件。知识产权刑事案件从1998年开始单列统计，到2016年，人民法院受理知识产权刑事一审案件77116件，审结76174件。知识产权保护的范围涵盖了《与贸易有关的知识产权协议》所规定的各类知识产权以及不正当竞争行为。在中华老字号、中医药、中国民间文学艺术、中文字库等方面的知识产权司法保护，令古老的中华文明生机盎然。

（二）中国知识产权审判机制逐步健全

1995年10月，最高人民法院成立知识产权审判庭。2014年11月起，北京、广州、上海知识产权法院相继成立。2017年年初，南京、苏州、成都和武汉知识产权专门审判机构先后设立。2016年7月，知识产权民事、行政和刑事案件审判"三合一"在全国法院推行。技术调查官以及司法鉴定、专家辅助人、专家咨询等技术事实查明多元化机制初步形成。由北京知识产权法院依法管辖专利、商标授权确权行政案件，部分中级人民法院集中管辖专利等技术类民事案件，部分基层人民法院管辖一般知识产权案件的格局更趋合理。截至2016年年底，经最高人民法院指定或者依法享有专利、植物新品种、集成电路布图设计、垄断和涉及驰名商标认定民事纠纷案件专门管辖权的中级人民法院共有224个。此外，最高人民法院还批准了167个基层人民法院管辖一般知识产权民事案件。

（三）中国知识产权司法政策不断完善

最高人民法院通过制定司法政策指导审判实践，确保不同时期、不同地区、不同领域知识产权创造、运用和交易纠纷解决的法律适用标准统一透明，切实有效；确保在知识产权审判工作中坚持党的领导、人民当家做主与依法治国有机统一。1985—2016年，共制定涉知识产权司法解释34个，司法政策性文件40多件，有效发挥了知识产权司法保护的主导作用。特别是党的十八大以来，最高人民法院坚决贯彻习近平总书记系列重要讲话精神和治国理政新理念新思想新战略，加大司法改革力度，不断破解制约知识产权保护的体制机制性障碍，提出当前和今后一个时期坚持"司法主导、严格保护、分类施策、比例协调"知识产权司法保护基本政策。

（四）近年来知识产权案件的特点

1. 案件总体数量持续增长

特别是在经济发达地区案件数量增长非常明显。2016年，人民法院新收知识产权民事、行政和刑事一审案件152072件，比2015年上升16.80%。其中，知识产权民事一审案件增幅明显，达到24.82%。在知识产权民事一审案件中，著作权案件为86989件，同比上升30.44%。从案件分布来看，北京、上海、江苏、浙江、广东五省市收案数量持续在高位运行，新收各类知识产权案件数占全国总数的70.37%。在中西部地区，如重庆把创新作为引领经济发展的第一动力，以重大项目为载体，推动五大功能区域发展战略的进一步深化，重庆市三级法院新收知识产权案件同比上升57.85%。在经济欠发达地区，如贵州省随着工业强省、城镇化带动战略的推进，案件数量增长亦非常迅猛，与去年同比上升了58.20%。

2. 案件审理难度日益增大

涉及尖端、前沿技术的疑难复杂案件、涉及市场占有率和知名品牌保护的商标纠纷案件、涉及信息网络传播的著作权纠纷和维护市场竞争秩序的竞争纠纷不断增多，审理难度加大。人民法院受理的知识产权纠纷反映了科技经济文化领域的新动向，很多知识产权案件由于涉及复杂技术事实认定、巨额利益分配、社会公共利益、国家利益与知识产权权利人的利益平衡等问题，对人民法院提出了很高的要求，如最高人民法院审结的"热稳定的葡糖淀粉酶"生物序列发明专利权无效行政纠纷案、北京市高级人民法院审结的国际著名制药企业所有的涉及马库什权利要求的化学医药领域发明专利权无效行政纠纷案、最高人民法院审结的"乔丹"系列商标行政案、广东省高级人民法院审结的"非诚勿扰"商标侵权案、浙江省高级人民院审结的"大头儿子"著作权侵权纠纷案等。这些案件都受到社会的广泛关注。

3. 诚信诉讼和经营环境不断改善

通过案件的审理，依法惩处不诚信诉讼行为，引导当事人诚信诉讼，保护诚信经营。对提供伪证、虚假陈述、故意逾期举证、毁损证据、妨碍证人作证、滥用管辖权异议、滥用诉权等不诚信诉讼行为，依法给予程序制裁，或者在实体裁判上不支持其主张，在保护知识产权的同时，引导当事人树立诚信诉讼和诚信经营理念。北京市高级人民法院在青岛科尼乐机械公司专利侵权案中，对拒不履行法院生效保全裁定的当事人处以50万元的罚款。北京知识产权法院在"TKD"商标行政案中，对当事人虚假陈述的行为处以1万元的罚款。上述措施取得了良好的法律效果和社会效果。

4. 司法保护力度不断增强

人民法院以充分实现知识产权的市场价值为导向，通过积极合理适用知识产权临时措施、科学计算损害赔偿数额等，提高知识产权司法救济的及时性、便利性和有效性。人民法院主动作为，在立法框架内，用足用好司法措施，依法加大对经济增长具有重大突破性带动作用、具有自主知识产权的关键核心技术和知名品牌的保护力度，使赔偿数额与知识产权市场价值相契合，同时充分考虑维权成本，判决侵权人支付律师费等诉讼合理支出，对于恶意、重复侵权等严重侵权行为，加大赔偿力度，起到足以制止和惩戒侵权行为的作用。例如，北京知识产权法院在审理"紫玉"商标侵权上诉案和书生公司系列侵犯著作权上诉案中，对于判赔数额过低、保护力度不足的原审判决，坚决改判全额支持权利人的索赔请求。在十大案件的松下电器产业株式会社"美容器"外观设计专利侵权案中，一审、二审法院全额支持了松下株式会社主张的300万元赔偿请求。上述裁判切实回应了社会关切，凸显了司法保护对于充分实现知识产权市场价值的积极作用。

二 知识产权司法保护的经验总结

实践和经验证明,知识产权司法保护事关创新驱动发展战略实施,事关经济社会文化发展繁荣,事关国际国内两个大局,越来越受到社会各界和国际社会的广泛关注。为此,最高人民法院设立了"最高人民法院知识产权司法保护研究中心""最高人民法院知识产权案例指导研究(北京)基地""中国法院知识产权司法保护国际交流(上海)基地""最高人民法院知识产权司法保护与市场价值研究(广东)基地",定期发布《中国法院知识产权司法保护状况》《最高人民法院知识产权案件年度报告》《中国知识产权司法保护年鉴》,及时总结、权威展现中国知识产权司法保护的新成果、新经验,努力让人民群众在每一个司法案件中感受到公平正义。

知识产权司法保护必须立足中国仍处于社会主义发展初级阶段这一基本国情,紧紧围绕实现国家治理体系和治理能力现代化目标,坚持开放思维,坚持世界眼光,严格遵守国际公约,积极参与国际知识产权治理实践,及时发出中国声音,充分彰显中国知识产权司法保护的国际影响力。

要充分发挥知识产权司法保护的主导作用,必须打造一支司法为民、公正司法的审判队伍,始终坚持做到信念坚定、业务精通、作风优良、清正廉洁、勇于创新、敢于担当。目前,全国法院共有知识产权法官及法官助理、技术调查官、书记员等5000余人。他们传承知识产权司法保护的先进理念,推动中国知识产权司法保护的发展进步,是一支让党和人民可以信赖的队伍。

三 知识产权法院的设置及进展情况

2014年11月6日,中国首家知识产权法院——北京知识产权法院正式挂牌成立,翻开了中国知识产权司法审判新的一页。紧随北京之后,2014年12月16日,中国第二家知识产权法院即广州知识产权法院建成;2014年12月28日,中国第三家知识产权法院即上海知识产权法院挂牌成立。

中国建立知识产权法院的意义至少在于:第一,借以加强知识产权运用和保护,健全技术创新激励机制,支撑中国科技创新及其升级转型。第二,借以彰显中国加强知识产权保护,尊重知识产权权益的对外形象与国际影响。第三,借以统一中国知识产权司法标准,整合中国知识产权司法资源,提高中国知识产权司法效率,有效克服保护主义和从根本上理顺知识产权民事、行政与刑事审判的体质与机制。

2016年,北京、上海、广州知识产权法院各项工作有序开展,司法职能有效发挥,全体法官凝心聚力,依托司法科技创新和制度创新,努力推进专业化、精细化、法治化建设,改革成效和标杆作用逐步显现,司法公信力和国际影响力持续增强,展示了中国知识产权司法保护的新形象。知识产权法院率先进行司法改革,形成院、庭长办案常态化机制,转变审判委员会职能,探索审判委员会参加案件审理的方式,成效良好。2016年,三家知识产权法院共受理知识产权民事和行政案件17268件,审结14896件,结案率86.26%。北京知识产权法院大力推进案例指导研究基地建设工作,上海知识产权法院积极服务上海科技创新中心建设,广州知识产权法院大力加强知识产权市场化研究,树立了中国法院知识产权审判的新形象。最高人民法院知识产权审判庭深入调查研究知识产权法院在改革发展中遇到的困难和问题，完成《知识产权法院设立及工作情况》，积极推进"知识产权法院建立重大问题研究"课题项目的调研工作，为建立知识产权上诉机制提供实践指引。

四 综合改革试验区知识产权法院的改革与完善

（一）知识产权法院设置制度的完善

目前，中国知识产权法院仅在北京、广州、上海三地设立，是试点性的创新之举，其后在全国其他地区设立知识产权法院必将开展。因为中国大陆地区地域辽阔，不可能学习中国台湾地区或者日本的模式仅仅设立一个智慧财产法院或者日本知识产权高等法院。中国东部、中部以及西部经济发展极不平衡，如果在每个省级行政单位均设立一个智慧财产法院，又会导致司法资源的极度浪费，造成某些知识产权法院无案可审而有些知识产权法院案件应接不暇的局面。为此中国仅在北京、上海、广州三地设立了知识产权法院，但其并不能够解决根本性问题。中国东部沿海地区有些省份如浙江省、江苏省依旧面临着知识产权案件审理不够专业化、审理速度缓慢、案件量巨大等问题。

对于哪些地区可以设立知识产权法院的标准，可以从两方面予以考虑：一是设立知识产权法院的省级行政单位的经济实力必须达到一定的水平；二是从节约司法资源、最大程度上合理利用司法资源的角度出发，各省份如果想要设立知识产权法院其必须受理足够多的知识产权案件，尤其是技术性较强的知识产权案件例如涉及专利权的案件。

（二）知识产权法院管辖制度的完善

对于知识产权案件审理的民事案件、行政案件和刑事案件"三审合一"模式，中国一直在不断地探索，但在已经建立的知识产权法院的审判制度中，并没有体现出"三审合一"的制度革新。基于此，某一知识产权案件既涉及刑事部分又涉及民事部分，可以规定由两管辖法院中等级高的法院管辖，如果管辖法院等级相同则由刑事案件受理法院统一受理、统一审理，真正做到知识产权刑事案件与民事案件的"合一"审理。

（三）配套制定专门程序法

在进一步完善知识产权法院过程中，中国有必要配套制定专门的程序法以规范知识产权法院的设立和运行，其必要性体现在以下三个方面。

首先，配套制定专门程序法有利于知识产权法院改革的顶层设计。中国知识产权法院的设立是根据人大常委会通过的决定而设立的，其管辖范围和技术调查官制度的规定都是以最高人民法院司法解释的形式加以具体明确的。对于中国司法体制改革的重点知识产权法院的建设，这些司法解释的法律位阶不够高。全国人大应该出台法律，提高规范知识产权法院运行规则的法律位阶，促进知识产权法院相关制度的规范化。传统的哪里需要改革或者需要建设就单独出台一个司法解释或者通知的形式，必然会导致法律体系繁杂凌乱，难以让人民了解改革的趋势，不利于知识产权法院建设的顶层设计。

其次，配套制定专门程序法有利于司法改革的规范化。中国台湾地区颁布有专门的《智慧财产法院组织法》《智慧财产审理法》以规范知识产权诉讼的审理以及智慧财产法院的运行。日本有《知识产权高等法院设置法》以使其知识产权高等法院的设置法律化，并规范该法院的日常运行。凡属于重大改革都要于法有依据，在整个改革过程中，都要高度重视运用法治思维和法治方式，加强对相关立法工作的协调，确保在法制轨道上推进改革。

最后，配套制定专门程序法有利于知识产权法院的运行。知识产权法院不同于其他专门法院，其有一些特殊的制度，例如技术调查官制度。配套制定专门的程序法，使原来斑驳的司法解释集中起来，有利于知识产权法院的健康运行，也有利于解决中国现有的法律法规中相关规定的矛盾之处，例如对于知识产权案件原法律法规规定由中级人民法院以及最高院授权的基层人民法院管辖，这与现在的司法状况已经不吻合。配套制定专门的程序法也便于促进人民对知识产权法院的了解、推进法律的普及，是中国司法改革的必要之举。

第七节 中国知识产权产业化综合改革试验区的愿景

通过借鉴国际先进的知识产权运营模式与成功经验，中国知识产权产业化综合改革试验区站在时代的高度和科技的前沿，在国际上发出了中国推动知识产权产业化发展和保护的强音，展示科技进步的中国力量，参与国际规则的制定，站在全球知识产权产业价值链的顶端，在国内发挥出引航创新、促进交流、推动与实施成果转化的知识产权产业化大平台；力争成为"聚焦创新、推动上海、服务全国、连接全球"的知识产权产业网综合运营中心，走出一条中国特色的知识产权产业化发展道路。

一 中国知识产权产业化综合改革试验区发展愿景

(一) 亚太地区知识产权中心城市

中国知识产权产业化综合改革试验区的落地，将赋予所在城市更多的创新资源和要素，集聚更多的创新人才，创造更多的创新机遇，完善配套服务能力，不仅提升所在城市的综合竞争能力和国际形象，还将促进城市完善经济关联产业和创新"圈子"形成，提高城市的创新辐射力。中国知识产权产业化综合改革试验区将促进所在城市尽早建设成为亚太地区知识产权中心城市，在制定国际规则、促进国际交流等多方面发挥重要影响力。

(二) 中国知识产权制度改革的先行军

中国知识产权综合改革试验区作为知识产权国家政策和政府管理的实验田，试验区将打破行政管理的壁垒，率先推行多类型执法协同、执法与司法协同、确权与执法协同、许可与保护协同创新协调举措，率先作为国家政策的先行先试区域，为创新生态提供先进的养料，推动知识产权产业化，推动金融交易和人才培养等多领域的创新发展。试验区将成为知识产权机制体制改革和实践的先行军。

(三) 中国知识产权严格保护首善之区

中国知识产权产业化综合改革试验区也是中国知识产权严格保护的首善之区，实行更为实用和多样的保护模式、更为丰富和高效的维权渠道、更为有效的执法手段，尽可能广泛地保护创新。

(四) 中国知识产权产业化发展的典范地区

中国知识产权产业化综合改革试验区汇聚海内外知识产权产

业链各端集群，汇聚知识产权产业化运营人才，构建知识产权产业化运营平台，成立负责推进知识产权产业化发展的智库机构，探索知识产权产业化运营模式，走出一条可总结复制和可推广实施的产业化发展道路。

（五）全球知识产权许可贸易集散地

中国知识产权产业化综合改革试验区将充分释放知识产权作为资产的价值，使之像其他商品一样在流转、交易过程中体现作为财产的经济价值。通过聚合、交易、许可、转化等运营方式，促进更多知识产权成果转化为商业成果，促进创新市场的繁荣发展。中国知识产权产业化综合改革将充分释放知识产权作为投资的价值，通过更具实践性的金融运营方式，确保知识产权高效地转化为经济价值，提升获利的可能，并最终与资本市场深度融合。

二 中国知识产权产业化综合改革试验区的主要举措

（一）以市场为导向，深化知识产权机制体制改革

探索知识产权机制体制改革，形成自上而下、打破壁垒的综合改革路径。加强产业资源的整合，切实解决目前创新资源投入分散、分割、重复投资等问题，建立经济、科技、知识产权及有关行业部门间的协调机制。

（二）加快创建知识产权产业化运营创新体系和运营模式

紧扣国家创新发展重大需求，着力打通知识产权创造、整合、交易、转化、投资、保护等全产业链环节。创新知识产权产业化运营模式和服务产品，构建开放、多元、融合、共生、互利的知识产权运营生态系统。形成和完善知识产权交易价格发现机制。

推进采用债转股及反向许可等模式，探索开展专利权证券化、信托、出资，支持知识产权+互联网金融服务。

（三）加快推进和建立知识产权产业化运营交易平台

建立覆盖全国乃至全球的知识产权运营交易平台，将知识产权信息、企业需求、专业人才和科研成果等资源整合到统一的平台上，让知识产权真正流转起来，将实现其产权为特征的产权资本化、市场化，最终释放和提升市场价值，激励和保护创新的动能源源不竭。

（四）依托知识产权产业化运营平台，创建知识产权大数据互联网

加强知识产权公共资源的开放共享，整合利用全球知识产权资源，促进创新创业要素跨区域流动；依托"互联网+"和大数据等，推动知识产权产业创新商业模式，建立和完善线上与线下、境内与境外、政府与市场开放合作产业发展机制，为创新创业打造新引擎，增加新动能，创造新格局，形成新市场。

（五）完善法律法规，确保知识产权产业化实施主体的权益

修订完善相关法律、法规，建立健全知识产权保护体系，加大保护知识产权的执法力度，营造尊重和保护知识产权的法制环境。扩展知识产权保护宽度，灵活调整知识产权保护长度，提高知识产权保护门槛，创新知识产权保护方式，并促进企业加强知识产权管理。

（六）加强以需求为导向的产学研合作研究

行业协会、高等学校、科研院所深入开展专利协同运用试点，建立订单式发明、投放式创新的专利协同运用机制，鼓励高等学校、科研机构知识产权向企业转移。同时，依法保障知识产权完

成人的权益。

（七）建立鼓励知识产权向中小企业转让的有效机制

支持建立一批高水平孵化器和留学生创业服务中心，推动建立更为完善的中小知识产权创新型企业创新创业抚育平台；以创新基金为主导，重点向种子期、初创期早期企业投入，并建立针对种子期、初创期企业的政策性股权融资机制；支持组建中小创新型企业知识产权融资担保公司，对于民间的中小企业信用担保机构在创办初期给予一定的引导。

（八）加大对知识产权产业化的财税政策支持

在国家财政预算中增加知识产权产业化的投入；对具有重要战略意义和产业化价值或已进入产业化初期阶段的知识产权，加大在申请和保护阶段给予资金补助力度，特别是在海外市场布局以及维权的资金补助；研究完善促进科技进步和知识产权产业化的税收政策。

（九）建立政府引导、社会资金参与的多元化、多层次的支持知识产权产业化的投融资体系

充分发挥政策性金融机构的政策导向功能，对自主创新项目及产品尤其是国家重大科技专项等在贷款上给予重点扶持；运用财政贴息方式，引导各类商业金融机构支持自主创新与产业化；鼓励有关部门和地方政府设立知识产权创业风险投资引导基金，支持金融机构开展知识产权金融投资；支持建立知识产权产业化的多层次资本市场。

（十）加强知识产权产业化人才队伍建设

加强知识产权人才培养与研修；实施"企业人才工程"，引导人才向企业流动；鼓励大学、科研院所的专家教授到企业技术

中心挂职或兼职；制定企业科研人员职称评定办法。完善专利技术收入分配、激励机制，最大限度地激励科研人员的创新积极性；设立留学人员回国创业专项基金，鼓励海外留学人员、华人华侨回国以知识产权进行创新创业。

第七章 上海知识产权产业化综合改革试验区功能集聚规划思路

第一节 知识产权产业化综合改革试验区功能体系

中国知识产权产业化综合改革试验区要通过四个功能体系，构建覆盖知识产权管理、创造、整合、运营和人才等各个产业模块，促进知识产权产业化发展。综合改革试验区具有各类资源集聚功能，以核心驱动层的示范效应和资源优势，集聚更多的产业集群及资源，发挥规模与整合效应，形成人才集聚、资本积聚、产业集聚以及时空集聚。综合改革试验区也具有对外辐射功能，将集成港的资源和创新环境向全国范围内延伸和辐射。

一 三大基础系统

改革试验区建设有三大基础系统：一是中国知识产权产业化综合改革试验区商务云，连接和支撑各大运营平台；二是知识产权价值分析评估体系，知识产权价值评估和企业投资价值判断的技术支持系统；三是知识产权组织网络，市场服务队伍覆盖全国及海外重点区域。

行政管理和服务机构重在协调各参与主体之间的关系，对专利实施认证等。

研发机构重在研究开发出具有高科技含量，处于世界领先地位的极具价值的专利产品、方法等。

运营机构重在将研发机构研发出来的专利给予合理的价值回报。供给方和需求方通过运营机构，如交易平台、交易所等实现最大化的信息对称和供需匹配，让最好的专利技术用在最需要的产品当中，实现创造力和创新的飞跃式发展；主要是消除信息不对称，让研发的专利权人能够获得最好的最合理的回报，激励其研发更先进的高端的专利技术和方法。而专利技术需求者通过运营平台能够得到使其现有产品市场保持的专利技术等。

第三方机构，如中介机构、代理机构、诉讼等，主要处理研发机构到运营机构各类参与者的信息传输、匹配等。通过各种方式提高专利研发到运营的效率，使真正的专利权人能享受到应有的利益，激励其进一步研发创新，形成良性循环。

配套机构，如专家公寓、教育培训、人才服务等都是为了参与主体有更好的工作效率、更好的生活体验，将更多的精力用于创新创造，形成亚太地区和国际上的知识产权高地，形成国家核心竞争力的重要组成部分。

二 综合改革试验区集聚功能

（一）人才集聚

综合国力竞争归根到底是人才竞争，哪个国家拥有人才上的优势，哪个国家最后就会拥有实力上的优势。走创新发展之路，首先要重视集聚创新人才。要充分发挥好现有人才作用，同时敞开大门，招四方之才，招国际上的人才，择天下英才而用之。

中国科技队伍规模是世界上最大的，主要问题是水平和结构，世界级科技大师缺乏，领军人才、尖子人才不足，工程技术人才培养与生产和创新实践脱节，人才政策需要完善。改革试验区就是要形成人才集聚，集聚世界级科技大师、领军人才、尖子人才，将最优秀的人集聚起来，充分发挥集聚效果，形成更多的属于中国的知识产权。

中国知识产权产业化综合改革试验区创新聚集人才机制。支持知识产权综合改革试验区依托高水平创新平台，着眼于突破各类产业核心关键技术瓶颈，推动各类高水平科技人才和团队集聚。鼓励综合改革试验区建立院士工作站、国家级博士后科研工作站和省级博士后研发基地，加强高端人才和高科技研发平台建设。支持协同引进高水平科技成果与人才，通过技术成果转化实现高层次创新创业人才及团队引进。引导和支持企业把"招商引资"与"招才引智"相结合，拓宽引才渠道，以项目为纽带，采取咨询、讲学、兼职、项目聘用、技术合作、人才租赁等柔性流动方式引进高层次经营管理人才。鼓励团队式引进私募、公募、证券、产业等方面的高水平基金人才和投资团队。提供人才服务绿卡制度，在科研经费、工作场所、住房、落户、医疗、社保、子女入学、配偶就业、居留、出入境、职称申报、工商和税务登记等方面为引进人才提供便捷服务。

用好人才，还要用好企业家。企业家是推动创新的重要动力。世界上一些很著名的企业家并不是发明家，但他们是创新的组织者、推动者。企业家有十分敏锐的市场感觉，富于冒险精神，有执着顽强的作风，在把握创新方向、凝聚创新人才、筹措创新投入、创造新组织等方面可以起到重要作用。

(二) 资本集聚

知识产权产业化发展过程中,非常关键的是如何破局资本与创造过程和创新成果的结合。金融资源汇集的上海具有更有利的环境优势。中国知识产权产业化综合改革试验区要创新投融资机制,综合运用信贷、股权债权、产业投资基金等融资工具,创新吸引社会资本方式,健全支持试验区基础设施建设、产业发展的资金保障体系。鼓励金融机构围绕打造千万亿级产业集群,探索知识产权产业链、商业圈和企业群融资,发展订单和应收账款质押贷款、保理、租赁等融资业务,创新小微企业网络金融服务模式,实现物流、商流、资金流、信息流多流合一。充分利用债务融资工具,探索发行中国知识产权产业化综合改革试验区专项债券和项目收益债券,支持符合条件的企业发行企业债、中期票据、短期融资券、中小企业集合票据、项目收益票据和开展资产证券化等。充分利用政府与社会资本合作模式,引导社会资本参与公共服务基础设施建设和运营。支持企业并购重组、招商引资和基础设施建设等。支持有条件的采用基金+基地方式,通过设立引导基金,引进募投能力强的基金管理团队,发起设立一批投资综合改革试验区知识产权产业链条中的创业投资和产业投资基金。在风险可控的前提下,有序引导社会资金在中国知识产权产业化综合改革试验区设立小额贷款公司、租赁公司、担保公司等。鼓励民间资本采取与产业集聚区投融资公司合资、合作或独资等形式开发智慧地产。

(三) 产业集聚

中国知识产权产业化综合改革试验区坚持做大知识产权产业

增量与做优存量相结合，聚焦主导产业，延链、补链、强链，推动产业链向中高端延伸，促进综合改革试验区提质增效。落实"中国制造2025"，完善知识产权产业创新体系，开展智能制造示范，加强质量品牌建设，推行绿色制造、服务型制造，全面提高自主知识产权主导产业发展质量和核心竞争力。制定"互联网+"行动实施方案，推动移动互联网、云计算、大数据、物联网与主导产业结合，培育知识产权新产业、知识产权新业态、知识产权新模式，打造知识产权产业化综合改革试验区转型升级、创新发展新引擎。着眼知识产权产业发展新趋势，完善中国知识产权产业化综合改革试验区主导产业的产业链图谱，着力发展一批生命周期长、支撑作用大的产品，加快形成一批具有优势的特色产业链。发挥知识产权中介机构的专业力量优势和龙头机构的带动作用，打造一批以产业链为纽带的区中园，形成引进一个、带动一批的集聚效应。

着眼构建试验区区域的产业配套体系，突出载体功能，推动综合改革试验区与其他专业园区互动发展，形成区域联动、资源共享、优势互补、协调发展的格局。强化核心商务区的生产性服务功能，引导知识产权服务业集聚发展，形成支撑知识产权主导产业集群发展的综合商务服务平台。以优化特色商业区规划布局为重点，推动知识产权市场流通与生产制造互动发展，支持规划建设服务特色知识产权产业集群发展的现代专业市场。强化区域制造业协同发展，引导上海市中心城区优势产业集聚完善高端制造、产品设计、技术孵化功能，吸引高端产业、高端人才和雄厚资本的集聚。

加强试验区顶层设计和系统谋划，破解单一企业转移难、生存难问题，推动龙头企业龙头机构和配套体系全产业链发展，打造知识产权产业集群发展新亮点。找准集团化、体系化转移关键点和吸引点，选择具有较强产业整合能力的行业龙头企业和专业机构作为合作对象，有针对性地吸引产业链、相关产品、相关品牌、配套企业集聚，高起点建设试验区知识产权产业集群。着力破解知识产权产业集群化转移中的瓶颈制约，创新产业基金、产业地产、供应链融资等政策工具，完善研发、制造、营销、人才等环节公共服务平台，有效降低转移企业商务成本。

（四）时空集聚

加快推动中国知识产权产业化综合改革试验区提质转型创新发展，有利于抢抓知识产权产业转移及新一轮科技革命和产业变革的机遇，加快先进制造业建设；有利于推动知识产权产业更大规模、更高水平发展，促进经济稳定增长和结构优化；有利于增创竞争新优势。

以提质转型创新发展为主线，突出集群、创新、智慧、绿色发展方向，着力完善功能规划布局，提升集群竞争优势，促进服务功能升级，加快体制机制创新，推动中国知识产权产业化综合改革试验区上规模、上水平、上层次，提高吸引力、竞争力、带动力，实现由规模扩张向量质并重转变、要素高强度投入驱动为主向创新驱动为主转变、粗放消耗型向绿色集约型转变、主要靠优惠政策招商向依靠优质综合服务招商转变、简单地"等靠要"向勇于改革创新转变，在促进经济结构战略性调整、培育形成新的增长动力上发挥更大作用。中国知识产权产业化综合改革试验区有利于促进产业内的信息共享、资源整合、分工协作，提高提高效率，节约成本（尤其是空间交易成本），为中国知识产权产业发展构建良好的硬件和软件环境。

第二节 知识产权产业化综合改革试验区管理功能集聚构想

一 管理功能集聚区

中国知识产权产业化综合改革试验区旨在创新知识产权相关行政管理体制机制。坚持改革创新、整合资源，加快转变政府职能，建立条块结合、权界清晰、精干高效、充满活力的知识产权产业化集聚区新型行政管理体制机制。推进知识产权产业化集聚区与传统行政区域管理套合，合理界定管理职能，强化协调配合联动。建立知识产权产业化集聚区政府权力清单、责任清单、企业投资项目管理负面清单、行政事业性收费清单、政府性基金清单，推行政务服务网改革，强化权力运行制度监管。加强入区项目并联审批，推进审批流程网络化，实行集中受理、内部流转、限时办结、统一反馈机制，提高审批效率和服务质量。

中国知识产权产业化综合改革试验区中的管理功能集聚区应该导入国家行政管理和服务机构、试验区管委会、知识产权法院理机构等，打破传统行政管理割裂局面，创新新型知识产权产业化管理模式。

二 行政管理机构

（一）国家专利行政管理和服务机构

国家专利行政管理和服务机构主要职责包括：负责组织协调全国保护知识产权工作，推动知识产权保护工作体系建设；会同有关部门建立知识产权执法协作机制，开展相关的行政执法工作；开展知识产权保护的宣传工作；会同有关部门组织实施《国家知识产权战略纲要》。

承担规范专利管理基本秩序的责任。拟订专利知识产权法律法规草案，拟订和实施专利管理工作的政策和制度，拟订规范专利技术交易的政策措施，指导地方处理、调解侵犯专利的纠纷案件以及查处假冒他人专利行为和冒充专利行为，会同有关部门指导和规范知识产权无形资产评估工作。拟订知识产权涉外工作的政策。研究国外知识产权发展动态。统筹协调涉外知识产权事宜，按分工开展对外知识产权谈判。开展专利工作的国际联络、合作与交流活动。拟订全国专利工作发展规划，制订专利工作计划，审批专项工作规划，负责全国专利信息公共服务体系的建设，会同有关部门推动专利信息的传播利用，承担专利统计工作。

制订专利和集成电路布图设计专有权确权判断标准，指定管理确权的机构。制订专利和集成电路布图设计专有权侵权判断标准。制定专利代理中介服务体系发展与监管的政策措施。组织开展专利的法律法规、政策的宣传普及工作，按规定组织制定有关知识产权的教育与培训工作规划。

（二）试验区知识产权行政管理部门

试验区知识产权行政管理部门主要职责包括：执行有关专利方面的法律、法规、规章和方针、政策；研究起草专利工作的地方性法规、规章草案和政策，并组织实施有关地方性法规、规章和政策。

研究制定推动专利制度运用及专利技术转化与实施的政策措施，负责管理专利技术交易市场和专利许可贸易中的专利工作；

负责专利的统计、分析和上报；根据国家知识产权局授权或委托，承担专利申请受理、专利费用收缴以及相关事务的查询、咨询等职责。

组织开展专利的法律法规、政策的宣传普及工作；按规定组织制定综合改革试验区有关知识产权的教育与培训工作规划。拟订综合改革试验区内的知识产权涉外工作的政策；研究国外知识产权发展动态；统筹协调涉外知识产权事宜；开展专利工作的对外和对港、澳、台地区的合作与交流活动。指导综合改革试验区内的专利中介服务机构的发展，组织制定规范综合改革试验区内的专利中介服务机构的管理办法，负责有关行业协会的监督指导工作。

（三）知识产权法院

知识产权法院管辖所在市辖区内的下列第一审案件：专利、植物新品种、集成电路布图设计、技术秘密、计算机软件民事和行政案件；对国务院部门或者县级以上地方人民政府所做的涉及著作权、商标、不正当竞争等行政行为提起诉讼的行政案件；涉及驰名商标认定的民事案件。

上海知识产权法院是全国人大批准设立的首批三个知识产权法院之一。自2015年1月1日正式运行以来，上海知识产权法院按照当好"先行者"和"排头兵"的要求，紧紧围绕"专业化、国际化、权威性和影响力"的发展定位，全面推进法院建设、审判、改革等各项工作，为深化知识产权司法改革、支撑上海科创中心建设发挥了积极作用。

截至2015年年底，上海知识产权法院共受理各类知识产权案件1641件，其中民事一审案件823件，二审案件802件；共审结各类案件1047件，在法律规定的期限内审结案件比例达到了

98%。上海知识产权法院受理的案件呈现出几个特点：一是涉外案件比例高，涉及外国和港澳台的案件有 265 件，占全年案件受理量的 16%；二是技术类案件比例高，在 1641 件案件中，涉及专利、计算机软件、技术秘密等技术类案件有 835 件，占了技术类案件受理量的 51%，比例过半，符合知识产权专业性强、技术性强的特点；三是侵权类案件比例高，在所有案件中，知识产权侵权案件有 1257 件，占比 76%；四是有社会影响的案件多，既有涉及外国大企业、500 强企业的知识产权案件，也有涉及自主知识产权的案件；五是案件的撤诉率和调解率比较高，案件在审理过程中，当事人主动撤诉或达成和解协议的比例是 42%；六是案件的服判息诉率较高，案件一审宣判之后，当事人服判的占 85%，二审案件宣判以后，当事人服判息诉率为 100%。

所以，如果各方面条件允许，可以把上海知识产权法院整合到知识产权试验区内，并且进一步完善其在审理知识产权案件方面的作用。

（四）综合改革试验区管委会

贯彻执行中央、省、州有关试验区建设相关政策、规定；统筹组织制定试验区的基础设施建设、产业布局、产业培育、功能区开发、政策法规、土地管理、资金管理等事项，完善政府相关部门与试验区条块互补、职能整合的工作机制，调动各个行政区、经济功能区的积极性、主动性、创造性。

组织领导试验区内的各项工作，保证其工作协调统一、运转有序、科学决策、管理顺畅。对涉及试验区重大项目建设的相关规划、土地、自然资源、建设、交通、环保等行使审核决策权。组织、协调试验区建设的招商引资和宣传推介工作；协调处理试验区对外联系的有关事宜；组织、协调试验区投融资工作；筹集、管理和安排使用试验区建设发展专项资金。

（五）知识产权行业协会

行业协会是指介于政府、企业之间，商品生产者与经营者之间，并为其服务、咨询、沟通、监督、公正、自律、协调的社会中介组织。行业协会是一种民间性组织，它不属于政府的管理机构系列，而是政府与企业的桥梁和纽带。行业协会属于《民法》规定的社团法人，是中国民间组织社会团体的一种，即国际上统称的非政府机构（NGO），属非营利性机构。

在中国知识产权综合改革试验区内设立全国性的知识产权行业协会总会。此外可以设立知识产权各细分领域协会，包括商标协会、专利协会、计算机软件协会、集成电路设计协会、著作权协会等。各产业协会通过集聚效应，充分发挥其政府和企业的桥梁和纽带作用，促进知识产权综合改革试验区的发展。

第三节 知识产权产业化综合改革试验区研发功能集聚方案

知识产权产业化综合改革试验区研发功能集聚区主要是知识产权研发和产业孵化区域。在空间位置上该区域可以扩张到试验区以外地区，这些地区既包括上海市，也包括其他省市，但依然是试验区的一部分，可以说是试验区的飞地。例如，建设大科学实验基地，中国科研机构和国际科研机构建立的实验室、创新中心；知识产权创新成果的产业化后，初创企业可以根据行业分流到不同的产业园和产业基地。

联合政府之力共建知识产权保护中心,以知识产权法院为核心,联合知识产权保护服务集群,提供知识产权保护监测、鉴定、调解、维权平台;加强与国家相关政府部门的对接,强化知识产权保护执法力度,优化知识产权服务运营的环境。

一 研发功能集聚区

中国知识产权综合改革试验区支持研发机构和孵化机构通过自建或与高校、科研院所、大型企业等联合共建的方式,搭建研发试验服务平台;支持市场化的中试基地建设,面向创业企业开展中试熟化、检验检测、技术集成等专业服务,提升项目和企业孵化能力;支持孵化机构与国内外科技条件平台建立合作关系,为在孵企业提供科技条件平台研发试验服务,满足企业技术研发需求;支持孵化机构联合专业知识产权、技术转移、科技咨询、律师事务所、专业会展等中介服务机构,拓宽孵化机构的服务内容、提升服务质量,满足创新创业企业多方面的需求。

引导和鼓励国内资本与境外合作设立新型创业孵化平台,引进境外先进创业孵化模式,提升孵化能力。通过发展企业孵化服务,做大做强众创空间,为中小企业创业、创新不断注入新动能。国家支持建立一批高水平孵化器和留学生创业服务中心,推动建立更为完善的中小知识产权创新型企业创新创业抚育平台。

筛选并获得具有市场潜力的高质量专利开展转让和孵化/加速运营,促进研发成果转化为现实生产力。孵化成果在产业化阶段可向试验区在全国各地建立的产业园导入,扶持企业更快更好成长。

二 研发机构

(一) 亚太 500 强企业知识产权研发中心

引入亚太 500 强企业的知识产权研发中心和实验室,发挥市场龙头企业在知识产权产业化领域的凝聚、示范和引领效应,同时也让社会大众更多了解 500 强企业的知识产权战略和理念,发挥知识产权的品牌价值。

(二) 战略性新兴产业孵育基地

战略性新兴产业孵育基地有利于充分发挥孵化机构对战略性新兴产业源头企业培育作用。孵育基地以重点孵育项目为核心,积极推动战略性新兴产业领域科技企业服务体系的建立,围绕龙头企业,在软件、集成电路、计算机和网络、通信、生物医药、能源环境等重点领域形成国内优势战略新兴产业知识产权高地。

集合各方资源,以科技企业孵化器为重点,支持具有创新性、成长性和引导性的中小企业快速发展,从落实高新技术企业税收优惠、研发费用加计扣除等税收政策,到科技型中小企业创新资金、科技成果转化资金和各项科技计划项目的资金支持,切实推动各项政策落地,支持企业开展研发活动,创新能力显著增强。一批科技型中小企业迅速成长为带动行业创新发展的中间力量。

(三) 大学科技园项目基地

高校是中国科研的主力军。上海市集聚了复旦大学、同济大学、上海交通大学等蜚声海内外的高校,是中国人才和科教资源最为密集的地区。而旨在依托高校较强科研实力,促进高校科技成果转化的大学科技园项目基地成为长三角创业孵化体系中重要的力量。

当前，中国正处于构建创新驱动经济发展的历史机遇期，全面促进科技企业孵化体系建设是提升中国创新能力、增强全社会创新创业活力、探索创新发展模式、把握新兴产业发展机遇的重要举措，对于率先落实国家创新驱动发展战略具有重要意义。未来，中国知识产权综合改革试验区要不断整合和发挥独有的资源集聚和先发优势，借助深化改革先行区、开发创新引领区、高端要素集合区、战略产业策源地的战略定位，不断优化知识产权产业促进思路，以体制机制改革创新为动力，以提升自主创新能力为根本，以国家级战略性新兴产业项目为核心，加快各类资源集聚，使孵化研发创新能力得到进一步提升。

（四）知识产权研究院

知识产权研究院包括专利研究院、商标研究院、著作权研究院等。计算机软件著作权是指软件的开发者或者其他权利人依据有关著作权法律的规定，对于软件作品所享有的各项专有权利。就权利的性质而言，它属于一种民事权利，具备民事权利的共同特征。著作权是知识产权中的例外，因为著作权的取得无须经过个别确认，这就是人们常说的"自动保护"原则。软件经过登记后，软件著作权人享有发表权、开发者身份权、使用权、使用许可权和获得报酬权。

（五）中小企业创新孵化机构

中小企业创新孵化机构包括孵化器、留学人员创业园、小企业创业基地等创业孵化载体，运用市场经济规律，与资本市场、中介服务机构及其他创新资源有机组合，形成促进科技创新创业的生态系统。围绕企业"种子期—初创期—高成长期"需求，以企业孵化为核心，以孵化器为基础，对接加速器、产业园，打造

"创业苗圃—孵化器—加速器—产业园"的孵化链条，形成以孵化机构为节点，涵盖研发试验、科技金融、科技中介、创业导师等要素的全方位、多层次的孵化服务网络。

推动新建一批孵化机构，支持孵化机构建立"创业苗圃"，依托"创业苗圃"实现孵化机构与天使投资机构（人）的有机结合，为创业者完善科技成果（创意）、制订商业计划提供公共服务，帮助其将科技成果（创意）转化并创办企业；推进科技企业加速器建设，支持科技企业孵化机构、试验区充分结合区域产业定位，建立服务于高成长企业发展的科技企业加速器；鼓励孵化机构与试验区建立合作关系、探索链接机制，充分利用试验区的资源为企业提供后续的发展空间、专业技术、市场拓展、信贷担保、风险投资及上市辅导等专业服务，为创业企业的进一步发展搭建对接平台。

支持孵化机构通过自建或与高校、科研院所、大型企业等联合共建的方式，搭建研发试验服务平台；支持市场化的中试基地建设，面向创业企业开展中试熟化、检验检测、技术集成等专业服务，提升项目和企业孵化能力；支持孵化机构与科技条件平台建立合作关系，为在孵企业提供科技条件平台研发试验服务，满足企业技术研发需求；支持孵化机构联合专业知识产权、技术转移、科技咨询、律师事务所、专业会展等中介服务机构，拓宽孵化机构的服务内容、提升服务质量，满足创新创业企业多方面的需求。

引导和鼓励国内资本与境外合作设立新型创业孵化平台，引进境外先进创业孵化模式，提升孵化能力。通过发展企业孵化服务，做大做强众创空间，为中小企业创业、创新不断注入新动能。国家支持建立一批高水平孵化器和留学生创业服务中心，推动建立更为完善的中小知识产权创新型企业创新创业抚育平台。

第四节　知识产权产业化综合改革试验区第三方中介功能集聚方案

中国知识产权综合改革试验区的知识产权中介服务机构是连接知识产权产业资源与整个知识产权市场的纽带，可以促进知识产权产业化链条中资源的合理配置和有效流动。

中国知识产权综合改革试验区第三方中介功能集聚区基本建成覆盖知识产权产业化链条各个环节的中介服务体系和条件平台，涌现出一批极大促进知识产权运营能力的中介服务机构，在实践中不断创新知识产权运营模式。除国家层面的知识产权交易平台外，企业建设运营的知识产权交易平台也可以蓬勃发展。

一　第三方中介功能集聚区

中国知识产权综合改革试验中的第三方中介功能集聚区知识产权属于中央商务区。主要集聚连接知识产权产业链各端的集群，如各类知识产权代理服务机构、法律服务机构、投融资服务机构、行业协会、国际组织、创新机构、地方政府招商部门以及广告、传媒等衍生服务机构。

在知识产权领域，第三方中介机构包括专利申请代理服务（包括涉外代理），专利诉讼、调解、仲裁、司法鉴定服务，专利咨询服务，专利维权援助服务，专利技术孵化转移服务，专利技术的融资与产业化服务，专利信息服务（包括专利信息传播平台，专利信息检索、咨询服务，专利专题商业数据库开发与运用、专利预警等），专利许可贸易服务，专利技术（发明、实用新型）/技术秘密/技术标准服务，工业产品外观设计服务，集成电路布图设计代理服务，专利行业社团服务，其他专利服务等。

二 第三方中介机构

（一）专利申请代理服务机构

1. 专利申请代理机构

专利代理，是将技术资料转换成符合《专利法》的法律文件的过程，要求专利代理人员既懂技术，又精通《专利法》，并能活学活用，才能写出既不违背发明人的创新思想，又能达到《专利法》授权要求的文件。因此，专利代理行业对从业人员的要求非常高，必须是有理工科基础又懂法律的"混合型人才"。

专利代理机构是经省级专利管理局审核，国家知识产权局批准设立，可以接受委托人的委托，在委托权限范围内以委托人的名义办理专利申请或其他专利事务的服务机构。

当前的专利代理行业中，不具备专利代理资质的律师事务所和商标代理公司很多都在从事专利代理业务，被称为黑代理。综合改革试验区将设立专利代理平台，接入国家知识产权局审批数据，辨别专利代理资质。

2. 专利代理机构特点

专利代理机构主要业务是代理专利申请，同时也担任专利技术交易工作，实际上它是专利技术交易"门市部"。专利代理机构了解、熟悉所代理的专利技术，也了解专利申请人，他们通过多种形式，发布专利信息，促进专利技术交易。

3. 专利代理机构种类

（1）国防专利代理机构。可以承接国防专利申请及有关国防专利事务和本单位内部的专利事务的委托，也可以承接社会上的专利代理业务及专利事务的代理委托。一般来讲，国防专利代理机构具有本系统或本单位内部知识产权事务管理和服务的双重职能。

（2）涉外专利代理机构。可以承接中国单位和个人向国外申请专利的代理委托，以及外国人、外国企业、外国组织来中国申请专利、办理有关专利事务的代理委托；也可以接受中国台湾企事业单位或者其他组织来大陆申请专利、办理有关专利事务的代理委托。

（3）普通专利代理机构。可以承接中国自然人、法人的委托，从事国内专利事务的委托代理业务；也可以代理台湾自然人在大陆申请专利等有关专利事务。

（二）专利诉讼、调解、仲裁、司法鉴定服务机构

1. 专利诉讼服务机构

（1）专利诉讼的定义

专利诉讼是指当事人和其他诉讼参与人在人民法院进行的涉及与专利权及相关权益有关的各种诉讼的总称。专利诉讼有狭义和广义理解的区分，狭义的专利诉讼指专利权被授予后，涉及有关以专利权为标的的诉讼活动；广义的专利诉讼还可以包括在专利申请阶段涉及的申请权归属的诉讼、申请专利的技术因许可实施而引起的诉讼、发明人身份确定的诉讼、专利申请在审批阶段

所发生的是否能授予专利权的诉讼以及专利权被授予前所发生的涉及专利申请人以及相关权利人权益的诉讼等。

（2）专利诉讼的分类

第一，专利权属诉讼。专利权属诉讼是指涉及一项专利申请权或专利权最终归属于何主体的诉讼，主要是指专利申请权归属诉讼和专利权归属诉讼。专利申请权归属诉讼发生在专利申请阶段，专利权归属诉讼发生在专利权授予后。

第二，专利侵权诉讼。专利侵权诉讼是指专利权人因专利权受非法侵害而引发的诉讼。它们可以是单一专利侵权引起的专利侵权诉讼，也可以是伴随其他原因而引起的专利侵权诉讼，如由专利实施许可和专利权转让引起的、由假冒专利引起的、由技术贸易引起的或由平行进口引起的。但其中遇到最多的是单一专利侵权引起的专利侵权诉讼。

第三，专利合同诉讼。专利合同诉讼是指因为不履行或部分履行专利实施许可合同或专利转让合同而引发的诉讼。这类诉讼涉及的事项是合同约定或法律规定的权利和义务。在这类诉讼中，合同当事人的违约行为是引起诉讼的重要原因和事由，专利实施许可合同或转让合同是判断和解决这类诉讼的重要依据。这类诉讼通常应当涉及双方签订的书面许可合同或书面转让合同，但也包括构成事实上的专利实施许可或专利转让但没有书面协议的情况。

第四，专利行政诉讼。专利行政诉讼的严格含义是专利行政行为的司法审查诉讼案件，包括当事人因不服专利复审委员会做出的维持驳回专利申请的复审决定或无效宣告请求审查决定而提起的行政诉讼；当事人不服国家知识产权局做出的具体行政行为（包括行政复议决定）而以其为被告的行政诉讼；当事人不服地方知识产权管理部门关于停止侵权行为的处理决定、关于假冒他人专利或冒充专利做出的处罚决定而提起的行政诉讼。

第五,其他有关专利的诉讼。其他有关专利的诉讼包括因发明人或设计人资格而引发的诉讼、职务发明创造实施并取得经济效益后单位不依照法律规定给予发明人或设计人一定报酬或奖励而引发的诉讼等。

(3) 专利诉讼特点

专利诉讼的目的往往都是争夺市场,通过专利诉讼抑制竞争对手的生产规模,同时不断扩大专利权人的生产,以占领市场。专利诉讼过程中有必要掌握一些技巧。

第一,研透专利技术。对于技术性很强的专利诉讼,研究分析并吃透专利技术及相关的技术非常重要。专利诉讼要求律师不仅懂得法律条文及有关规定,更重要的是要求律师必须理解专利技术。不懂法律打不好官司,不懂技术同样胜任不了专利诉讼,单从法律条文上是不能解决专利诉讼的有关问题的,特别是在认定某一技术是否构成侵权、是否属于公知技术、是否属于显而易见的技术等,都需要有一定的技术知识。不钻研专利技术是很难胜任专利诉讼的。

第二,收集有效证据。对于原告专利权人一方的律师,最重要的是要收集侵权的证据,购买到侵权产品固然重要,但有些侵权产品本身就是假冒他人的产品,上面所写的生产厂家并不一定是真正的侵权厂家。因此,最好直接到生产厂家购买涉嫌侵权的产品,必要时可以采取公证取证,或者通过工商行政管理部门或技术监督部门行使其他职责时,顺便获取侵权证据。原告取证工作最难的是得到对方生产销售的数额,这可以请求法院采取证据保全措施，以获得这方面的证据。获得侵权与侵权数额的证据是原告取胜的关键。

对于被告一方来说，关键是收集一切可以将原告专利无效掉的证据，这些证据包括专利文献、销售发票、产品广告、公开使用证明等。虽然产品发票可以作为无效他人专利的证据，但有时凭发票还不行，因为发票并没有具体描述产品的形状或技术特征。被告找到足以对原告专利构成威胁的证据，这是制胜的关键之一，或是找到证明自己在先使用的有效证据或使用的是自由公知技术的证据，都有可能在诉讼中占据主动。

第三，巧用法律程序。对于被告而言，最常用的是反诉对方专利无效，从而争取时间寻求其他抗辩方法。而对于原告，在诉讼之前，最好先行对自己的专利启动无效程序，使专利经过一次"实审"的考验，然后再诉他人侵权。或者起诉前首先到国务院专利行政主管部门检索一下自己专利的属性，并出具相应的检索报告。这样可以避免被告利用无效程序带来的许多麻烦。专利诉讼中可以应用的法律程序不少，但前提是必须懂得专利申请与审批及无效等基本程序，这样才有可能在诉讼中运用自如。

2. 专利调解机构

专利调解机构为侵权行为地的专利行政管理部门。下列专利纠纷可以适用调解处理：（1）专利使用费纠纷，即发明专利申请公布后，专利授权前使用他人的专利技术，专利权授予后，专利权人要求其支付合理使用费而产生的纠纷。（2）专利奖励费纠纷，专利的发明人或设计人与所在单位就其应得的奖励及报酬所产生的纠纷。（3）专利申请权纠纷，主要涉及谁有权申请专利，以及是否共同享有专利申请权的纠纷。专利申请权纠纷会影响到专利的审查程序,国务院专利行政部门在接到有关专利申请权纠纷的通知后,通常会按规定暂时中止审批,待专利申请权纠纷结案后再恢复审批程序。(4)专利权归属纠纷,专利权归属纠纷是在专利申请已授权之后产生的权属纠纷。如果管理专利工作的部门生效的调处改变了专利权的归属,可凭生效的调处决定到国务院专利行政主管部门办理专利权人变更手续。(5)专利合同纠纷,专利合同纠纷通常包括三个方面,一是专利权转让纠纷,二是专利技术入股或专利技术合作开发实施纠纷,三是专利许可贸易纠纷。(6)专利侵权纠纷,侵权纠纷是专利纠纷中最常见、最重要的纠纷,侵权纠纷包括生产性侵权、销售性侵权及使用性侵权纠纷等。

3. 专利仲裁机构

专利仲裁机构是通过仲裁方式,解决双方专利争议,做出仲裁裁决的机构,分为国内仲裁机构和国际仲裁机构,后者又分为全国性的仲裁机构和国际性或地域性的仲裁机构。此外,按仲裁机构的设置情况,国际上进行仲裁的机构有三种:一是常设仲裁机构,二是临时仲裁机构,三是专业性仲裁机构。

4. 知识产权司法鉴定机构

知识产权司法鉴定是指依法取得有关知识产权司法鉴定资格的鉴定机构和鉴定人受司法机关或当事人委托,根据技术专家对本领域公知技术及相关专业技术的了解,并运用必要的检测、化验、分析手段,对被侵权的技术和相关技术的特征是否相同或者等同进行认定。

知识产权司法鉴定机构常见的处理事件包括:对技术转让合同标的是否成熟、实用,是否符合合同约定标准进行认定;对技术开发合同履行失败是否属于风险责任进行认定；对技术咨询、技术服务以及其他各种技术合同履行结果是否符合合同约定，或者有关法定标准进行认定；对技术秘密是否构成法定技术条件进行认定；对其他知识产权诉讼中的技术争议进行鉴定并提供鉴定结论的活动。

（三）专利许可贸易服务机构

专利许可贸易，又称专利许可证贸易，是指专利权人依据《专利法》及其他法律的规定，采取与被许可方订立专利实施许可合同的形式，允许被许可方在合同约定的条件和范围内实施其专利技术的一种贸易行为。

实际上，专利许可证贸易是专利权人实施其发明创造的一种有效途径，是专利权人将专利尽快转化为社会生产力的举措。订立专利实施许可合同，应当注意专利权应当有效，合同期限应当在专利权保护期限内。专利权人应当保证自己是所提供的技术的合法拥有者。专利权人与他人订立的专利实施许可合同，应当自合同生效之日起3个月内向国家知识产权局备案。

在专利许可证贸易实践中，许可方为了单方面地维护其在一定技术领域内的竞争优势，通常试图在合同中对被许可方施加种种限制，例如要求被许可方接受与专利无关的附带条件，包括购买不需要的技术、原材料，接受不必要的技术服务等；对被许可方就销售其专利产品的价格加以固定；限制被许可方对专利技术进行进一步研究开发；要求被许可方可能完成的改进方案必须转让或者回授给专利权人；禁止被许可方在合同期满后继续使用专利技术。这些条款都是应当予以禁止的。

根据《专利法》的规定，任何单位或者个人实施他人专利的，应当与专利权人订立书面实施许可合同，向专利权人支付专利使用费。

（四）知识产权金融服务机构

创新投融资机制，综合运用信贷、股权债权、产业投资基金等融资工具，创新吸引社会资本方式，健全支持基础设施建设、产业发展的资金保障体系。鼓励金融机构围绕打造千亿万亿级产业集群，探索产业链、商业圈和企业群融资，发展订单和应收账款质押贷款、保理、租赁等融资业务，创新小微企业网络金融服务模式，实现物流、商流、资金流、信息流多流合一。充分利用债务融资工具，探索发行集聚区专项债券和项目收益债券，支持符合条件的企业发行企业债、中期票据、短期融资券、中小企业集合票据、项目收益票据和开展资产证券化等。充分利用政府与社会资本合作模式，引导社会资本参与公共服务基础设施建设和运营。以各级财政产业集聚区专项资金作为引导基金，推动省级投融资公司与金融机构合作设立规模超千亿的省级产业集聚区产业投资基金，支持企业并购重组、招商引资和基础设施建设等。支持有条件的产业集聚区采用基金+基地方式，通过设立引导基金引进募投能力强的基金管理团队，发起设立一批投资产业集聚区主导产业的创业投资和产业投资基金。在风险可控的前提下，有序引导社会资金在产业集聚区设立小额贷款公司、租赁公司、担保公司等。鼓励民间资本采取与产业集聚区投融资公司合资、合作或独资等形式开发工业地产。

支持银行等机构广泛参与知识产权金融服务，鼓励商业银行开发知识产权融资服务产品。支持知识产权评估、交易、担保、法律、信息服务等服务机构进入市场。

1. 知识产权质押融资

一种相对新型的融资方式,区别于传统的以不动产作为抵押物向金融机构申请贷款的方式,指企业或个人以合法拥有的专利权、商标权、著作权中的财产权经评估后作为质押物,向银行申请融资。

知识产权质押融资在欧美发达国家已十分普遍,在中国则处于起步阶段,目前尚需完善的机制包括:建立促进知识产权质押融资的协同推进机制;创新知识产权质押融资的服务机制;建立完善知识产权质押融资风险管理机制;完善知识产权质押融资评估管理体系;建立有利于知识产权流转的管理机制。

2. 知识产权担保融资

知识产权担保融资是由日本政策投资银行在从事创业企业创立和培育政策性业务过程中所产生的。日本政策投资银行(原日本开发银行)是承担日本国家政策义务的金融机构。为了培育和创造创业企业,日本政策投资银行从1995年开始,根据《新规事业育成融资制度》对缺乏传统担保(土地、不动产)的日本风险企业提供长期资本的供给。从日本政策投资银行那里获得知识产权担保融资的企业往往是拥有较高的技术水平,但缺乏土地、不动产等传统的可以用于抵押的物品的企业。上述拥有高新技术的风险企业的研究发展过程中需要长期资金的投入,但是商业银行在经营上追求稳健的原则使其通常不愿意向没有传统担保品或第三方担保的企业提供长期贷款。日本政策投资银行负有促进创业企业创立、育成的义务,鉴于此,相对于传统的担保品的知识产权担保融资方式就因此应运而生了。

中国知识产权产业化综合改革试验区将充分释放知识产权作

为资产的价值，使之像其他商品一样，在流转、交易过程中体现作为财产的经济价值，通过聚合、交易、许可、转化等运营方式，促进更多知识产权成果转化为商业成果，促进创新市场的繁荣发展。

第五节　知识产权产业化综合改革试验区运营功能集聚方案

一　运营功能集聚区

运营功能集聚区是知识产权产业化核心运营区，包括知识产权产业化运营的几个核心运营平台，用他们带动知识产权产业化的运行和发展。比如，知识产权在线平台、交易中心、会展中心、评估中心、投融资中心等，这些机构承载探索运营模式创新的职责，包括实践顶层设计上的一些想法和概念，同时从治理模式、管理模式上也将有突破。

在知识产权产业化核心运营区设置的平台机构，是推进知识产权产业化和市场化的核心动力源。例如，知识产权运营平台包括知识产权在线平台、线下交易中心和会展中心，通过线上线下相结合的方式，促进知识产权从创造到反哺各环节的资源和信息的集聚、整合、流动，从而实现价值。创新在于，包含产业链各个环节，而不只是成果交易环节。从参与方而言，包括第三方服务、成果拥有者、需求者、投融资等所有产业对象。从内容上，知识产权成果、技术专家的智力资源等都可以商品化；初创企业在发展过程中对上下游合作企业的对接也可在平台进行。

中央商务区还设置面向公众的新技术体验中心（由知名科技

企业运营，展示其企业领先技术，也是企业品牌传播的渠道之一），知识产权博物馆承载面向大众的知识产权教育、科技教育等功能。

产业核心区是中国知识产权产业化综合改革试验区的引擎和发动机，驱动整个知识产权产业链的有效运作，并向港外辐射。产业核心区除设立知识产权产业化促进中心、知识产权教育基地、孵化中心、保护中心、知识产权法院、知识产权交易所、知识产权银行、知识产权研究院和人才服务中心等机构外，还将集聚亚太500强企业知识产权研发中心、科研院所重点实验室、知识产权交易机构、知识产权金融投资机构、知识产权服务及运营机构、知识产权产业化相关联的孵化器/加速器企业、科技创新型企业、初创企业、政府机构、国际组织、社会组织、知名企业总部或地区总部、各类培训机构、衍生服务机构等。

二 运营机构

（一）知识产权运营平台

知识产权运营平台使知识产权得到综合性运用，包括转移转化、质押融资、交易流转、收购托管等综合性运用。知识产权运营平台具备三大功能，包括知识产权供给方接入、知识产权供需匹配平台以及知识产权交易平台。知识产权供给平台可以为知识产权权利所有人或管理者提供知识产权申请、知识产权运用、知识产权维护等管理服务；知识产权交易平台可以为广大企事业单位及个人提供专利买卖、商标买卖、版权买卖、其他知识产权买卖等信息服务和安全交易服务；知识产权项目对接为知识产权项目服务的需求方和相关专业服务机构（如专利事务所、商标事务所、知识产权综合服务机构、会计师事务所、律师事务所、评估事务所、翻译机构、金融服务机构等）架起安全、快捷、高效的信息交流、业务对接的桥梁。

（二）专利技术展示交易平台

专利技术展示交易平台是为专利技术供需各方特别是非职务发明人和中小企业等提供专利技术及产品展示、交易及其他相应的一系列相关服务的服务系统，包括专利展示交易专门场所、专业咨询服务人员、专利信息资源、其他软硬件服务设施等平台要素。专利技术展示交易平台的具体形式包括有形的展示交易市场和网上市场。

专利技术展示交易平台的主要任务与功能包括：（1）组织专利技术及产品现场或网上展示、交易、推介活动，举办专利或知识产权咨询、研讨活动；（2）开展日常专利经纪活动，促进专利技术与资本对接；提供专利信息服务；提供相关专利咨询，帮助企事业单位、专利发明人选择正确的发明创造方向和路径，促进发明创造活动与市场衔接；（3）宣传普及知识产权方面的法律、法规和有关知识；举办专利经纪、专利市场管理及知识产权知识培训，开展专利经纪工程师、专利发明人等培训交流活动；（4）围绕专利技术交易开展相关的知识产权投融资、评估、评价、咨询等服务；根据有关规定和要求，提供专利实施合同备案、专利广告出证等服务；（5）开展专利技术市场的统计和相关研究、咨询工作；接受政府知识产权部门或其他相关部门的委托，开展其他专利或知识产权相关活动和系统内的协作交流。

专利技术展示交易平台由纳入改革试验区的各专利技术展示交易中心组成。各展示交易中心独立运作，在业务上互相配合、互相支持。条件成熟时，国家知识产权局将组织指导各中心之间联合建立有效的全国合作机制，促进互动，开展全国各中心联合活动，构建全国统一的专利技术展示交易中心网络，形成具有公信力的服务于全国的专利技术展示交易大平台。适当时，由国家知识产权局统一组织各中心举办共性活动，如全国性专利展会、宣传培训等；或委托某一中心临时性担当活动牵头承办单位，负责组织、协调各中心共同举办活动。

全国专利技术展示交易中心使用国家知识产权局统一标识，通过媒体广为宣传，提高知名度，树立统一的社会公益服务形象。

(三) 知识产权银行

知识产权银行（IP BANK）以类似银行储蓄的方式，吸收全球各类高科技企业的先进技术，放入自己自有的技术储备池，同时寻找合适的对象将高新技术以专利授权、二次研发、共同投资等方式推动释放，使高科技真正从实验室走向市场，并最终取得回报。

目前国内很多企业在转型升级的大环境下没有合适渠道和足够资金获得所需的高新技术，而国内外的一些拥有高新技术的研发机构、企业空有技术，却缺乏对市场和商业环境的了解而面临技术产业化的瓶颈。这种新型模式能有效解决目前高新科技领域以及企业转型升级的"围城困局"。

(四) 知识产权产业化促进中心

由国家知识产权局及相关部门共同设立，专门负责推进知识产权产业化工作的管理机构，统筹、管理、协调知识产权的产业化工作，主编并发行《中国专利》双月刊杂志，传播知识产权战略政策、交流知识产权发明成果、推广知识产权优秀运营服务机构等。

（五）中国知识产权交易所

围绕知识产权交易链，在知识产权持有人、投资人及需求方之间搭建公开、公正、公平、高效的公共服务及投融资交易平台。

（六）中国知识产权网

覆盖全国、连接全球的知识产权运营平台，建设并完善知识产权数据库，推进"互联网+知识产权"工作。建设若干知识产权电子商务运营中心，举办线上和线下的知识产权交易会、博览会，提高知识产权运营水平。

第六节　知识产权产业化综合改革试验区配套功能集聚方案

在配套管理上，它将构建一套涉及"创新经济、人力资源、宜居环境"等的港区评价指标体系，构建绿色、智能、可持续的软硬件环境。

试验区是知识产权的教育基地，设立知识产权教育学院，承载国家知识产权审查人员的培训、企业知识产权管理人才的培养等人才工作；设立知识产权产业化研究机构，进行持续的知识产权产业化发展的研究。

服务配套区由国际专家人才公寓、酒店以及商业配套构成，为工作和生活在试验区的科技和知识产权人才、企业管理者、政府人员、商旅人士提供高品质的生活保障。

一 知识产权教育培训

(一) 知识产权教育学院

与知名大学联合开办知识产权教育学院，主要职责如下：对知识产权产业化的政策、市场、金融等各领域开展研究，建立中国知识产权产业化发展智库。发展知识产权高等教育课程体系，培养知识产权法律、运营相关专业的人才。开展知识产权评估专业人员执业培训，每年培养近万名知识产权评估师并颁发国家知识产权局认可的执业证书。开展面向全国中小企业管理者的知识产权产业化运营能力培训。开展专利主管（总监）、知识产权经纪人、知识产权评估师等从业人员的培训与研修。

(二) 中小学生知识产权科普教育基地

1. 科技创意厅

科技创意厅为中小学生开展小制作小发明活动提供场所。根据一些生物特性、某种物体的优缺点、现实生活中的所见进行大胆想象、假设，进行小发明、小制作等。中小学生在设计制作中，不仅可以学习巩固书本知识，加深对概念规律的深刻理解，激发他们的创新意识，培养创造能力，同时也能培养他们保护知识产权的意识和维护知识产权的思维习惯。科技创意厅是培养学生实践创新能力和开展课外科技活动的重要基地，也为学生提供展示平台，是展示学生实践创新成果的重要窗口。

2. 趣味实验室

趣味科学实验室根据趣味实验需要，建立快乐学习区、实验探究区、作品陈列展示区等。

快乐学习区将生活中枯燥的科学实验原理生动化、趣味化，对科学原理的操作方法及内涵进行简单介绍，张贴在实验室四周墙壁等可利用的空间，以供学生学习探究。学生也可以将自己了解到的科学趣味实验张贴在这个区域共享。实验探究区提供实验探究桌以及基本的实验操作工具和材料，学生可自主进行探究操作实验。作品陈列区即在实验室后设置一大展览柜，学生可将自己的实验作品在陈列区进行展示交流。

趣味实验室每星期开放，接待同学自由来活动区进行快乐实验活动，为中小学生搭建起学习的平台，成为师生科技活动的乐园。

3. 生态种养园

生态种养园以各种动植物种养殖为主，让学生观察认知各类动植物的习性、特点及功用，参与适当的劳动。规划目的便于中小学生的种植、观察、体验，充分体现以人为本的教育理念。

（1）认知。通过不同形式认识不同树种、农作物、时令蔬菜、花卉及昆虫、鱼类的名称及性能，了解它们的生长历程，树立正确的科学价值观。

（2）种植体验。基地分为两大部分："百草园"和"动物园"。让学生积极参与，组织学生到基地进行平土、修渠、挖坑、栽种等活动，让学生认识简单的劳动工具，学会基本的劳动技能，了解动植物的规律，体验劳动的艰辛，品味成功的喜悦。让师生在劳动中体验劳动的快乐，在劳动中学习动植物的知识。

（3）成功分享。可以用不同的方式记录表达活动的收获，比如说可以在涂鸦墙上用手中的笔表达自己的喜悦心情；展示、分享校园种植劳动成果，使其真正成为"劳动之果""智慧之果"

"道德之果""艺术之果"。

二 专家公寓

建设上海知识产权中心城市，最关键的是集聚顶尖的智力资源和资本。所以率先自问的是，如何完成试验区对人才的集聚，或者说如何争夺全国乃至全球最聪明的这部分人？这些人在某种程度上是没有地域限制的，哪里有好的资源和环境，他们就会到哪里去，包括生活也包括事业的资源和环境。他们需要自由和舒适的环境，需要与顶尖资源对接方便的环境。

人才公寓是指专项用于人才就业的生活配套租赁公寓，解决人才在某地创业的短期租赁和过渡周转用房。人才公寓按照"政府引导、财政支持、市场化运作、社会化管理"，"市场价、明补贴、有期限"和"轮候补租、契约管理、只租不售"的原则进行租赁和管理，附之以社会闲置房作为补充。通常是限定租期，高级人才入住附带政府补贴。

人才公寓打破"常见小区—组团—院落"传统小区模式，代之以"小区—中央多层区块—内街休闲广场—住宅单元"的渐进式小区新模式。小区内实行智能化管理，附有餐厅、超市及小型服务型商业等，车库、自行车配备齐全，小区内有专用的无障碍设计，每一个楼房之间都有不同的健身主题，主要包括羽毛球场、乒乓球场、太极广场、单杠等。

国内人才公寓大致包括青年公寓、高级人才公寓、高级专家公寓、专业人才公寓、博士公寓、留学生公寓等。

三 人才服务

应加强专利主管（总监）、知识产权经纪人、知识产权评估师等方面的人才培养与研修，以适应未来自主知识产权产业化的需要。改革现有科研单位人才评价机制，将知识产权转移情况作为科研人员职称晋升、考核的重要指标。实施"企业人才工程"，引导人才向企业流动。鼓励大学、科研院所的专家教授到企业技术中心挂职或兼职。制定企业科研人员职称评定办法。完善专利技术收入分配、激励机制。制定国有企业知识产权参与分配的办法，允许对骨干科研人员给予持股奖励。对股份制改造比较彻底的企业，要采取股权激励等措施，最大限度地激励科研人员的创新积极性。设立留学人员回国创业专项基金，鼓励海外留学人员、华人华侨回国以知识产权进行创新创业。

加强基础设施建设，提高人力资源服务水平，构建面向产业集聚区的人力资源综合服务平台体系。支持产业集聚区建设公共就业和社会保障服务平台，整合各类公共就业服务资源，为企业及求职者提供公共就业服务。支持围绕知识产权产业链设立发展各类专业性人力资源市场。鼓励支持职业院校、技工院校在产业集聚区设立分校或教学点，与企业共建生产实训基地，开展定向、定岗和订单式培养，实现培训和就业同步、人才培养与企业需求有效对接。

为知识产权人才的流动和从业人员的职业发展提供支持服务，为企业提供知识产权人才资源管理服务，发布知识产权人才发展指数和白皮书。

建立科研专家库，满足企业在产品研发和升级方面的智力需求，紧密企业和科研院所之间、科研院所与市场之间的联系。

　　加强科技人才队伍建设。推进自主创新，人才是关键。没有强大人才队伍作后盾，自主创新就是无源之水、无本之木。要广纳人才，开发利用好国际国内两种人才资源，完善人才引进政策体系。

第八章　上海知识产权产业化综合改革试验的长远意义与示范效应

第一节　上海知识产权改革发展到了产业化推进阶段

知识产权是市场经济的产物，可以说，中国知识产权制度的建立是伴随社会主义市场经济制度的建立和完善而逐步发展完善的。上海的知识产权事业是随着上海市场经济的发展而完善提升的。30多年来，上海在知识产权管理领域做了不懈的努力和探索，上海知识产权发展已经经历了三个发展阶段，目前进入到了产业化改革推进的阶段。

一　上海知识产权管理体系建立阶段

在体系建立阶段，上海知识产权工作实现了从无到有，知识产权管理及执法体系初步建立，知识产权宣传、培训、执法等各项工作陆续展开。1978年10月28日，上海市工商局成立商标管理处，履行对全市商标事务的管理职能。1984年10月30日，上海市人民政府发布《关于本市设置专利工作机构的通知》，批准成立上海市专利管理局，履行对全市专利执法和管理的职能。1987年11月，上海市新闻出版局成立版权处；1997年10月，上海市政府批准设立上海市版权局，与市新闻出版局实行"两块牌子、一套班子"管理。1994年2月，上海市高级人民法院、中级人民法院建立了专门审理知识产权案件的审判庭。由于知识产权管理职能分散在专利、工商、版权等多个部门，为进一步健全和完善上海市知识产权管理制度，加强知识产权的宏观管理和统筹协调，上海市政府于1994年9月批准建立了上海市知识产权联席会议制度，办公室设在上海市科委。至此，上海市初步建立了知识产权行政管理执法、司法审判及统筹协调机构，为上海知识产权事业的发展奠定了基础。这些机构建立后，以贯彻实施《商标法》《专利法》《著作权法》为主线，广泛组织开展了相关宣传、培训、执法等活动，促进了全市企事业单位知识产权意识和能力的提高。

二 上海知识产权管理体系快速完善阶段

进入21世纪，伴随经济技术的发展和经济全球化的推进，知识产权在国际经济中的地位大幅提升。2001年中国加入WTO。知识产权是WTO的三大支柱之一，中国需要按照WTO规则进一步加强知识产权保护及相关工作。同时，上海经济社会的发展进入了新的阶段，提出了科教兴市战略。在此背景下，上海的知识产权事业迎来了大发展，进入了快速发展的轨道。

（一）知识产权行政管理体制进行了重要改革

2000年7月，根据上海市政府机构改革工作部署，上海市科委下属的上海市专利管理局改制为市政府直属机构，由事业单位调整为行政机关，并更名为"上海市知识产权局"，主管全市专利工作并统筹协调上海市涉外知识产权工作；上海市知识产权联席会议办公室职能也由市科委移交给市知识产权局。成立上海市知识产权局是上海市委、市政府为适应市场经济竞争需要、迎接知识经济挑战而做出的重大举措，进一步理顺了知识产权工作管理体制，大大提升了知识产权工作的地位。

（二）出台了一系列重大法规政策

2000年1月，上海市政府发布《关于加强本市知识产权工作的若干意见》（以下简称《若干意见》），这是上海市政府第一次发布指导全市知识产权工作的政策文件。该意见对专利、商标、版权和商业秘密等知识产权工作从增强意识、加强管理、落实奖酬、加大保护、费用资助等各个方面提出了具体要求和实施意见。2003年7月，上海市政府对《若干意见》进行了修订，颁布了《关于进一步加强本市知识产权工作的若干意见》（以下简称"23条"），根据上海新一轮大发展的要求和WTO的有关规则，提出了23条政策措施。2001年12月28日，上海市人大常委会通过了《上海市专利保护条例》，并于2002年7月1日起施行。该条例是上海专利工作领域的第一个地方性法规。这一系列重大法规政策的集中出台，大大推动了上海市知识产权工作的开展。

（三）召开全市知识产权工作会议

为提高全市各级领导和广大科技工作者、经济工作者对知识产权工作重要性和紧迫性的认识，贯彻落实"23条"政策，充分发挥知识产权制度对促进技术创新、提高市场竞争力的重要作用，2000年6月16日，市政府召开了上海市知识产权工作会议。

较活跃的区域。2016年发布的《中国知识产权指数报告》显示，北京、江苏、上海的知识产权发展位居前三甲。

与此同时，上海基于自身知识经济对管理体制改革的需要，在国内率先对知识产权管理体制机制改革进行了系列的探索，并实施了知识产权战略。上海还紧紧抓住浦东新区和上海自贸区建设的机遇对知识产权管理体制机制及运作模式进行了积极有效的探索。上海对知识产权管理和保护的改革成效得到了国家的认可，例如，张江高科技园区被国家知识产权局确认为国家专利导航产业发展试验区，中国（上海）自由贸易试验区管理办法也凸显了对知识产权的保护，浦东新区被认定为国家知识产权试点城区。事实上，在知识产权管理方面上海一直走在全国各省市的前列。上海无论是在知识产权保护工作的实际推进方面还是在知识产权保护工作的规划制定方面都符合《方案》对区域试点选择条件的要求。也就是说，上海不仅具备启动知识产权改革试点的基础和条件，还具备深入落实《方案》要求的能力。因而，在上海首建知识产权产业化综合改革试验区不仅有利于《方案》的深入落实，还有利于中国打造知识产权管理创新示范基地，引领中国知识产权管理和保护的制度改革和促进知识产权的创新发展模式。

二 有利于加快"亚太知识产权中心"建设，打造国际合作交流高地

在全球范围内，伴随经济中心正逐步由欧美向亚太地区的转移，以中、日、韩为代表的亚太地区的知识产权创造也正在崛起。中国已经连续6年成为发明专利申请第一大国，商标申请量连续14年居世界首位，并先后发布了《国家知识产权战略纲要》

和《加快知识产权强国建设的若干意见》，知识产权的保护和发展都受到了高度的重视，已经提升到了国家战略的地位，成为中国经济转型升级、结构调整和动能转换的有力抓手。

上海在2004年就率先制定发布了《上海知识产权战略纲要（2004—2010年）》提出完善知识产权保护体系的目标。2008年《国家知识产权战略纲要》发布实施后，2012年上海再次制定发布《上海知识产权战略纲要（2011—2020年）》，提出了把上海建设成为"亚洲太平洋地区知识产权中心"的战略目标。随后，香港提出打造亚洲知识产权贸易中心，新加坡提出亚洲知识产权中心发展目标。在知识产权亚洲或亚太区域知识产权建设方面，日本、韩国、新加坡和中国香港均具有一定的优势。2010年8月，亚洲政经风险顾问公司于25日公布的报告显示，就亚洲国家或地区知识产权保护的优劣度排名中，新加坡居首位，其次是日本，中国香港位居第三位。这样，上海亚太知识产权中心建设的目标面临着来自外部的新加坡、日本及中国香港的竞争。

上海知识产权建设工作一直得到国家知识产权局的大力支持，双方在2006年5月就建立了部市合作会商制度，本着"贴近需要、优势互补、突出重点、共同受益"的初衷，在制定与实施知识产权战略、建设知识产权公共服务平台、培养知识产权各类人才、促进知识产权转化运用、开展国际合作交流、加强知识产权保护以及推进张江高新技术产业开发区建设、加快战略性新兴产业发展等方面展开了卓有成效的工作，并取得了丰硕的成果。上海提出的"亚太知识产权中心"目标也得到了国家知识产权局的大力支持，2012年8月双方再次签订了新一轮《合作会商议定书》，共同在支持知识产权领域国际组织落户上海、实践探索上海知识产权行政管理体制改革、促进上海高新技术产业运用专利加快发展、加强上海企业知识产权管理规范建设、推进上海知识产权服务业发展、开展知识产权人才培养工作等六大重点领域开展合作。2016年11月,国家知识产权局与上海市人民政府签订第三轮《合作会商议定书》,双方将共同推动上海加快亚太地区知识产权中心城市建设。

经过国家知识产权局与上海的两轮合作及第三轮合作的推进实施,以及上海在浦东新区和上海自贸区率先推进实施的知识产权管理体制改革和保护机制的创新,上海知识产权无论是管理体制、保护机制、转化运作模式,还是国际影响都得到了很大的提升。在管理体制上,浦东和自贸区率先实施了专利权、商标权和版权"三合一"的管理和执法体制。在保护机制上,上海设立了知识产权法院,探索推进司法保护、行政保护、调解仲裁、社会监督的多方位的保护模式和调节机制。在转化模式方面,建立"上海亚太地区知识产权中央商务区",并成立了知识产权交易平台、投融资平台和信息服务平台。上海本来就是中国首批引领型知识产权强省试点之一,知识产权管理方面的工作一直走在全国的前列。

在国际影响力方面,上海在2003年创办了国际知识产权论坛,至今已经成功举办了十三届。论坛每年根据上海知识产权事业发展需要和知识产权领域热点问题确定不同主题,广泛邀请海内外专业嘉宾和听众出席,借助论坛平台开展深层次研讨。2016年11月,第十三届国际知识产权论坛选择的主题是"尊重知识产权,激励创新创造",向世界展示了中国特别是上海知识产权事业发展的新成就,为与会专家了解中国知识产权发展、拓展合作提供了重要的渠道。上海还承办了"全球知识产权及创新峰会"、南亚和东南亚国家知识产权局局长会议、美国大使知识产权圆桌会议、中国（上海）国际技术进出口交易会（"上交会"）等知识产权领域的国际会议。除此之外，上海与国际知识产权组织和其他国家间交流活动日益扩展和深化，来自世界知识产权组织、美国、欧盟、韩国、新加坡、新西兰、芬兰、韩国等组织或国家知识产权领域的领导或专家不断造访上海知识产权局，交流和探讨知识产权管理的经验。上海与世界知识产权组织还签有《谅解备忘录》，旨在加强双方在知识产权领域的交流合作；并且世界知识产权高端人才项目已经正式落户上海。

近年来，上海围绕建设亚太地区知识产权中心城市的战略目标，主动探索知识产权制度创新，努力营造与国际接轨的知识产权法治环境、市场环境和文化环境，极大激发和释放了城市创新活力。上海在建设具有全球影响力的科技创新中心过程中，必须把知识产权战略贯穿始终、落实到各个环节。上海市期待与WIPO以及各国、各地区在知识产权领域开展广泛深入的交流与合作，共享经验、共谋发展。上海连续十三次成功举办国际知识产权论坛，国际知识产权机构开始选址落户上海，国际交流不断拓展深化。总之，上海知识产权的国际影响力和参与国际规则对接及活动的能力都在快速提升。这次知识产权产业化综合改革试验区落户上海，不但可以继续强化上海在知识产权管理方面的工作优势，继续引领国家知识产权相关的改革推进工作，积累可复制、可推广的经验；还可以更多汇聚国际国内知识产权高端资源，打造中国上海国际知识产权合作高地。这样，在更好地支持上海建设亚太地区知识产权中心城市建设的同时，也有利于中国更多地会上国家知识产权局领导、市政府领导作了重要讲话。政府部门、企业、高等院校、中介服务机构等单位的负责同志以及市人大、市政协、市高级人民法院、市人民检察院的有关领导参加了会议，参会总人数约有1000人。会议分析了在经济全球化加速推进、信息化浪潮不断高涨、知识经济兴起等国际背景下知识产权工作的重要性、紧迫性，提出了下一阶段加强知识产权工作的主要目标和任务。这次会议是市政府第一次把知识产权工作作为一项事关上海发展全局，特别是技术创新大局的基础性、综合性工作进行全面的工作动员和部署，标志着上海的知识产权工作开始进入全方位整体推进的新阶段。

（四）制定和实施《上海知识产权战略纲要（2004—2010年）》

2004年9月，上海市政府率先在全国地方政府层面颁布了《上海知识产权战略纲要（2004—2010年）》。描绘了2004—2010年上海知识产权事业发展的战略构想和宏伟蓝图，是上海市委、市政府从战略高度对知识产权工作的部署，是指导上海知识产权工作开展的纲领性文件，是推动上海知识产权工作的强大动力，对上海知识产权事业的发展产生了深远的影响。

三 上海知识产权管理体系探索职能创新阶段

上海知识产权局成立后，知识产权管理机构和制度建设日趋完善，建立了较为完善的知识产权管理、执法和协调机构，各部门各司其职，合力推进知识产权工作。上海早期就制定了加强知识产权工作的"23条"政策，并于2004年率先出台了《上海知识产权战略纲要（2004—2010年）》，在全国产生了一定的示范和带动效应。2008年，国务院制定发布了《国家知识产权战略纲要》，各地知识产权战略纲要相继制定发布。2010年以来，为了加快推进"四个率先"和"四个中心"建设，上海知识产权管理在机构基本完善的基础上，进入探索职能创新的发展阶段。为了进一步提高知识产权管理效能、激励和促进知识产权创造和转化，上海在知识产权政策、综合管理及综合服务平台建设等方面做了积极的探索和创新。

首先，在政策上，2012年，基于自身处于"创新驱动、转型发展"的关键时期及新科技革命和全球产业变革步伐加快的大势判断，依据《国家知识产权战略纲要》和建设创新型城市和社会主义现代化国际大都市的要求第二次制定发布了《上海知识产权战略纲要（2011—2020年）》，提出了建设"创新要素集聚、保护制度完备、服务体系健全、高端人才汇聚"的亚洲太平洋地区知识产权中心的战略目标。上海市为了加强知识产权管理和导向工作还陆续出台了《关于加强知识产权运用和保护支撑科技创新中心建设的实施意见》《关于加快上海知识产权服务业发展的意见》《上海市关于加强互联网领域侵权假冒行为治理的实施意见》《加强战略性新兴产业知识产权工作的实施意见》《知识产权试点和示范园区评定与管理办法》《计算机软件著作权登记资助管理办法》《计算机软件著作权登记资助实施细则》《集成电路布图设计登记资助管理办法》《专利工作试点示范项目管理办法》《上海市教育委员会系统高等学校科技成果转化及其股权激励暂行实施细则》《增强国有企业技术创新能力工作方案》《关于企业技术创新和能级提升项目专项扶持办法（试行）》等政策，修订了《张江国家自主创新示范区企业股权和分红激励试行办法》等相关政策文件。市经济信息化委、市商务委、市财政局、市版权局、市质监局等部门联合制定了《关于本市加强品牌建设的若干意见》和《上海市加快自主品牌建设专项资金管理办法》。市知识产权局、市财政局共同修订了《上海市专利资助办法》，调整了资助方式，明确了资助重点，扩大了资助范围，加大了资助力度，使资助政策重点向提升专利质量和企业专利运用、保护、管理综合能力倾斜；公布了《上海市专利一般资助申请指南（试行）》和《上海市专利资助资金管理办法》，规范了专利资助的审核和操作；出台了《上海市企事业专利工作试点示范单位认定和管理暂行办法（试行）》，进一步规范企事业单位专利工作管理。

其次，在法规完善方面，市人大通过的《上海市推进国际贸易中心建设条例》，提出了完善与贸易有关的知识产权保护长效机制、建立企业海外知识产权维权援助工作机制、建立知识产权违法行为举报投诉奖励机制、强化会展知识产权保护等一系列加强知识产权保护的工作措施。市政府公布的《上海市著名商标认定和保护办法》，规范了上海市著名商标认定工作，强化了对著名商标的培育和保护。市工商局制定的《上海市实施商标战略中长期规划纲要（2011—2020年）》大力推动了上海实施商标战略，进一步提升了企业的商标创造、运用、保护和管理能力，营造出更好的商标发展和保护环境。在推进知识产权转化方面，市教委发布了《关于开展上海高校技术转移中心试点建设工作的通知》，加快构建和完善高校技术转移体系；市农委起草了《上海市农作物新品种选育后补助实施办法（讨论稿）》，鼓励个人和企业开展以市场为导向的商业化育种，在获得新品种自主知识产权并应用转化后给予补助；市知识产权局、市商务委等部门还联合发布了《关于加强上海市服务外包产业知识产权工作的若干意见》，指导相关企业在服务外包业务中管理和保护知识产权。总之，上海的知识产权政策法规不断完善。

再次，在管理模式和体制机制建设方面，2013年9月，上海自贸区正式设立。2014年9月26日，上海自贸区管委会成立了知识产权局，统一行使自贸区内专利权、商标权、版权"三合一"的行政管理和执法职能，构建了区域知识产权行政管理与保护联动机制。11月16日，浦东新区政府成立集专利权、商标权、版权"三合一"的知识产权局，建立"一个部门管理、一个窗口服务、一支队伍执法"的知识产权行政管理新机制。同年12月28日，上海知识产权法院揭牌成立，形成了司法保护、行政保护、调解仲裁、社会监督"四轮驱动"的知识产权保护模式，并探索建立政府部门行政调解、人民法院司法调解和人民调解的"三调联动"知识产权纠纷解决机制。

最后，在知识产权服务模式创新方面，2014年12月，上海知识产权发展研究中心正式成立。新组建的上海市知识产权发展研究中心于2015年1月1日起正式运行。原上海市创造工程研究所更名为上海市知识产权发展研究中心（上海市创造工程研究所），为市知识产权局直属事业单位，主要承担知识产权战略、知识产权公共政策及发明创造运用规律研究等职责。2015年7月，上海市正式成立知识产权专家咨询委员会，聘请了18位市知识产权咨询专家。同年10月，中国（上海）自由贸易试验区内上海张江智慧医疗知识产权运营平台正式启动运行。该平台专注于智慧医疗领域知识产权的运营、管理、交易与综合服务，以开展跨境知识产权交易服务为特色，致力于推动浦东企业与海外高端技术转移机构、科研机构、企业的跨境知识产权交易。2016年9月，上海产业知识产权运营创业投资中心成立。上海产业知识产权运营创业投资中心是以市场化手段加强知识产权运用、促进知识产权价值实现的努力探索，旨在以市场需求为导向，突出重点，注重效益，规范运作，探索创新，通过高质量、高效率的知识产权投资运营服务，帮助创新主体创造和实现知识产权价值。2017年1月13日，上海知识产权交易中心成立。上海知识产权交易中心将按照专业化、市场化、国际化的原则，打造包括专利、商标、版权、技术秘密、集成电路布图设计等在内的各类知识产权转让交易一门式服务平台，为知识产权确权评估、挂牌上市、转让报价、交易鉴证、结算清算、托管登记、项目融资、项目推介、政策咨询等提供相关服务。另外，上海市商务委还依托上海市计算机行业协会设立"上海国际贸易知识产权海外维权服务基地"，开展知识产权风险防范、技术咨询等工作。上海浦东新区等11个城区开展了专利质押融资工作，奉贤、杨浦区启动了专利保险试点工作；全国首个知识产权投贷联动基金在上海浦东启动，同步启动的还有浦东新区知识产权增信增贷计划，为配合该计划，浦东开发的国内首个知识产权标准化债权融资产品同时面世。

总之，上海在全面落实党中央、国务院知识产权强国战略及系列知识产权政策的基础上，坚持建设亚太地区知识产权中心城市和具有全球影响力的科技创新中心的目标，在知识产权管理体制机制方面进行了积极的探索和创新，取得了一定的成效和经验：上海成为首批国家引领型知识产权强省试点省份，成立了上海国际知识产权学院，建立了上海产业知识产权运营创业投资中心，设立了上海产业知识产权运营基金。上海知识产权保护强度加大，知识产权资源运营流转日趋活跃，知识产权的数量和质量得到同步的提升，助推企业产业发展的能力增强。

四　上海步入知识产权产业化推进形成阶段

长期以来，上海在创新和引领精神的导向下，对知识产权在经济发展和社会进步中的重要性的认识和理解不断深入，经过不懈的探索和管理创新，上海在知识产权政策、法规体系建设、管理体制机制及执法和服务保障运行模式等方面一直走在全国各省市的前列。当前，上海在《上海知识产权战略纲要（2011—2020年）》的引领和"创新驱动、转型发展"需求的推动下，知识产权政策、法规条例、管理体制机制及服务模式加速完善，为知识产权产业化奠定了良好的政策和法治环境及管理和服务的有力保障。

在政策法规加快完善和管理体制机制加快调整的同时，2014年以来，上海知识产权发展研究中心、上海知识产权专家咨询委员会、张江智慧医疗知识产权运营平台、产业知识产权运营创业投资中心、上海亚太地区知识产权中央商务区、上海知识产权交易中心、上海知识产权产业化综合改革试验区筹备委员会等推进和实践知识产权产业化的组织和机构陆续成立，为上海知识产权产业化奠定了强力的市场组织基础和保障。

从上海知识产权政策、管理及其产业发展阶段的角度来看，上海知识产权的发展现状符合产业导入阶段的特征。在产业导入阶段，政策急剧调整、新兴组织和机构相继诞生，但形式分散，关联性、聚集性较弱，产业规模尚未形成。事实上，上海目前处于知识产权产业化由导入阶段向形成阶段的瓶颈期，需要在政府政策的进一步引导下，在一定的区域内将分散、弱小、关联性差的知识产权产业化的相关组织和机构聚集起来，形成知识产权产业化的引爆点。

基于上海知识产权已经步入产业化推进形成阶段的事实，为了加快知识产权产业化发展，上海急需设立具有政策引导性和扶持性的知识产权产业化综合改革试验区，并且将试验区作为知识产权产业化的引爆点，率先在国内推进知识产权产业化的发展。

第二节　上海知识产权产业化综合改革试验的长远意义

上海是世界上规模和面积最大的都会区之一，2015年上海GDP总量居中国城市第一，亚洲第二。上海是中国经济、贸易、金融、科技、交通、工业、会展和航运中心，也是中国大陆首个自贸区"中国（上海）自由贸易试验区"所在地。目前，上海与江苏、浙江、安徽共同构成的长江三角洲城市群已成为国际六大世界级城市群之一。作为长江三角洲城市群的引领者，上海的知识产权产业化试验区的建设启动无论是对亚太知识产权中心城市建设还是对长三角及全国其他区域经济发展都具有很强的导向功能和示范意义。

一　有利于深入落实《知识产权综合管理改革试点总体方案》，打造创新示范基地

针对地方知识产权管理体制机制不完善、保护不够严格、服

务能力不强、对创新驱动发展战略缺乏强力支撑等问题，实施《知识产权综合管理改革试点总体方案》（以下简称《方案》）的目的是深化知识产权领域改革、破解知识产权支撑创新驱动发展瓶颈制约。《方案》的总体要求是全面贯彻党中央、国务院关于知识产权战略、知识产权强国以及创新发展战略，深化知识产权领域改革，依法严格保护知识产权，打通知识产权创造、运用、保护、管理、服务全链条，构建便民利民的知识产权公共服务体系，探索支撑创新发展的知识产权运行机制，有效发挥知识产权制度激励创新的基本保障作用，保障和激励大众创业、万众创新，助推经济发展提质增效和产业结构转型升级。目标是在试点地方推动形成权界清晰、分工合理、责权一致、运转高效、法治保障的知识产权体制机制；实现知识产权行政管理更加顺畅、执法保护体系进一步完善、知识产权市场监管和公共服务水平明显提升，有力促进大众创业、万众创新，加快知识产权强国建设，为全面建成小康社会提供有力支撑。

上海不但一直是中国的经济、金融、科技和贸易中心，也是中国知识产权的创造中心和知识产权制度创新引领城市。上海在知识产权领域勇当改革开放排头兵、敢为创新发展先行者，多年来，上海持续加大政府引导和投入，完善公益性服务，推动知识产权的转移转化，致力于打造高价值知识产权的创造中心、转化中心和保护高地。上海是首批引领型知识产权强省试点之一，其专利申请、商标申请无论是绝对数量还是相对数量都在全国位居前列，处于国内区域领先地位。国家知识产权局的研究报告显示，在发明专利密集度区域空间分布方面，2008—2012年，上海仅次于广东以39.10件/万人位居全国第二位，是知识产权活动比参与全球知识产权活动，增强中国在世界知识产权中的"话语权"，为中国知识产权强国建设提供强力支撑。

三　有利于提炼可复制、可推广经验，提振知识产权管理改革信心

知识产权是人类在社会实践中创造的智力劳动成果的专有权利。知识产权是一种能够提高个人收益和社会福利的无形财产权或者一种没有形体的精神财富，具有无形性、专有性、时间性和区域性的特点。知识产权虽然是私有产权，但因其是智力成果和精神财富，具有高度的公共性，与社会文化和产业发展密切相关，不适宜任何人长期独占，因而法律对其做了很多的限定。因而，知识产权管理与经济社会的发展阶段具有一定的适应性，经济发展的不同阶段对知识产权管理的需求和标准并不相同。在经济发展起步阶段，对知识和技术处于学习模仿阶段，适用适度宽松的知识产权管理模式；步入经济快速发展阶段后，随着生产技术掌握和熟练度的提升、知识创新开始出现，知识产权管理需求开始不断强化，知识产权管理开始体系化和逐步强化；在创新引领阶段，知识产权已经成为本区域经济发展的主驱动力，规范有效的知识产权管理体系就成为经济社会发展的基础保障。与此相适应，中国的知识产权管理体系也是伴随经济社会的发展在短短几十年里经历了有无到有、由弱到逐步规范的过程。

当前，中国经济社会已经经历了起步和快速发展阶段，传统经济增长动力也接近了极限，相应创新动力正在进入爆发期。与此同时，国家及时出台了《国家知识产权战略纲要》和《国家创新驱动发展战略纲要》等系列推进创新发展和促进动能转换的导

向政策。在此背景下，推进知识产权综合管理体制改革，探索规范有效的知识产权管理体制对中国顺利实现经济转型和动能转换具有非常重要和迫切的意义。尽管中国对知识产权管理体制机制改革的需要非常迫切，但鉴于中国地域差异大、经济社会发展多元化的现实，尚无法通过顶层设计进行统一同步的体制改革；因而，原则上应选择相对成熟的地区进行试点，在试点的基础上进行经验总结，然后逐步推广成为中国知识产权管理改革的必然路径选择。针对中国传统知识产权管理部门分散、执法力量分散、市场监管不严等问题引致的知识产权管理效率低、保护力度弱、维权成本高等一系列问题，结合国际经验，上海已在浦东和自贸区启动了"三合一"的行政管理体制改革，设立了知识产权法院，建设了知识产权交易平台、信息服务平台、融资平台等促进知识产权转化的产业化平台服务模式。几年的实际运行表明，"三合一"的行政管理体制和综合执法模式也存在一些问题和不足，体制机制还没有调整到位，如知识产权局缺乏执法队伍、执法力量和能力不足的问题，知识产权人才缺乏的问题等。上海行政和知识产权管理人才素质相对较高，综合管理改革试点落地上海后，上海必然会对知识产权管理改革存在的问题及经验进行总结，为其他地区的改革提供参照和借鉴经验。总之，在上海开展知识产权产业化综合改革试点，有利于总结提炼可复制、可推广的改革经验，有利于克服一些经济发展相对滞后地区对改革的畏难情绪，提高对知识产权综合管理改革的信心。

四 有利于提升上海知识产权聚集能力，助推经济转型升级

经济转型升级和发展动能转换是中国当前面临的主要经济形

势和发展任务，但鉴于中国区域经济存在发展阶段的差异性，如果整体推进转型升级和创新动能转换，势必与落后的中西部地区所处的发展阶段不相适应，必然会引起政府政策执行的诸多困难和产业结构调整的社会矛盾。理论上来讲，只有经济社会发展到知识产权创造处于爆发阶段的经济区域才会有转型升级的内在要求；因而，区分中国不同省份的经济社会发展所处的实际阶段，因地施策、因地制宜对于中国政策的执行和推进至关重要。在知识产权管理改革方面，以上海、广东、江苏、浙江等为代表的经济发达区域的创新能力急剧提升，知识产权申请快速增加，内部自身对知识产权保护的需求日益增强，转型升级正在演变。这些地区应该是中国经济转型升级和发展动能转换的第一梯队，在这些区域选择试点和推动改革具有较强的现实性，能够为中西部地区转型升级提供经验和示范。

上海是长三角经济区的龙头，是中国区域经济中第一梯队的领头羊，对长三角经济具有很强的带动和引领作用。从发展所处阶段来看，上海经济社会已经进入转型升级和创新发展的关键期，其内生创新能力和转型需求在高速积聚，以知识产权为基础的创新发展正在成为其自身发展方向的选择。为此，上海已经在知识产权管理体制机制及运作模式方面做了大量的改革和探索，确立了亚太知识产权中心的发展目标，与国家知识产权局建立了部市会商协议，奠定了知识产权综合管理改革试点的良好基础。可以预判，在国家知识产权局和上海市委、市政府的共同努力下，通过知识产权综合管理改革试点的推进，上海对国际、国内知识产权及人才的聚集能力将得到大幅度提升，知识产权密集度产业对经济发展的贡献度也将大幅提高，知识产权对上海经济社会发展的推动力将大幅增强，上海的经济转型必将进一步加快，进而引领长三角区域的经济社会向创新驱动转型。这也将为中国打造出一个创新驱动、转型升级的一个标志性的成功示范点，为其他区域的知识产权管理改革和创新发展提供信心和强力的经验支持。

第三节　上海知识产权产业化综合改革试验的引领及示范效应

中国知识产权综合管理改革的终极目标是打通知识产权创造、运用、保护、管理、服务全链条，推进知识产权产业化，实现知识产权强国战略，为全面建成小康社会提供有力支撑。上海知识产权产业化综合改革试验区是对中国知识产权综合管理改革精神的认真领会和审慎落实，具有以下几个方面的引领和示范效应。

一　上海知识产权产业化综合改革试验区落实综合管理改革示范效应

国务院发布的《知识产权综合管理试点总体方案》是针对中国知识产权管理体制机制存在的问题及《国家知识产权强国战略纲要》《国家创新驱动发展战略纲要》的需求提出的知识产权管理先行探索和示范带头示范措施，意在试点地区通过知识产权综合管理改革，打通知识产权创造、运用、保护、管理、服务的全链条，其精神是推进知识产权的产业化良性发展，为中国的《国家知识产权强国战略钢要》和《国家创新驱动发展战略纲要》探索体制和机制保障。目前，一些地方对国家《知识产权综合管理改革试点总体方案》（以下简称《方案》）理解并不到位，一般停留在对管理机构的整合层面、对知识产权的执法保护层面、知识产权的交易层面或者知识产权的转化层面；深入到知识产权的产业化、全产业链化、系统集成化、集散功能化层面的比较鲜见。究其原因可能主要源自两个方面，一是自身知识产权管理体制机制改革滞后，自身的管理体制机制是阻碍知识产权创造和转化的主要因素，因而，需要首先调整管理机构、整合管理职能；二是对知识产权综合管理改革精神的领会不到位，只领会到《方案》的文字层面的精神，没有领会到《方案》产业化的本质要求。这样，在实施落实时在方向上也只能停留在管理层面的改革，本质层面的推进落实难以实现。

上海知识产权产业化综合改革试验区的建设是在深入领会《方案》要求和精神的基础上，按照《国家知识产权强国战略纲要》和《国家创新驱动发展战略纲要》的导向指引，结合上海知识产权发展阶段的实际现状及上海在知识产权产业化方面存在的小、散、乱的问题，提出的具有系统性、集散性、创新性的加快推进知识产权全产业链产业化的综合措施。如果上海知识产权产业化综合改革试验区能够顺利建成并成功运营，对全国各地的知识产权综合管理改革将产生极强的示范效应和导向作用；也将引领各地对知识产权综合管理改革精神的深入理解，进而找到各地区推进知识产权产业化的正确方向和具体落实措施。

二 上海知识产权产业化综合改革试验区促进行政管理改革的示范效应

知识产权产业化的推进落实需要行政管理综合一体化、服务化和高效化的支持。上海在知识产权行政管理方面一直进行不断的探索和改革，从商标管理处、专利管理局、版权局设立到上海知识产权联席会议制度形成；从事业单位性质的上海专利局改制为行政性质的上海知识产权管理局；从知识产权局主管专利权到专利权、商标权、版权的"三合一"管理职能调整；从目前已有的知识产权注重管理和保护到正在进行的注重保护和服务的管理理念的转变，上海的知识产权行政管理改革不断推进，行政管理部门的职责范围不断扩大、职能不断提升、理念逐步转变。上海知识产权的行政管理改革为其知识产权产业化奠定了良好的行政政策和执法保护环境，为上海落实知识产权综合管理改革提供了强力的行政政策保障。

上海知识产权产业化综合改革试验区的建设动力和基础，一方面源自上海经济和知识产权的发展阶段性需求，另一方面源自上海行政管理体制机制改革提供的行政管理和执法的环境保障。在经济和知识产权及行政管理改革的共同推进下，上海才具备了设立知识产权产业化综合改革试验区的条件和能力。因而，知识产权产业化综合改革离不开行政管理改革、行政职能调整，上海知识产权产业化综合改革试验区的建设为全国各地的行政管理改革提供了方向，具有行政管理改革较强的示范效应。

三 上海知识产权产业化综合改革试验区促进经济转型升级的示范效应

经济转型既是经济体制的更新，又是经济增长方式的转变，也是经济结构的提升，是国民经济体制和结构发生的一个由量变到质变的过程。中国经济转型升级在政策上通常是采用"先试验后推广"和"不断调整目标"逐步推进的做法。综观当前全国各地的做法，都把开发和应用先进技术、工艺和装备等科技活动放在了突出位置，其实质是通过科技创新及高新技术应用来改造传统产业，提升产品质量和经济效益。技术的创新和应用是以知识产权的形式得以体现，而知识产权产业化则是推进高新技术应用的主要途径。当前，尽管全国很多地区都提出以科技创新为抓手、促进经济转型升级的导向政策，但在科技创新及应用的体制机制及运行模式上并没有找到很好的转化途径。

上海知识产权产业化综合改革试验区是对已有知识产权管理体制机制的突破和创新，也是促进知识产权转化运营模式的创新。在试验区内，无论是知识产权创意研发基地集成、交易转化平台集成、孵化基地集成，还是综合服务一体化集成，都是围绕科技创新和知识产权的创造和转化应用的创新体系，其核心点就是通过知识产权的创造、交易和转化促进高新技术的应用，为经济转型升级提供动力。上海知识产权产业化综合改革试验区在经济转型升级方面具有很强的示范效应，将为全国各地的经济转型升级提供方向和思路，也将成为各地经济转型升级学习的样板基地。

四 上海知识产权产业化综合改革试验区激励创新创业的示范效应

创新是指人们为了发展的需要，以现有的思维模式，提出有别于常规或常人思路的见解为导向，利用现有的知识和物质，在特定的环境中，改进或创造新的事物、方法、元素、路径、环境，并能获得一定有益效果的行为。创新的本质是突破，即突破旧的思维定式、旧的常规戒律。创新活动的核心是"新",包括产品的结构、性能和外部特征的变革,以及造型设计、内容的表现形式和手段的创造,或者是内容的丰富和完善。创业是创业者对自己拥有的资源或通过努力能够拥有的资源进行优化整合,从而创造出更大经济或社会价值的过程。作为一个价值创造过程,创业要求创业者致力于理解创造新事物(新产品、新市场、新生产过程或原材料、组织现有技术的新方法)的机会,并发现和利用新事物创造的这种机会将其转化为具体的社会形态以获得利益,创造并实现价值。创业的本质是转化,其核心是发现新事物和新机会及抓住新机会进行转化。创新创业的共同特点都是"新",都是利用"新"实现其经济收益和社会价值;不同之处是创新是创造新知识和新成果,创业是抓住机会利用新知识和新成果。可见,创新创业是与知识产权创造、转化环节密切相关的活动,都需要收益体制机制的激励。

上海知识产权产业化综合改革试验区设立的目的就是要构建一个集知识产权创造、运用、保护、管理、服务全链条的区域综合集成平台。在这个平台上,创新者的创新成果能够被创业者发现,创业者能够利用创新成果进行组织转化活动;并且,创新和创业者的活动能够得到有效的保护和有力的服务支持,其创业创新活动的收益能够得以顺利实现。上海知识产权产业化综合改革试验区既是知识产权创造和转化应用的平台,也是知识产权创造和转化的激励平台,其在促进知识产权创造和转化的同时,也为创新创业提供了有效激励,有利于激发创新创业和聚集创新创业者,形成创新创业的良性循环机制。这将为全国的创新创业提供一个有效的激励创新创业仿效路径,具有导向性的示范效应。

五 上海知识产权产业化综合改革试验区推进动能转换的示范效应

在中国经济步入"新常态"的背景下,以资源、环境、人力、资本投入为主促进经济发展的传统动能受到约束或限制,或者条件正在发生变化;伴随《国家知识产权强国战略纲要》和《国家创新驱动发展战略纲要》的深入实施,中国以技术创新为引领,以新技术、新产业、新业态、新模式为核心,以知识、技术、信息、数据等新生产要素为支撑的经济发展新动能正在形成。中国经济发展进入新旧动能转换的关键阶段,各地纷纷推出促进新旧动能转换的意见和措施,但在新旧动能的转换机制方面尚未见到有效的措施出台和可供学习分享的实践经验。事实上,推进新旧动能转换的关键就是构建培育新动能、发挥新动能效应的体制机制,需要创新政府的行政理念、管理机制,激发新动能要素者的活力和要素转化机制及保障机制,促进和保障新动能效应的有效发挥。因而,加快培育壮大新动能、改造提升传统动能是促进经济结构转型和实体经济升级的重要途径,也是推进供给侧结构性改革的重要着力点。

上海知识产权产业化综合改革试验区就是在创新管理体制机制、创新产业化运营机制、创新组织体系、创新执法体系、创新政策体系的基础上,对知识产权研发创造、交易转化、孵化培育、严格保护、综合管理、一体化服务的全产业链的产业市场机制的集成打造,是新动能创造转化的有效运营机制。可以预测,上海知识产权产业化综合改革试验区如果能够按照设想进行创新突破性的打造,必将带来上海知识产权的创造和转化爆发式的增长,成为上海产业升级和动能转换的发动机,推动上海新旧动能加快成功转换,成为动能成功转换的典范并为全国其他地区的产业升级和动能转换提供示范效应。

参考文献

[1] 陈凤仙：《从模仿到创新——中国创新型国家建设中的最优知识产权保护》，《财贸经济》2015年第1期。

[2] 陈书成：《我国知识产权行政管理及执法体制的现状、问题及思考》，《河南司法警官职业学院学报》2012年第2期。

[3] 戴琳：《论我国的知识产权行政保护及行政管理机构设置》，《云南大学学报》（法学版）2010年第11期。

[4] 单晓光、王珍愚：《各国知识产权行政管理机构的设置及其启示》，《同济大学学报》（社会科学版）2007年第6期。

[5] 董涛：《中国特色知识产权理论体系研究论纲》，《知识产权》2013年第5期。

[6] 范文、谢准：《知识产权密集型产业的认定及其对经济的贡献综述》，《科技促进发展》2017年第13期。

[7] 郭春野、庄子银：《知识产权保护与"南方"国家的自主创新激励》，《经济研究》2012年第47期。

[8] 姜南、单晓光、漆苏：《知识产权密集型产业对中国经济的贡献研究》，《科学学研究》2014年第32期。

[9] 李超：《基于事权视角的我国知识产权行政管理体制完善研

究》,《经济研究参考》2015 年第 70 期。

[10] 李平:《美国知识产权制度的历史发展》,《求是学刊》2002 年第 2 期。

[11] 李正华:《中美知识产权制度比较研究》,《比较法研究》2003 年第 2 期。

[12] 林佳、叶静怡:《专利申请资助政策与发明专利的数量和质量》,北京大学经济学院,2017 年。

[13] 刘春:《知识产权价值评估探讨》,《中国商界》2010 年第 7 期。

[14] 罗元铮:《新的技术革命对世界经济及中国经济发展的巨大影响》,《经济科学》1984 年第 4 期。

[15] 盛亚、孔莎莎:《中国知识产权政策的演变(1985—2009)——一个量化的视角》,《科技进步与对策》2011 年第 28 期。

[16] 史宇鹏:《知识产权保护、异质性企业与创新——来自中国制造业的证据》,《金融研究》2013 年第 8 期。

[17] 吴汉东:《国际变革大势与中国发展大局中的知识产权制度》,《法学研究》2009 年第 31 期。

[18] 吴汉东:《知识产权的多元属性及研究范式》,《中国社会科学》2011 年第 5 期。

[19] 吴汉东:《知识产权总论》,中国人民大学出版社 2013 年版。

[20] 吴汉东:《知识产权理论的体系化与中国化问题研究》,《法制与社会发展》2014 年第 20 期。

[21] 阳立高、贺正楚、柴江艺、韩峰:《发展中国家知识产权保

护、人力资本与经济增长》,《中国软科学》2013 年第 11 期。

[22] 叶宗雄等:《上海浦东知识产权综合行政管理体制探索与实践》,《中国发明与专利》2015 年第 3 期。

[23] 易继明:《构建集中统一的知识产权行政管理体制》,《清华法学》2015 年第 6 期。

[24] 尹志锋、梁正:《我国专利侵权诉讼赔偿额的影响因素分析》,《中国软科学》2015 年第 12 期。

[25] 赵旭梅:《日本知识产权制度的适应性演进与创新共生性分析》,《现代日本经济》2012 年第 6 期。

[26] 朱雪忠、黄静:《试论我国知识产权行政管理机构的一体化设置》,《科技与法律》2004 年第 3 期。

[27] Hu Guangzhou, and Gary H. Jefferson, 2009, "A Great Wall of Patents: What is behind China's Recent Patent Explosion?", *Journal of Development Economics*, 90 (1): 57 – 68.

[28] Hu Guangzhou, Zhang Peng, and Zhao Lijing, 2017, "China as Number One? Evidence from China's most Recent Patenting Surge", *Journal of Development Economics*, 124 (1): 107 – 119.